职场进阶之逻辑沟通与写作

主 编 张 宁
副主编 艾菲菲 康昊艳 宋 婷

电子工业出版社
Publishing House of Electronics Industry
北京·BEIJING

内 容 简 介

本书内容分为三章。

第 1 章是职场沟通与逻辑表达，探讨了逻辑表达的重要性及其基本原则，如金字塔原理、MECE 原则，以及如何巧妙地运用纵向和横向关系进行逻辑表达。重点包括逻辑结构的灵活构建与扩展，如标题设计、序言设计和主体构建等，以及如何通过口头和书面形式精彩地呈现逻辑表达。

第 2 章是职场沟通话术，详细介绍了不同行业中的语言沟通技巧，如服务行业的银行、高铁、酒店和快递服务沟通，营销行业的沟通策略和商务谈判沟通。此外，还涵盖了医患沟通、会议沟通和日常沟通的要点。

第 3 章是职场沟通与写作，针对初入职场人员，提供了求职信、条据、启事等职场沟通文书的写作指南。还涵盖了职场公务文书（如通知、请示、报告、会议纪要）以及职场社交文书（如介绍信、证明信、贺词、感谢信）的写作技巧。同时，本书对职场日常文书写作（包括计划、总结、工作简报）和职场礼仪文书写作（如欢迎词、欢送词、演讲稿）也有详细的讲解。

未经许可，不得以任何方式复制或抄袭本书之部分或全部内容。
版权所有，侵权必究。

图书在版编目（CIP）数据

职场进阶之逻辑沟通与写作 / 张宁主编. -- 北京：电子工业出版社, 2025.1. -- ISBN 978-7-121-49732-2

Ⅰ．C912.11；H152.3

中国国家版本馆 CIP 数据核字第 2025A0Y454 号

责任编辑：刘 洁
印　　刷：河北鑫兆源印刷有限公司
装　　订：河北鑫兆源印刷有限公司
出版发行：电子工业出版社
　　　　　北京市海淀区万寿路 173 信箱　邮编：100036
开　　本：787×1092　1/16　印张：14　字数：355.2 千字
版　　次：2025 年 1 月第 1 版
印　　次：2025 年 1 月第 1 次印刷
定　　价：49.80 元

凡所购买电子工业出版社图书有缺损问题，请向购买书店调换。若书店售缺，请与本社发行部联系，联系及邮购电话：（010）88254888，88258888。

质量投诉请发邮件至 zlts@phei.com.cn，盗版侵权举报请发邮件至 dbqq@phei.com.cn。

本书咨询联系方式：（010）88254178，liujie@phei.com.cn。

前　　言

当你关注并搜索招聘信息时，会看到有这样一条共性要求："具备良好的沟通与表达能力"。职场中的沟通表达存在这样一些问题：领导们的困惑在于，与有些下属沟通，我听了很长时间，也不知道他想说什么，想表达什么意思；员工们的困惑在于，我有点"怕"与领导沟通，我还没说完，领导就"不耐烦"了，总让我拣主要的说；业务员们的困惑在于，我辛辛苦苦写的文案，客户要么说"没看到"，要么说"看不懂"……这些都是我们在职场中经常遇到的情形。

实际上，无论是阅读书面资料，还是接听电话，都是在获取信息，都是在面对一项复杂的任务，受众必须理解每一句话，寻找语句之间的联系，关联前后内容，并反复思考。因此，我们在表达信息时，要通过逻辑结构的呈现，使这项复杂的任务尽可能简化，让受众有兴趣、能理解、记得住。

本书从口头和书面表达缺乏有效性的痛点出发，从职场沟通与逻辑表达、职场沟通话术、职场沟通与写作三方面入手，为读者带来逻辑表达的基本原理与逻辑结构设计、拓展、呈现方法；日常沟通、公务语言沟通、服务沟通等语言沟通技巧；职场公务、职场社交、职场日常、职场礼仪等职场文书写作方法。

目　　录

第1章　职场沟通与逻辑表达 ... 1

1.1　逻辑表达的重要意义 ... 1
　　教学目标 ... 1
　　模拟情景 ... 1
　　任务驱动 ... 1
　　教学内容 ... 1
　　任务练习 ... 5
　　素养提升 ... 5
　　逻辑结构述评 ... 6
　　传统文化相关拓展 ... 7

1.2　金字塔原理 ... 8
　　教学目标 ... 8
　　模拟情景 ... 8
　　任务驱动 ... 8
　　教学内容 ... 8
　　任务练习 ... 12
　　传统文化相关拓展 ... 12

1.3　金字塔原理的四个原则 ... 13
　　教学目标 ... 13
　　模拟情景 ... 13
　　任务驱动 ... 13
　　教学内容 ... 13
　　任务练习 ... 17
　　素养提升 ... 17
　　传统文化相关拓展 ... 18

1.4　纵向关系 ... 19
　　教学目标 ... 19
　　模拟情景 ... 19
　　任务驱动 ... 19
　　教学内容 ... 19
　　任务练习 ... 20

　　　　素养提升 ·· 21
　　　　传统文化相关拓展 ·· 21
　1.5　横向关系 ·· 22
　　　　教学目标 ·· 22
　　　　模拟情景 ·· 22
　　　　任务驱动 ·· 23
　　　　教学内容 ·· 23
　　　　任务练习 ·· 25
　　　　素养提升 ·· 25
　　　　传统文化相关拓展 ·· 26
　1.6　MECE 原则 ··· 27
　　　　教学目标 ·· 27
　　　　模拟情景 ·· 27
　　　　任务驱动 ·· 27
　　　　教学内容 ·· 27
　　　　任务练习 ·· 30
　　　　素养提升 ·· 30
　　　　传统文化相关拓展 ·· 31
　1.7　标题设计 ·· 32
　　　　教学目标 ·· 32
　　　　模拟情景 ·· 32
　　　　任务驱动 ·· 32
　　　　教学内容 ·· 32
　　　　任务练习 ·· 35
　　　　素养提升 ·· 35
　　　　传统文化相关拓展 ·· 37
　1.8　序言设计 ·· 38
　　　　教学目标 ·· 38
　　　　模拟情景 ·· 38
　　　　任务驱动 ·· 38
　　　　教学内容 ·· 38
　　　　任务练习 ·· 40
　　　　素养提升 ·· 40
　　　　传统文化相关拓展 ·· 41
　1.9　主体构建 ·· 42
　　　　教学目标 ·· 42
　　　　模拟情景 ·· 43
　　　　任务驱动 ·· 43
　　　　教学内容 ·· 43

　　　　任务练习 ··· 44
　　　　素养提升 ··· 44
　　　　传统文化相关拓展 ·· 46
　1.10　横向逻辑设计 ··· 47
　　　　教学目标 ··· 47
　　　　模拟情景 ··· 48
　　　　任务驱动 ··· 48
　　　　教学内容 ··· 48
　　　　任务练习 ··· 52
　　　　素养提升 ··· 53
　　　　传统文化相关拓展 ·· 54
　1.11　口头表达 ·· 55
　　　　教学目标 ··· 55
　　　　模拟情景 ··· 55
　　　　任务驱动 ··· 55
　　　　教学内容 ··· 55
　　　　任务练习 ··· 59
　　　　素养提升 ··· 59
　　　　传统文化相关拓展 ·· 60
　1.12　书面表达 ·· 61
　　　　教学目标 ··· 61
　　　　模拟情景 ··· 61
　　　　任务驱动 ··· 61
　　　　教学内容 ··· 61
　　　　任务练习 ··· 67
　　　　传统文化相关拓展 ·· 67

第 2 章　职场沟通话术 ··· **68**

　2.1　银行服务 ·· 68
　　　　教学目标 ··· 68
　　　　模拟情景 ··· 68
　　　　任务驱动 ··· 68
　　　　教学内容 ··· 68
　　　　任务练习 ··· 71
　　　　素养提升 ··· 71
　　　　传统文化相关拓展 ·· 71
　2.2　高铁服务 ·· 73
　　　　教学目标 ··· 73
　　　　模拟情景 ··· 74

   任务驱动 ·· 74
   教学内容 ·· 74
   任务练习 ·· 76
   素养提升 ·· 76
 2.3 酒店服务 ·· 78
   教学目标 ·· 78
   模拟情景 ·· 78
   任务驱动 ·· 79
   教学内容 ·· 79
   任务练习 ·· 81
   素养提升 ·· 81
   传统文化相关拓展 ·· 82
 2.4 快递服务 ·· 83
   教学目标 ·· 83
   模拟情景 ·· 84
   任务驱动 ·· 84
   教学内容 ·· 84
   任务练习 ·· 86
   素养提升 ·· 86
   传统文化相关拓展 ·· 87
 2.5 营销沟通 ·· 88
   教学目标 ·· 88
   模拟情景 ·· 88
   任务驱动 ·· 88
   教学内容 ·· 88
   任务练习 ·· 91
   素养提升 ·· 92
   传统文化相关拓展 ·· 93
 2.6 商务谈判沟通 ·· 94
   教学目标 ·· 94
   模拟情景 ·· 94
   任务驱动 ·· 94
   教学内容 ·· 94
   任务练习 ·· 96
   素养提升 ·· 96
   传统文化相关拓展 ·· 97
 2.7 医患沟通 ·· 98
   教学目标 ·· 98
   模拟情景 ·· 98

　　　　任务驱动 98
　　　　教学内容 98
　　　　任务练习 101
　　　　传统文化相关拓展 101
2.8　会议沟通 102
　　　　教学目标 102
　　　　模拟情景 102
　　　　任务驱动 103
　　　　教学内容 103
　　　　任务练习 107
　　　　传统文化相关拓展 107
2.9　日常沟通 107
　　　　教学目标 107
　　　　模拟情景 108
　　　　任务驱动 108
　　　　教学内容 108
　　　　任务练习 110
　　　　素养提升 111
　　　　传统文化相关拓展 111

第3章　职场沟通与写作 113

3.1　求职信 113
　　　　教学目标 113
　　　　模拟情景 113
　　　　任务驱动 113
　　　　教学内容 113
　　　　任务练习 117
　　　　素养提升 117
　　　　传统文化相关拓展 118
3.2　职场沟通——条据 119
　　3.2.1　说明性条据 119
　　　　教学目标 119
　　　　模拟情景 119
　　　　任务驱动 119
　　　　教学内容 119
　　　　任务练习 121
　　　　素养提升 121
　　　　传统文化相关拓展 122
　　3.2.2　凭证性条据 123

　　　　教学目标 123
　　　　模拟情景 123
　　　　任务驱动 123
　　　　教学内容 123
　　　　任务练习 125
　　　　素养提升 125
　　　　传统文化相关拓展 126
　3.4　职场沟通——启事 127
　　3.4.1　寻找类启事 127
　　　　教学目标 127
　　　　模拟情景 127
　　　　任务驱动 127
　　　　教学内容 127
　　　　任务练习 129
　　　　素养提升 129
　　　　传统文化相关拓展 130
　　3.4.2　招领启事 130
　　　　教学目标 130
　　　　模拟情景 130
　　　　任务驱动 131
　　　　教学内容 131
　　　　任务练习 132
　　　　素养提升 132
　　　　传统文化相关拓展 132
　3.5　职场公务——通知 133
　　　　教学目标 133
　　　　模拟情景 133
　　　　任务驱动 134
　　　　教学内容 134
　　　　任务练习 135
　3.6　职场公务——请示 136
　　　　教学目标 136
　　　　模拟情景 136
　　　　任务驱动 136
　　　　教学内容 136
　3.7　职场公务——报告 139
　　　　教学目标 139
　　　　模拟情景 139
　　　　任务驱动 139

　　　　教学内容 ·· 139
　　　　任务练习 ·· 141
3.8　职场公务——会议纪要 ······································ 142
　　　　教学目标 ·· 142
　　　　模拟情景 ·· 142
　　　　任务驱动 ·· 142
　　　　教学内容 ·· 142
　　　　任务练习 ·· 145
3.9　职场社交——介绍信 ·· 146
　　　　教学目标 ·· 146
　　　　模拟情景 ·· 146
　　　　任务驱动 ·· 146
　　　　教学内容 ·· 146
　　　　任务练习 ·· 148
　　　　传统文化相关拓展 ······································ 149
3.10　职场社交——证明信 ······································· 150
　　　　教学目标 ·· 150
　　　　模拟情景 ·· 150
　　　　任务驱动 ·· 150
　　　　教学内容 ·· 150
　　　　任务练习 ·· 152
　　　　素养提升 ·· 152
　　　　传统文化相关拓展 ······································ 153
3.11　职场社交——贺词 ··· 154
　　　　教学目标 ·· 154
　　　　模拟情景 ·· 154
　　　　任务驱动 ·· 154
　　　　教学内容 ·· 154
　　　　任务练习 ·· 157
　　　　素养提升 ·· 157
　　　　传统文化相关拓展 ······································ 158
3.12　职场社交——感谢信 ······································· 160
　　　　教学目标 ·· 160
　　　　模拟情景 ·· 161
　　　　任务驱动 ·· 161
　　　　教学内容 ·· 161
　　　　任务练习 ·· 162
　　　　素养提升 ·· 163
　　　　传统文化相关拓展 ······································ 163

3.13 职场日常——计划概述 ... 165
教学目标 ... 165
模拟情景 ... 165
任务驱动 ... 165
教学内容 ... 165
任务练习 ... 172
素养提升 ... 172
传统文化相关拓展 ... 173

3.14 职场日常——计划的结构安排 ... 173
教学目标 ... 173
模拟情景 ... 174
任务驱动 ... 174
教学内容 ... 174
任务练习 ... 175
素养提升 ... 176
传统文化相关拓展 ... 176

3.15 职场日常——总结 ... 177
教学目标 ... 177
模拟情景 ... 177
任务驱动 ... 177
教学内容 ... 178
任务练习 ... 185
素养提升 ... 185
传统文化相关拓展 ... 186

3.16 职场日常——工作简报 ... 189
教学目标 ... 189
模拟情景 ... 189
任务驱动 ... 189
教学内容 ... 189
任务练习 ... 193
素养提升 ... 193

3.17 职场礼仪——欢迎词 ... 195
教学目标 ... 195
模拟情景 ... 196
任务驱动 ... 196
教学内容 ... 196
任务练习 ... 199
传统文化相关拓展 ... 199

3.18 职场礼仪——欢送词 ... 200

  教学目标 …………………………………………………………………… 200
  模拟情景 …………………………………………………………………… 200
  任务驱动 …………………………………………………………………… 201
  教学内容 …………………………………………………………………… 201
  任务练习 …………………………………………………………………… 203
  素养提升 …………………………………………………………………… 203
  传统文化相关拓展 ………………………………………………………… 204
3.19 职场礼仪——演讲稿 ……………………………………………………… 204
  教学目标 …………………………………………………………………… 204
  模拟情景 …………………………………………………………………… 205
  任务驱动 …………………………………………………………………… 205
  教学内容 …………………………………………………………………… 205
  任务练习 …………………………………………………………………… 208

第1章　职场沟通与逻辑表达

1.1　逻辑表达的重要意义

逻辑表达的
重要性

教学目标

【素养目标】
- 提升逻辑思维能力

【知识目标】
- 了解表达中常见的问题
- 明确逻辑表达的优势
- 提高对逻辑表达的重视程度

【能力目标】
- 能运用逻辑思维提升表达效果

模拟情景

乔妹是一名职场新人，特别害怕和领导沟通，每次和领导汇报工作，还没说完，领导就显得很"不耐烦"，总让她拣主要的说。领导对乔妹这样的员工感到既"头痛"又着急，听了很长时间，也不知道她想说什么，表达得是什么意思。

任务驱动

对于在工作中存在的大量信息，要如何呈现和表达才能提高信息表达的效果和效率呢？假设我们要向朋友推荐9种食物，包括葡萄、酸奶、橘子、土豆、萝卜、牛奶、奶酪、苹果、黄油，应该如何推荐？

教学内容

一、什么是逻辑表达

逻辑学是一门涉及思维规律的学科，包括形式逻辑和数理逻辑等多个分支。狭义上，逻辑是思维的规律，用于理清事物的本质；广义上，逻辑不仅包括思维规律，还涵盖客观规律。逻辑学的核心部分包括形式逻辑（如归纳逻辑与演绎逻辑）和数理逻辑（也称为符号逻辑），它们探讨的是推理的有效性和结论的确切性。

逻辑表达就是运用逻辑方法将语言或文字合理地组织起来，从而让人信服或认同。人人都会讲话，但并不是人人都能讲好话。有逻辑的表达更具针对性且有话语力量，更便于听众理解和接受。提高逻辑表达能力，能让沟通更加顺畅。

假设我们要向朋友推荐9种食物，包括葡萄、酸奶、橘子、土豆、萝卜、牛奶、奶酪、苹果、黄油，没有经过逻辑思维训练的人可能简单浏览问题后就做出了回答，他们往往是按照布置任务的先后顺序介绍这几种食物的，如小王是这样介绍的：

今天我为大家介绍以下食物，希望能够帮助大家了解这些食物的优点。先来说说葡萄，葡萄具有补气血、舒筋络的功效，可以造酒。接下来说说酸奶，酸奶是一种奶制品，富含大量肠道有益菌，能够改善肠道菌群失调的情况，并且可以促进肠道蠕动，促进消化。橘子富含维生素A，能够治疗夜盲症，但不宜食用过量，吃太多的话皮肤会呈深黄色。土豆含有淀粉，吃了可以增强体力。吃萝卜可以"顺气"，俗话说"冬吃萝卜赛人参"。牛奶是天然乳制品，含钙量高。奶酪是一种发酵的牛奶制品，其性质与常见的酸奶有相似之处，但是奶酪的浓度比酸奶高，近似于固体食物，营养价值也更丰富。苹果具有健胃、生津、润肺的功效，是一种很好的水果。黄油是用牛奶加工出来的一种固态油脂，营养丰富但含脂量很高。

大家听完上面这段表达之后能记住几种食物？一个小时后还能记住多少？三天后还能记住什么？大家可能只会记住一两种印象比较深刻的食物，甚至一种都记不住。因为这一段表达只是在简单地罗列信息，没有什么逻辑结构。

下面让我们用一种有逻辑结构的方式表达，如图1-1-1所示。

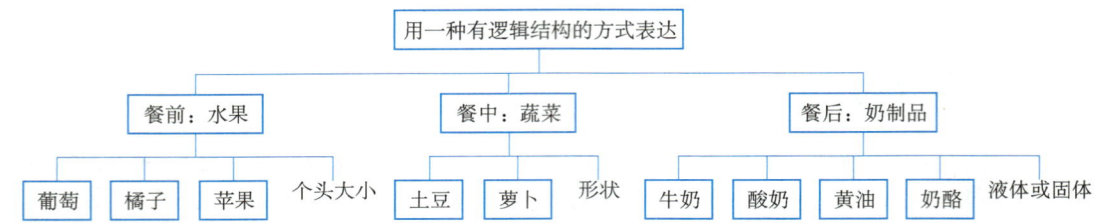

图1-1-1　用一种有逻辑结构的方式表达

示例如下。

我将为大家介绍9种食物，分别推荐在餐前、餐中和餐后食用。在餐前，建议大家增加水果的摄入量，因为水果富含维生素，有助于缓解疲劳，提高免疫力。我将根据个头大小为大家推荐不同类型的水果，例如小型水果可选择葡萄，稍大一些的可以选择橘子，再大一些的可以选择苹果。

在餐中，我建议大家多摄入蔬菜。根据形状的不同，我为大家推荐圆形的土豆，因为土豆富含淀粉，能够增强体力；长形的可以选择萝卜，它有助于消化、通气、清热，正如俗话所说"冬吃萝卜赛人参"。

至于餐后，我推荐大家摄入一些奶制品来补钙，因为在餐后食用有助于人体对钙的吸收。市场上提供的奶制品一般有液体和固体两种。对于液体奶制品，大家可以选择牛奶和酸奶；而在固体奶制品方面，可选黄油和奶酪。通过在餐前多吃水果、餐中多吃蔬菜，以及餐后多摄入奶制品，我相信大家一定能培养出健康的饮食习惯。

如果换成上面这段有逻辑结构的表达，大家听完之后能记住几种食物？一个小时后还能记住多少？三天后还能记住什么？相信大家能记住70%以上的信息，为什么设计了逻辑结构后会让人记住更多的信息呢？

根据巴西神经学家苏扎娜·赫尔库拉诺·霍泽尔的研究，人类拥有大约860亿个神经元。将这些神经元排成一条直线，长度将达到1000千米。这些神经元通过神经纤维相互连接，形成错综复杂的网状结构，并位于脑干的中央。当我们的表达缺乏逻辑性时，这些信息将被随机地存储在各个神经元中。这种随机存储方式会导致我们在回想和表达信息时感到困惑。大脑天生倾向于分组与分类，会将相似的信息整理在一起，以便于存储和提取。当我们表达的信息具有逻辑结构时，信息接收者在接收到逻辑信息时会感到兴奋。这种兴奋的感觉是生物电信号在神经纤维上传输所造成的，信息会按照逻辑顺序有序地存储在神经元上。

比如介绍食物，当我说"分别推荐在餐前、餐中和餐后食用"时，逻辑就会让大脑产生生物电信号，并在大脑中申请三个神经元以存储这些信息。而当我说"根据个头大小为大家推荐不同类型的水果"时，逻辑又会让大脑产生生物电信号且连接三个神经元，以备之后按从小到大的顺序来存储这些信息。此外，用没有逻辑结果的表达方式讲完9种食物后，听众可能会觉得信息不完整，会疑惑是不是有遗漏。而设计出"餐前、餐中和餐后"的逻辑结构后再去表达时，听众则会认为关于食物的推荐是完整的。可见，准确、恰当的逻辑结构，不仅可以帮助人脑记忆信息，还可以提高表达的说服力和影响力。

二、逻辑表达的优势

通过逻辑结构的设计，可以提升以下三个方面的沟通效果。

第一，观点明确，重点突出，可用以下逻辑结构表达。

引言部分：引入主题，明确中心思想；提出论点，并概括主要观点，为听众提供整体认识。

主体部分：每个段落都以一个清晰的主题句开头，突出一个重要观点。论述观点时，要提供相关的论据和例证，以增强可信度。段落间采用过渡句，确保观点之间的逻辑关系明确。

总结部分：总结各个观点，强调核心信息，再次强调主旨，确保结论明确且有力。

第二，思路清晰，高效输出，可用以下逻辑结构表达。

分层次论述：将主题分解为几个互相关联的层次，每个层次专注于一个具体观点，这有助于听众理解和接受信息。

逻辑链条：确保每个观点都有清晰的逻辑链条，可使用连接词汇，如"而且""此外""然而"等，使段落之间和句子内部的关系更紧密。

图表和图示：使用图表、图示等可视化工具，以更形象、直观的方式呈现观点，这有助于听众理解和记忆信息。

第三，兴趣搭建，理解记忆，可用以下逻辑结构表达。

故事化叙述：在阐述观点时，使用生动的例子、故事或场景，使听众更容易投入其中。通过情境化的描绘，激发听众的兴趣，提高信息的记忆度。

引用权威观点：引用有影响力的研究成果，使观点更具说服力。听众对于有趣、新颖且具备权威性的信息更容易产生兴趣。

提问和引导：适度提出问题，引导听众思考。这有助于引起听众的兴趣，使他们加深对观点的理解和记忆。

三、逻辑表达的常见问题

逻辑表达的常见问题有思路混乱、观点不清晰、逻辑链条断裂等，以下是一些书面表达的例子。

1．思路混乱

【问题】在段落或整篇论文中，各个观点之间的关系不明确，读者难以理解作者的思维逻辑。

【例子】在现代社会中，科技的发展对我们的生活有很大的影响。首先，我们可以看到各种智能设备的普及，其次，社交媒体的使用也越来越广泛。此外，人们的生活水平也在不断提高。总体来说，科技的发展是一个复杂而多样的现象，与我们的生活息息相关。

【分析】这段文字涉及多个方面，但没有明确的层次和逻辑关系，使读者难以理解作者的主要论点是什么。

2．观点不清晰

【问题】作者没有明确陈述观点，导致读者无法准确理解作者的立场。

【例子】关于气候变化，有很多不同的观点。有些人认为是人类活动导致的，而另一些人则认为是自然变化的结果，还有一些人认为气候变化是一种必然的生态演变结果，与人类活动关系不大。

【分析】这段文字列举了不同的观点，但没有明确表达作者自己的观点或作者的立场，导致读者难以确定这段文字的中心思想。

3．逻辑链条断裂

【问题】观点之间的连接关系不清晰，缺乏过渡句，读者在阅读时难以跟随作者的思路。

【例子】在讨论环境问题时，我们需要考虑生态平衡问题。同时，经济的发展也是一个重要的方面。因此，我们应该注重环境保护，但也不能忽视经济增长的重要性。

【分析】虽然这段文字提到了生态平衡和经济发展，但缺乏明确的连接和过渡，使读者难以理解这两者的具体关系，逻辑链条不够紧密。

为避免这些问题，作者应该注重逻辑结构的设计，确保思路清晰、观点明确，逻辑链条紧密，以提高读者的理解度和接受度。

四、学习逻辑表达的重要意义

● 学术写作。在学术领域，逻辑表达是确保研究论文和学术文章具备合理结构的关键。通过清晰的逻辑链条，读者更容易理解作者的观点、研究方法和结论，从而提高学术作品的可信度和影响力。

● 商业沟通。在商业环境中，逻辑表达对于制定商业计划、撰写报告至关重要。

● 辩论和演讲。在公共场合进行辩论或演讲时，逻辑表达对于有效传达信息和说服听众至关重要。合理的论证结构可以提高演讲的逻辑性，使观众更容易接受演讲者的观点。

- 问题解决。在解决问题和制定决策的过程中，逻辑表达有助于清晰地分析问题、识别解决方案，并在决策时考虑各种可能性，避免决策时的逻辑错误和矛盾。
- 科学研究。在科学研究领域，逻辑表达是确保实验设计、数据分析和结论推断的科学性和合理性的基础。逻辑清晰的研究论文有助于促进同行评议和学术交流。
- 人际沟通。在日常交流中，逻辑表达有助于避免误解和沟通障碍。清晰的逻辑结构有助于更有效地表达自己的观点，同时理解他人的观点。

任务练习

一、假设你是一名销售经理，需要向销售团队介绍一种新的销售策略。以下是一个没有逻辑结构的版本。

大家好！我们有了新销售策略，希望大家都能好好执行，就是要提高销售业绩。我们要多联系客户，多进行推销。希望大家努力。

请你构建逻辑框架，进一步完善介绍内容。

二、以下是一份项目计划书，存在逻辑结构方面的错误，请找出错误并提出改正建议。

项目计划书

项目名称：开发新型 App。
目标：提高用户满意度。
计划步骤：
设计 App 的界面；
寻找合适的开发团队；
完成 App 开发；
上线 App 并推广；
收集用户反馈；
修改 App 中的缺陷。

三、请你运用逻辑结构组织一段话，介绍如何养成良好的阅读习惯。

素养提升

全面贯彻习近平新时代中国特色社会主义思想，以中国式现代化全面推进中华民族伟大复兴——党的二十大报告宣示新时代新征程中国共产党的使命任务，引领亿万人民为全面建设社会主义现代化国家、全面推进中华民族伟大复兴而团结奋斗

10月22日上午，北京人民大会堂。中国共产党第二十次全国代表大会闭幕会隆重举行。

熠熠生辉的党徽下，经久不息的掌声中，党的二十大报告通过。

万人大礼堂内，这个世界最大的马克思主义执政党澎湃着自信自强的跃动脉搏，昂扬着奋发奋进的崭新气象。

新征程，新思路，新战略，新举措。

党的二十大报告分3个板块，15个部分，3万余字的篇幅中含有300多个新提法。第一板块包括导语和第一至第三部分，是总论；第二个板块包括第四至第十四部分，是党和国家

各方面事业部署的展开；第三板块包括第十五部分和结束语。报告深刻阐释了新时代坚持和发展中国特色社会主义的一系列重大理论和实践问题，描绘了全面建设社会主义现代化国家、全面推进中华民族伟大复兴的宏伟蓝图，为新时代新征程党和国家事业发展、实现第二个百年奋斗目标指明了前进方向、确立了行动指南。

这是一份新时代十年伟大变革深刻昭示未来的郑重宣示——

过去五年和新时代以来的十年，在党和国家发展进程中极不寻常、极不平凡，牢牢把握新时代十年伟大变革的重要意义，至为重要。

党的二十大报告在概述五年来党和国家工作的基础上，以"3"+"16"+"4"的结构，全面回顾总结新时代十年伟大成就、伟大变革。

3件大事彪炳史册：迎来中国共产党成立一百周年；中国特色社会主义进入新时代；完成脱贫攻坚、全面建成小康社会的历史任务，实现第一个百年奋斗目标。

16个方面和工作成就非凡卓绝：创立习近平新时代中国特色社会主义思想、全面加强党的领导、对新时代党和国家事业发展做出科学完整的战略部署……报告总结了16个方面的历史性成就和历史性变革。

4个里程碑意义启迪未来：中国共产党在革命性锻造中更加坚强有力；中国人民焕发出更强烈的历史自觉和主动精神；实现中华民族伟大复兴进入了不可逆转的历史进程；科学社会主义在21世纪的中国焕发出新的蓬勃生机。

事非经过不知难，成如容易却艰辛。

二十大代表在讨论报告中纷纷表示，新时代伟大变革中，习近平总书记作为党中央的核心、全党的核心，在风云变幻中举旗定向、掌舵领航，在大战大考中指挥若定、运筹帷幄，在惊涛骇浪中力挽狂澜、砥柱中流，充分彰显了作为马克思主义政治家、思想家、战略家的恢弘气魄、远见卓识、雄韬伟略，不愧为党的核心、人民领袖、军队统帅，不愧为中华民族伟大复兴号巨轮的掌舵者、领航人。

事实证明，党确立习近平同志党中央的核心、全党的核心地位，确立习近平新时代中国特色社会主义思想的指导地位，对新时代党和国家事业发展、对推进中华民族伟大复兴历史进程具有决定性意义。

时间铭记，大地见证。"两个确立"已经成为全党全军全国各族人民的高度共识和共同意志，已经写在了新时代的伟大征程中、写在了全党全军全国各族人民心坎上，是党应对一切不确定性的最大确定性、最大底气、最大保证。

——节选自共产党员网《推动中华民族伟大复兴号巨轮乘风破浪、扬帆远航——党的二十大报告诞生记》

逻辑结构述评

党的二十大报告具有严密的逻辑结构，涵盖了国家发展的方方面面，包括以下几个部分。

一、过去五年的工作和新时代十年的伟大变革
二、开辟马克思主义中国化时代化新境界
三、新时代新征程中国共产党的使命任务
四、加快构建新发展格局，着力推动高质量发展

五、实施科教兴国战略，强化现代化建设人才支撑
六、发展全过程人民民主，保障人民当家作主
七、坚持全面依法治国，推进法治中国建设
八、推进文化自信自强，铸就社会主义文化新辉煌
九、增进民生福祉，提高人民生活品质
十、推动绿色发展，促进人与自然和谐共生
十一、推进国家安全体系和能力现代化，坚决维护国家安全和社会稳定
十二、实现建军一百年奋斗目标，开创国防和军队现代化新局面
十三、坚持和完善"一国两制"，推进祖国统一
十四、促进世界和平与发展，推动构建人类命运共同体
十五、坚定不移全面从严治党，深入推进新时代党的建设新的伟大工程

传统文化相关拓展

"诸子百家"的逻辑观点

"诸子百家"是先秦时期各个学术派别的总称，包括儒家、道家、法家、墨家、名家、兵家等。这些流派在思想上存在较大的分歧，在逻辑辩论方面也有各自的特点。以下是一些典型代表和特点。

儒家代表人物：孔子、孟子。

逻辑辩论特点：儒家注重伦理道德和治理原则，侧重于仁爱、义理、礼制等伦理范畴，倡导通过德行来治理社会，强调仁者爱人、义者守礼。

道家代表人物：老子、庄子。

逻辑辩论特点：道家注重超越对立，主张无为而治；强调道的无形无相，倡导对立的统一，通过反思传统观念来突破辩证对立。

法家代表人物：韩非、商鞅。

逻辑辩论特点：法家侧重于法治和政治，注重实际政绩和功利；倡导权谋和刑罚以维持社会秩序，辩论风格更加务实和实用。

墨家代表人物：墨子。

逻辑辩论特点：墨家注重实证和实用，强调实践和功利。在辩论中，墨子提倡实证主义，通过实际效果来论证各种理论，倡导为民除害，实现利益最大化。

名家代表人物：荀子。

逻辑辩论特点：名家注重辩证思维，辩论方式较为辩证和理论化。名家在辩论中强调理论体系的完整性，追求普适性的原则和规律。

1.2 金字塔原理

金字塔原理

教学目标

【素养目标】
- 养成信息筛选、整合的习惯
- 养成化繁为简、归类整理的思维习惯

【知识目标】
- 了解金字塔原理
- 明确金字塔结构的特点和优势
- 掌握金字塔原理的应用方法

【能力目标】
- 能将金字塔结构运用于具体情境

模拟情景

某公司准备召开会议,但会议时间与重要与会者王经理、唐经理和张经理的日程冲突,原定于今天(周一)下午3点召开的例会无法按计划召开。因此,需要在本周内再协调出一个时间,并征询部门领导芳姐是否能够参加。在多方协商后,已知如下情况。

(1)北京的王经理今天外出,下午3点无法赶回公司,希望例会能够改期至下半周;

(2)上海的张经理表示他不介意例会延期,明天上午11点之前不方便,但明天下午可以参会;

(3)广州的唐经理的秘书表示,唐经理明天较晚时间才能从国外赶回来;

(4)符合例会要求的视频会议室在周三和周五已经有人预订,但周四尚未被预订;

(5)部门领导芳姐的日程表上,本周三和周四上午都没有安排。

任务驱动

面对这些信息,乔妹开始思考:"我应该如何与各位与会者协调例会时间呢?"请你帮助乔妹做好会议时间沟通。

教学内容

一、金字塔原理

金字塔原理是一种表达和组织思想的方法,金字塔原理的基本思想是将信息按照层次有序排列，从总体到细节，形成金字塔状的结构。

金字塔原理的核心理念包括以下几点。

顶层陈述主题：在文稿或演讲的开头，明确主题，概括总体内容。

主要观点归纳：在主题之下，提出最重要的几个观点或结论，这些观点构成了金字塔的第二层。

分支细节展开：在每个主要观点下，详细展开支持这些观点的分支细节，形成金字塔的更多层次。

逐级展开细节：在分支细节下，逐级展开更具体的信息和细节，确保信息层次分明，清晰易懂。

总结结论：底层是对所有观点和细节的总结结论，形成金字塔的底座。

通过金字塔原理，信息呈现出一种逻辑、层次分明的结构，使读者或听众能够更容易理解和接受。这种结构有助于提高表达的清晰度，使沟通更有效。金字塔原理被广泛应用于商业、写作、演讲和报告等领域。

二、金字塔结构的优势

利用金字塔原理构建出来的逻辑结构，我们称之为金字塔结构模型，如图 1-2-1 所示。它的特点是重点突出、层次分明、逻辑清晰、简单易懂。

在图 1-2-1 这个简单的金字塔结构模型中，顶层是主题，即整个金字塔结构的核心思想或总体概念；第二层是主要观点，支持主题陈述并构成次级层次；第三层是分支细节，为每个主要观点提供更具体的信息；逐级展开的细节层确保了信息的完整性和逻辑关系；底层是总结结论，为整个金字塔结构提供了合理的结尾。

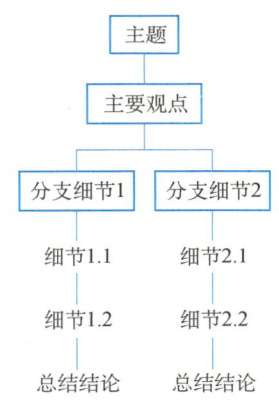

图 1-2-1　金字塔结构模型

在金字塔结构中，各个层级的重要性通常是逐渐减弱的，顶层的核心思想被认为是最重要的，其次是一级思想，再次是二级思想，三级思想的重要性则相对较低，以此类推。因此，运用金字塔结构有助于我们形成重点突出、层次分明的表达。在金字塔结构中，上一层级的观点或内容必须是下一层级的观点或内容的总括；同一层级的观点或内容应在逻辑上属于相同范畴，并且必须符合某种逻辑顺序。这种结构有助于我们在表达时建立清晰的逻辑关系，使观点和内容更加简洁易懂。在日常口头表达和书面表达中，采用金字塔结构可以提高沟通的效果和效率。

对于受众而言，金字塔结构为表达赋予了以下三大优势。

一是采用金字塔结构有助于使表达者的观点更加清晰易懂。特别是当表达者按照听众的思维习惯或易于理解的逻辑顺序来组织表达时，听众不仅更容易理解和跟随表达者所述内容，而且能够更准确、迅速地掌握信息，从而与表达者形成共鸣。

二是科学研究指出，人类大脑在短时间内难以快速记住 7 项以上的要点。因此，当需要传达的要点超过 5 项甚至超过 7 项时，建议采用金字塔原理，将要点进行分组整理，进行分类概括，形成金字塔结构。这是因为金字塔结构有助于帮助受众抓住核心要点，便于记忆。

三是对于表达者而言，提升说服力是一个关键目标，其核心在于让受众认同自己的观点，从而扩大观点的影响力。为实现这一目标，卓越的思维、引人入胜的修辞以及与受众轻松达成共识的逻辑结构被视为三个不可或缺的要素。其中，逻辑结构的巧妙设计是最容易提升的技能之一，能够快速增强沟通表达的说服力，使其更容易被受众接受。

三、金字塔结构的应用情境

从宏观的角度看，金字塔结构在思考、表达、写作、问题分析以及呈现解决方案等工作中都有优势。具体而言，金字塔结构的应用情境可分为以下四方面。

第一，会议主持、演讲汇报。在会议主持和演讲汇报情境中，主持人和演讲者需要在有限的时间内有效地介绍、呈现信息，提高会议或演讲的效率。为实现这一目标，合理运用金字塔结构是关键。

在会议主持中，主持人通过金字塔结构有序梳理议题、议程、参会人员等要素，按照逻辑关系合理安排介绍顺序。这样不仅能够引起听众的注意，还能提高信息传达的效果。在具体实践中，需要根据会议的实际情况，灵活选择介绍内容，突出重点。一般而言，开场时间应控制在 15 分钟左右，如果时间充裕，可以展开至二、三级内容，否则应着重强调核心要点。图 1-2-2 为中心思想梳理示例。

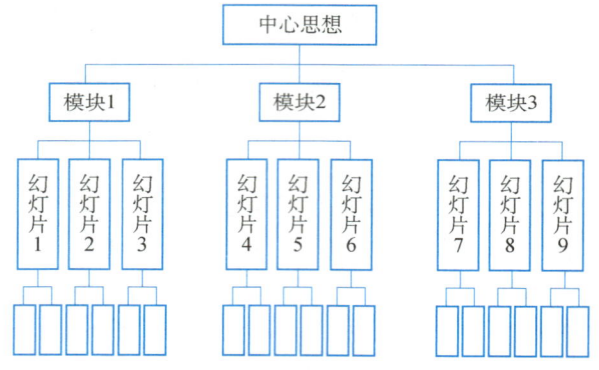

图 1-2-2　中心思想梳理示例

进行演讲或汇报时，与主持相似，需要在限定的时间内展示并阐述幻灯片的不同部分以及其核心观点。通过采用金字塔结构，讲者可以根据可用的分享时长来决定是否需要深入探讨特定部分，以及如何展开幻灯片中的详细信息。例如，在 30 分钟的演讲时间里，讲者能够依次介绍每个部分；如果时间限制在 15 分钟内，则可以重点介绍某些部分，同时对其他内容进行概述；若时间进一步缩短至 10 分钟，则可能集中关注第一个部分，对第二和第三部分做简要说明，或仅对第二、第三部分中的某些幻灯片进行详细讲解。通过这种方式，讲者能够有效地管理和展示幻灯片内容，按照特定的顺序进行有组织的展示。

总的来说，不论是主持会议还是进行演讲汇报，有效地采用金字塔结构对于明确传达观点至关重要。它允许根据可用时间灵活调整演讲内容，确保突出重点并保持演讲的流畅性和条理性。

第二，工作指导、任务分配。在任务规划和分配过程中，许多领导倾向于根据时间线向团队成员布置任务。例如，一位领导在向其团队成员安排任务时，采用了这样的方式：

李明，让我来告诉你未来几周的工作计划。第1周，你需要加入新项目培训，并参与技术团队的每周会议。第2周，除了参加技术团队的每周会议，你还要参与客户服务团队的双周会议，并且要完成项目方案的草案。第3周，你将主导项目的初步实施，目标是在第6周之前有初步成果，同时别忘了参加技术团队的每周会议。第4周，我们为你安排了一次项目管理的培训，这是一个不容错过的机会，请确保能够参加。同样，第4周还有与财务团队的月度会议。第5周……

面对这样的工作布置，团队成员李明可能会感到困惑，难以记住所有任务的细节。因此，领导需要运用金字塔结构，按照任务的性质对团队成员进行任务分配。例如，领导可以这样指示团队成员：

在接下来的几周中，我们将专注于完成专业培训、项目实施和跨团队协作三方面的任务。培训方面的任务包括……项目实施方面的任务包括……跨团队协作方面的任务包括……

通过这样的表述，无论是在逻辑性还是听觉上，都将为接收者提供更加清晰的指导。按照这种逻辑结构，领导可以这样进行工作布置（如图1-2-3所示）。

李明，在接下来的阶段中，我们将专注于完成专业培训、项目实施和跨团队协作三方面的任。为了更有效地支持你在项目实施和跨团队协作方面的工作，在专业培训方面，第1周我们计划让你参加新项目的入门培训；第4周有一个项目管理的培训已经为你安排好了，这是一个宝贵的学习机会，请确保能够参加。

在项目实施方面，我们计划在第2周完成项目方案的草案，在第3~6周致力于项目的初步实施，第7周进行项目的初步测试。至于跨团队协作，包括参与技术团队的每周会议、客户服务团队的双周会议、财务团队的月度会议。团队协作对于项目的成功至关重要，请你在会前充分准备，并在横向沟通时运用你在培训中学到的技能，以确保实现高效的合作。

显然，当领导通过金字塔结构来规划和指导任务时，能够有效地与团队成员沟通，从而提高工作效率。

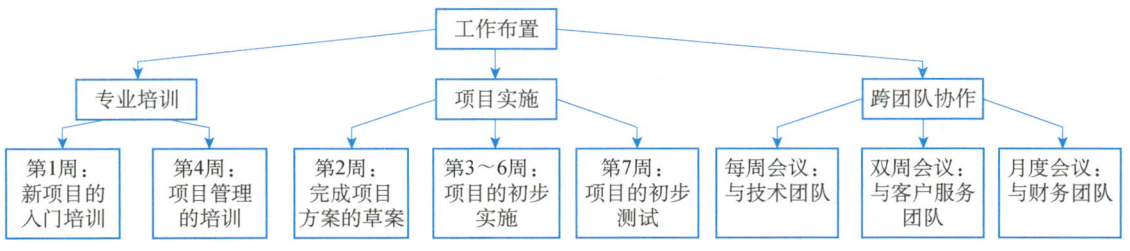

图1-2-3　工作布置

第三，书面表达、邮件联络。在书面沟通中，采用视觉优化技术强调文本的关键元素是一种有效的信息传达技术。这种方法涉及对文本中的关键词或短语进行格式化处理，例如通过调整字体大小、改变颜色或画线等方式，突出信息的层次结构和重要性。例如，当一名员工需要向管理层提交一份调查报告时，他可以首先将报告中的信息进行分类整理，然后按照逻辑顺序排列，并对每个层次的关键词进行视觉强调。这样的处理方式不仅能够使报告结构更清晰，还能突出报告的重点内容。

视觉优化技术的应用不限于书面报告，同样适用于商务通信、项目汇报的演示文稿等多种场合。通过这种方式，可以有效吸引读者或观众的注意力，确保他们能够快速抓住信息的核心要点。

第四，分析问题、提出解决方案。在分析问题和提出解决方案的过程中，金字塔结构提供了一种有效的方法来组织和呈现信息。这种结构按照从具体到概括的顺序帮助我们明确问题、分析原因，并制定解决措施。以下是一些实际案例。

1. 应用金字塔结构分析和解决问题

实际案例分析：汽车行业开发项目

（1）问题定义

项目遇到的主要挑战包括换挡不顺和设计方案频繁修改。

（2）原因探究

换挡不顺问题是由拉锁结构不稳定引起的。

设计方案频繁修改的原因是评审委员会成员更换，导致评审标准不一致。

（3）解决策略

建议替换拉锁供应商以解决换挡不顺问题。

提议在评审委员会中增设后备成员，并分阶段固定评审标准，以减少设计方案变动。

2. 强调解决方案的逻辑

在强调为何采取特定解决措施时，我们采用了一个从解决方案到问题再到原因的逻辑顺序，以突出解决方案的合理性。例如，针对换挡不顺这一问题，我们提出更换拉锁供应商的解决方案，其逻辑基础在于识别出拉锁结构不稳定是根本原因。对于设计方案频繁修改的问题，我们建议改进评审流程，背后的逻辑是评审委员会成员的更换导致了标准不一致。

任务练习

一、假设你需要在一次团队会议上介绍一个新的工作流程改进方案。请描述你如何利用金字塔原理来构建你的演讲内容，以确保信息传达效果最佳。

二、假设你是一个团队的领导，需要向团队成员布置一个即将启动的大型项目的各项任务。这个项目包含多个复杂的组成部分，需要团队成员在接下来几个月内紧密合作。请描述你将如何利用金字塔原理来有效地布置这些工作任务，确保每个团队成员都清楚自己的责任、任务的优先级和期望的完成时间。

传统文化相关拓展

中国传统文化虽然没有直接提到"金字塔原理"这一管理和沟通概念，但其思想和实践中包含了与金字塔原理相似的结构化思维和表达方式。金字塔原理强调自上而下的逻辑结构，先确定核心思想，然后通过层级分明的支撑点来展开论述，这在中国传统文化的哲学、文学、建筑和行政管理等方面均有所体现。

哲学与治国理念

在中国古代哲学中，往往以核心的道德或哲学原则为顶点思想，这些核心原则指导下层的具体实践和行为准则，形成了一种自上而下的思维和行为模式，与金字塔原理的结构化思维不谋而合。

文学创作

在中国古典文学创作中，作者往往先设定一个中心主题（如抒发某种情感、描写某种景象、表达某种哲思），然后通过层次分明的句子和意象逐步展开，最终回归并加强中心主题。这种创作手法体现了从总到分再到总的思维模式，与金字塔原理的逻辑结构相似。

建筑设计

中国传统建筑，如宫殿、园林、寺庙等，其布局和设计往往遵循一种严格的层级和对称原则，反映出一种自上而下、由中心到外围的空间布局思想，体现了中心思想向外延伸的金字塔结构。

1.3 金字塔原理的四个原则

金字塔原理的
四个原则

教学目标

【素养目标】
- 养成批判性思维
- 养成逻辑清晰的表达习惯

【知识目标】
- 明确四个原则的表达优势
- 掌握四个原则的应用方法

【能力目标】
- 能将四个原则运用于具体表达中

模拟情景

某科技公司开发了一款智能手表，具有独特的健康监测功能，旨在针对健身爱好者和健康意识强的消费者。该公司希望通过一份商业提案获得高层的批准和资金支持，以大力推广这款新产品。

任务驱动

如果你是这家科技公司负责该业务的主管，你将如何运用金字塔原理的四个原则完成商业提案呢？

教学内容

一、金字塔原理的四个原则

原则一：结论先行。

采用"结论先行"的策略意味着在沟通开始时就直接提出想要表达的主要观点或结论，以确保信息的核心立即被接收者理解。这种方法特别适用于与听众已经有共同理解基础的情景，例如，向熟悉背景的医生报告化验结果，或在工作汇报中向已经了解项目背景的上级汇报工作进展。

然而，当面对不熟悉具体情况的听众时，直接抛出结论可能会导致对方理解上的障碍。在这种情况下，应该采用"主题先行"的方式，即先介绍背景信息或提出问题，然后逐步引入具体细节和论据，最后得出结论。

为了有效运用"结论先行"原则，建议按照以下逻辑顺序组织表达。

- 先重要后次要：首先介绍最关键的信息或观点，随后提供次要的细节或补充信息。
- 先全局后细节：从整体概述或总体目标开始，逐步深入到具体实施步骤或细节问题。
- 先结论后原因：首先提出结论，然后解释导致该结论的原因或背景。
- 先总结后具体：开始时给出概要或总结性陈述，随后展开具体论点或证据。
- 先结果后过程：先说明达成的结果或成就，然后回溯介绍实现过程。
- 先论点后论据：首先提出主张或观点，接着以事实、数据或逻辑论证来支持主张或观点。

在职场沟通中，尤其是向上级汇报工作时，能够根据听众的背景知识和对话题的熟悉程度灵活运用"结论先行"或"主题先行"的策略是非常重要的。下面是一个典型的糟糕案例。

一家科技公司的研发部门正在开发一款新产品。部门主管需要向公司高层汇报项目的进展情况，决定是否继续投资。部门主管是这样汇报的：

第一，开始讲述技术细节：主管从技术挑战和开发过程的复杂性讲起，详细说明了团队如何解决特定的编程问题，使用了哪些新的编程框架，以及技术团队的努力和创新。

第二，介绍团队成员：主管花费大量时间介绍项目团队每个成员的信息，包括他们的背景以及对项目的贡献。

第三，过渡到市场研究：汇报转向市场研究，详细描述目标用户群体、竞争对手分析以及市场趋势。

第四，细述预算使用情况：在讲述了一系列背景信息后，主管详细说明了项目的预算使用情况，包括已经花费的资金和未来的预算计划。

第五，提出项目当前进展和存在的问题：最后主管才提到项目目前的进展，包括已经完成的工作和项目面临的挑战以及需要更多投资或资源的请求。

这样汇报的结果是：由于汇报缺乏清晰的结构，高层领导需要耐心听完整个汇报才能明白项目的核心问题和需求。这不仅消耗了宝贵的时间，也使决策过程变得缓慢和低效。

如果遵循"结论先行"原则，这个汇报可以是这样表达的：

为了确保我们的新产品能够按期上市，我们的项目急需一笔额外的投资。目前，我们已经完成了整个项目70%的开发工作，但仍面临资源短缺和几个关键技术难题的挑战。我们的团队已经展示了强大的问题解决能力，通过创新解决方案克服了多项技术障碍。然而，为了克服剩余的挑战并保证项目按计划进行，我们需要额外的资金支持。市场研究显示，我们的产品有巨大的市场潜力，额外的投资不仅能帮助我们顺利完成项目，还将为公司带来长期的利润增长。因此，我建议增加项目预算，以确保我们能够充分利用这一市场机遇。

通过遵循"结论先行"原则，这种汇报方式让听众一开始就了解了最关键的信息，随后通过具体的证据和分析进一步加强了这一结论，最终以行动呼吁结束，清晰、高效地传达了汇报的目的。

原则二：以上统下。

运用金字塔原理进行表达时，上一层级的内容必须是下一层级内容的抽象概括。以上统下，实际上是金字塔结构中纵向关系的具体体现。这意味着在任何时候，高层次的结论或观点都应该直接从下层的信息或论据中得出，以确保信息的层级关系清晰，从而使整个论述的结构像金字塔一样，由上而下逐渐展开。

"以上统下"原则的关键点如下。

1．清晰的结构：确保每一部分的内容都能直接支持其上一级的观点，形成明确的层次结构。

2．逻辑性：上层的观点或结论在逻辑上必须由下层的细节和证据直接支持，避免逻辑断裂。

3．简洁性：通过提炼核心观点和去除冗余信息，使沟通更简洁、有效。

因此，当我们总结和概括内容时，应该采用自下而上的方法，即把较具体的观点总结为更高层次的、更抽象的观念。同时，归类到同一组的信息应该属于同一类别，并与其上层的信息有包含关系。例如，把葡萄、橘子、苹果归为水果类，而萝卜则不属于此类，因此应该将它们统称为果蔬类。

原则三：归类分组。

归类分组指的是按照分类法对信息进行组织，确保每个分组内的思维或观点在逻辑上属于同一类别，并且它们之间存在共性，可以用一个共同的词汇来描述该组内包含的所有元素。例如，如图1-3-1所示，按照从属关系分类9种健康食物，葡萄、橘子、苹果可以被统一归入水果这一类；土豆和萝卜被分类为蔬菜；牛奶、酸奶、黄油、奶酪则被归入奶制品类。进一步，水果、蔬菜、奶制品这些大类最终被概括为食品这一总类。

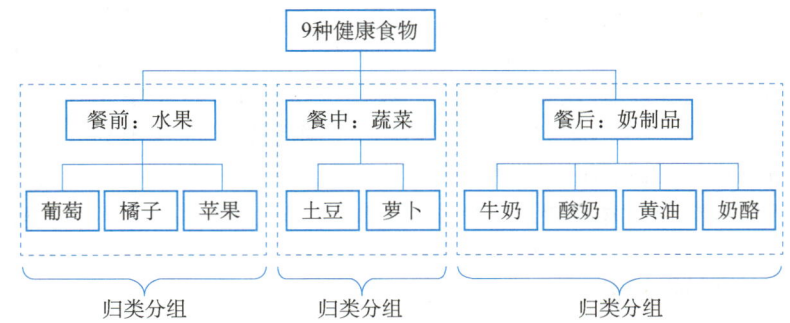

图1-3-1 按照从属关系分类9种健康食物

事物的分类方式从来不是唯一的。使用不同的逻辑，同样的素材可以拥有多种不同的分类方式。比如，上文的9种食物可以有多种分类方法。

（1）按加工程度分类。

未加工食品：葡萄、橘子、苹果、土豆、萝卜。

加工食品：牛奶、酸奶、黄油、奶酪。

（2）按保存方式分类。

冷藏保存食品：牛奶、酸奶、奶酪、黄油。

常温保存食品：葡萄、橘子、苹果、土豆、萝卜（注：这里的分类可能会根据具体情况有所不同，例如某些情况下葡萄和橘子也可能需要冷藏）。

（3）按食用部位分类。

果实食品：葡萄、橘子、苹果。

根茎食品：土豆、萝卜。

动物来源食品：牛奶、酸奶、黄油、奶酪。

原则四：逻辑递进。

逻辑递进是一种组织和表达思想的方式，它要求在讨论或论证的过程中，信息、观点或论据必须按照一定的逻辑顺序排列。在金字塔原理中，逻辑递进是确保信息结构清晰、易于理解的关键原则之一，特别是在横向关系的展现上。逻辑递进主要体现为两种关系：归纳关系和演绎关系。

归纳关系指的是从具体的事实或数据出发，通过分析和比较，得出一般性的结论或规律。这种逻辑顺序从下至上，从具体到抽象，适用于在有限的观察中寻找普遍性的真理。例如，在研究工作效率的影响因素时，我们可能会收集不同员工在不同环境（如光照、温度、噪声水平等）下的工作数据，并记录他们的工作效率。通过比较分析，我们可能会发现，在自然光照下，员工的工作效率普遍高于人造光照环境。基于这些观察，我们可以归纳出一个更广泛的结论：自然光照有利于提高工作效率。

演绎关系则是从一般性的原理或规律出发，推导出特定情况下的结论。这种逻辑顺序从上而下，从抽象到具体，基于已知的普遍真理对特定情况进行解释或预测。例如，如果我们知道一条普遍原理，即适宜的工作环境可以提升员工的工作效率，我们可以演绎出，在一个环境良好的办公室（如适当的温度、充足的自然光照和低噪声水平）中，员工的工作效率会更高。在这个例子中，我们从一个广泛的原理出发，预测了一个具体情况下的结果。

在组织思想和信息时，选择适当的逻辑顺序不仅反映了分析过程的深度和广度，也直接影响信息传达的效果。无论是采用归纳方法还是采用演绎方法，关键在于保持论述的逻辑性和条理性，确保每一步都有充分的证据支持，让听众或读者能够清晰地跟随你的思路。

让我们来回忆前文提及的 9 种健康食物。我们设计了餐前、餐中和餐后的逻辑顺序来串联第一层级的要点。第二层级的三组也有逻辑顺序，水果组按照从小到大的顺序，蔬菜组按形状分为圆的和长的，奶制品组分为液体和固体，如图 1-3-2 所示。

在设计金字塔结构时，遵循结论先行、以上统下、归类分组、逻辑递进这四个原则，可以从纷繁复杂的信息中概括归纳出要点或关键词，再按一定的逻辑顺序，就能构建出重点明确、层级分明、逻辑清晰的表达。

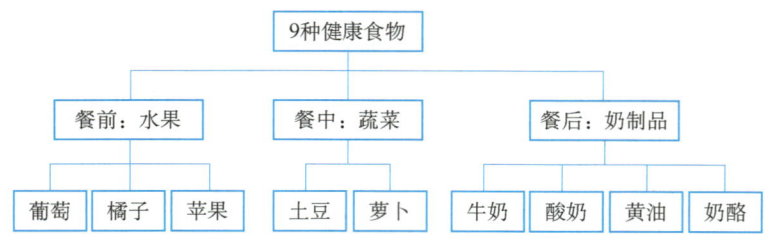

图 1-3-2　9 种健康食物的逻辑顺序

二、四个原则的表达优势

1. 提高沟通效率

结论先行能直接呈现主要信息，使听众或读者立刻了解沟通的核心目的或结论。逻辑递进能确保信息以易于理解的方式呈现，从而减少误解和重复沟通。

2. 加强信息的说服力

以上统下和归类分组可以通过清晰的信息架构展示思考的全面性和深度，为结论提供充分的支持，增强信息的可信度和说服力。

3. 提升思维的条理性

四个原则"强迫"使用者在准备沟通内容时进行深入思考，明确主题、组织逻辑和细节，从而培养更加条理化和系统化的思维方式。

4. 优化信息的组织结构

这些原则能指导如何组织信息，确保既不遗漏重要信息，也不包含冗余信息，使最终的表达既完整又精练。

5. 增强接收者的理解和记忆

结论先行能提供信息的框架，而逻辑递进和归类分组则在这个框架内填充细节，这种结构化的信息呈现方式有助于听众或读者更好地理解和记忆信息。

6. 易于适应不同的沟通场合

无论是书面报告、演讲还是日常会议，这些原则都能确保信息传达的效果，使沟通内容适应各种场合和需求。

任务练习

假设你是一名大学生，刚完成了一个为期三个月的实习项目，该项目涉及新零售技术的应用。现在，你需要准备一个汇报，向你的导师和同学展示你在实习中的学习成果和经验，你将如何准备？

素养提升

金字塔原理的四个原则在报道中的应用能够有效提升文章的逻辑性、条理性和说服力。以下是将这些原则应用于报刊文章中的案例分析。

结论先行

文章在开头就明确表达中心思想或重要观点，确保读者一开始就能把握文章的主旨。例如，一篇关于乡村振兴战略实施成效的报道，可能会以"乡村振兴战略取得初步成效，为农村经济社会发展注入了新动力"作为开篇，直接传达文章的核心结论。

以上统下

文章结构严谨，按照层次逐级展开。从阐述总体情况到具体实施措施，再到实际效果和未来展望，每一部分都围绕中心论点展开，确保内容的连贯性和统一性。例如，在讨论某项政策的实施情况时，文章会先概述政策的总体目标，然后逐步深入到实施细节和成效评估。

归类分组

将信息和数据按照逻辑和性质分组，可以使文章内容清晰、易于理解。比如，在报道某项政策的成效时，可以将影响因素、实施步骤、成效展示等内容归类，使读者能够系统地把握信息。

逻辑递进

文章内容从简到繁，由浅入深地展开，逐步深化论证，可以使读者跟随作者的思路逐步理解中心论点。例如，在分析经济发展趋势的文章中，可以从当前经济形势的基本分析开始，逐步引入深层次的分析和预测，最后给出具体的政策建议或行动方案。

应用案例

假设一篇文章旨在报道某项重大政策的推进情况，它可能会遵循以下结构。

结论先行：文章开头明确指出该政策已经取得显著成效，并产生了积极影响。

以上统下：接着概述政策的总体框架和目标，为读者提供一个宏观的视角。

归类分组：将政策的具体措施、涉及的地区和行业、取得的成效等内容进行归类，让读者能够清晰地看到政策的多方面影响。

逻辑递进：最后，通过逐步深入的分析，展示该政策如何推动社会经济发展，以及未来的发展方向和挑战。

传统文化相关拓展

金字塔原理的四个原则虽然是现代沟通和写作中的概念，但其精神和原则在传统文化中也有所体现。以下是这些原则在传统文化中的体现。

结论先行

在中国古代的经典文献中，很多著作在开头就明确了要讨论的主题或目的，例如《孟子》开篇就提出了"性善论"的基本立场。这种方式类似于结论先行的原则，使读者一开始就能把握住核心观点。

以上统下

《左传》《史记》等历史文献有严格的组织结构，按照时间顺序或主题分类整理事件和人物，体现了以上统下的原则。这种结构不仅方便阅读，也便于读者理解历史发展的脉络。

归类分组

传统文化对知识的分类十分重视。例如，中国古代的《周礼》对社会职能进行了详细的分类，而《尔雅》则是中国最早的一部词典，对词汇进行了归类。这些作品通过将信息和知识进行归类分组，使复杂的信息系统化、条理化。

逻辑递进

无论是东方的儒家经典、道家著作，还是西方的哲学著作，都严格遵循逻辑递进的原则进行论述。例如，亚里士多德的逻辑学著作《工具论》，通过一系列逻辑递进的论证来探讨和阐明哲学问题；中国的经典著作《孙子兵法》，通过逐步深入的分析，从战争的总原则到具体的战术布局，都展现了深邃的战略思想。

这些原则在传统文化中的体现，不仅彰显了古人对于知识整理、信息传递的智慧和方法，也为现代人在学习、工作、生活中的沟通和写作提供了宝贵的启示。通过借鉴和应用这些经过时间考验的原则，我们可以更有效地组织和表达自己的思想。

1.4 纵向关系

纵向关系之
巧用设问

教学目标

【素养目标】
- 养成结论先行的表达习惯

【知识目标】
- 掌握纵向关系的构建方法

【能力目标】
- 能将纵向关系运用于具体表达中

模拟情景

假设你是一名大学生，和室友讨论即将到来的期末聚会的准备工作。你们需要确定聚会的主题、时间、地点、预算和分工。

任务驱动

如果你来协调，你将怎样沟通？

教学内容

一、纵向关系的含义

纵向关系指的是主题（上层）和子主题（下层）之间的层级结构，如图1-4-1所示。简言之，主题应该总括和概括子主题，而子主题则提供对主题的解释和支持。因此，在纵向关系中，各层级的重要性逐级递减，即顶层的中心思想最重要，下一层的思想次之，以此类推。

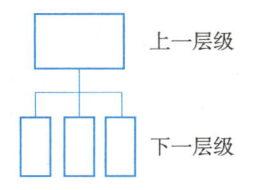

图1-4-1 纵向关系的层级结构

二、纵向关系的构建

在实际应用中，运用纵向关系建立疑问/回答式的对话，能够很好地吸引受众的注意，从而引导受众按照你所设计的方向去思考，将受众的注意力从上一层级引导到下一层级。具体而言，可以先问"为什么"，引起受众的短暂思考，如果有听众回答"为什么"自然最好；如果没有人回答，自己也可以根据下一层级的要点"顺藤摸瓜"，针对这个"为什么"进行自问自答。

下面来看一个全年工作汇报的逻辑递进的例子，如图1-4-2所示。第一层级可以按"事"和"人"的逻辑，分为工作业绩和个人成长两个模块。第二层级中的工作业绩模块，既可以按上半年和下半年（即时间顺序）的工作成果来汇报，也可以按财务、客户、流程与运营（即以战略地图的业务分类）来汇报。第二层级中的个人成长模块，可以按专业技能、软技能、来年发展来汇报。

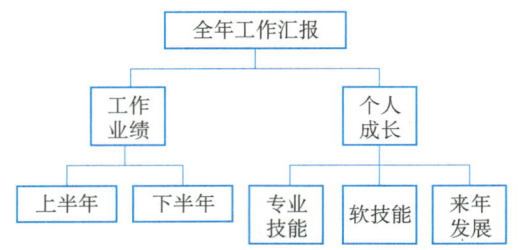

图1-4-2　全年工作汇报的逻辑递进

这个案例也可以设计成疑问/回答式的纵向结构，以吸引受众的注意力，如图1-4-3所示，通过问"为什么"来引导受众。

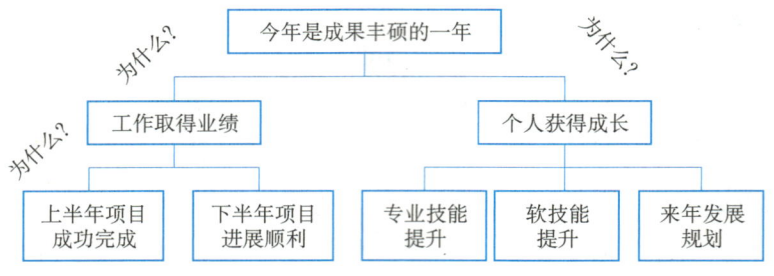

图1-4-3　通过问"为什么"来引导受众

可以这样汇报：

总体而言，今年是成果丰硕的一年。为什么成果丰硕呢？因为今年不论是在工作业绩还是个人成长方面，都取得了不错的结果和长足的进步。为什么说今年工作业绩不错呢？因为上半年的两个重大项目全部成功完成了，而且得到了客户的好评；下半年的三个项目也进展顺利，预算没有超支，而且进度略有提前。为什么说在个人成长方面有长足的进步呢？因为个人今年在专业技能和软技能方面都有所提升，而且对来年发展也做好了规划……

可见，建立疑问/回答式的纵向关系，无论是对于表达者的表述，还是对于受众的引导和聆听，都非常自然、流畅。

任务练习

假设你是一名大学生，正在准备一份关于"如何提高学习效率"的学习笔记。请你根据金字塔结构的纵向关系，列出学习笔记的主题和至少两个子主题。

素养提升

案例描述

某高校的学生社团组织了一场"思政素养提升讲座",旨在引导学生更好地理解和践行社会主义核心价值观,并提升他们的思政素养。为了达到这个目标,组织者决定按照金字塔结构的纵向关系,将讲座内容层级化。

讲座内容及层级结构

主题1:社会主义核心价值观
  子主题1:核心概念
    一、爱国主义
    二、集体主义
    三、社会主义道德
  子主题2:核心要求
    一、明辨是非
    二、牢记使命
    三、践行价值
主题2:思政素养的提升
  子主题1:思想道德素养
    一、自我修养
    二、道德品质
  子主题2:社会责任
    一、参与社会实践
    二、服务社会公益

实践操作

组织形式:通过讲座、小组讨论、案例分析等形式,将上述内容进行深入解读和交流。

学习任务:要求学生根据讲座内容,撰写心得体会或参与相关的社会实践活动,以加深对思政素养的理解和实践。

反馈与总结:对讲座内容进行总结,鼓励学生根据所学知识积极实践,并定期进行反馈和总结,以确保思政素养的持续提升。

传统文化相关拓展

中国传统文化中也存在着金字塔结构的纵向关系,尤其体现在思想体系、社会结构、道德观念等方面,以下是一些例子。

思想体系

主题:儒家思想
  子主题1:仁义道德
  子主题2:君臣义务
主题:道家思想
  子主题1:自然和谐

　　　　子主题2：无为而治
　　主题：佛家思想
　　　　子主题1：般若智慧
　　　　子主题2：菩提心
社会结构
　　主题：统治阶层
　　　　子主题1：皇帝
　　　　子主题2：官僚
　　主题：士人阶层
　　　　子主题1：读书人
　　　　子主题2：学官
　　主题：庶民阶层
　　　　子主题1：农民
　　　　子主题2：手工业者
道德观念
　　主题：孝道
　　　　子主题1：尊老爱幼
　　　　子主题2：孝顺父母
　　主题：仁爱之道
　　　　子主题1：乐善好施
　　　　子主题2：怜悯同情

这些例子体现了中国传统文化中金字塔结构的纵向关系，通过层层递进的结构，将主题细分为子主题，进一步展开和解释了传统文化的内涵和价值观念。

1.5　横向关系

横向关系之活用演绎与归纳逻辑

教学目标

【素养目标】
● 养成一定的逻辑思维
【知识目标】
● 掌握横向关系的构建方法
【能力目标】
● 能将横向关系运用于具体表达中

模拟情景

苏格拉底是古希腊的哲学家，被认为是西方哲学的奠基人之一。苏格拉底有一句著名的格言:"我所知道的就是我什么都不知道。"这句话体现了苏格拉底的哲学核心,即对知识的谦逊态度和不断探求真理的精神。他认为,承认自己的无知是获得知识的第一步。通过不断地提问和质疑,苏格拉底引导后人重新考虑那些他们认为确凿无疑的知识和信念,揭示深层的真理和智慧。

任务驱动

请根据以下内容进行逻辑推理。
前提1:所有哲学家都是思考者。
前提2:苏格拉底是哲学家。
结论:_____

教学内容

一、横向关系的含义

横向关系指的是同一层级或同一组内各要点的关系,如图1-5-1所示。无论是在同一层级还是同一组内,这些要点必须属于同一个范畴,并且它们的排列顺序必须符合一定的逻辑顺序。

图1-5-1 横向关系的结构

二、横向关系的分类

横向关系一般分为演绎逻辑和归纳逻辑。在口头表达或书面表达中,同一组的内容必须具有明确的演绎关系或归纳关系。但需要注意的是,通常情况下,同一层级的内容很难既具有演绎关系,又具有归纳关系。

横向关系一:演绎逻辑

所谓演绎逻辑,即利用逻辑推理的方式来组织材料和观点,也称为必然性推理。常见的演绎逻辑有"大前提→小前提→结论"和"问题→原因→解决方法",例如,上级鼓励下级在项目管理工作中迎难而上时,就可以运用"大前提→小前提→结论"这一演绎逻辑。以下是一个在职场中汇报工作时运用"大前提→小前提→结论"演绎逻辑的案例。

大前提(普遍性陈述):团队的目标是提高销售额。
小前提(特殊性陈述):我们的团队积极开展了促销活动,提升了客户服务质量,并且完善了市场营销策略。
结论(逻辑推断):因此,我们团队的销售额有所增长。

在这个例子中,大前提是关于团队目标的普遍性陈述,即提高销售额。小前提是关于具体行动的特殊性陈述,即团队开展了一系列工作以实现这个目标。通过将大前提和小前提结合起来,我们得出了结论,即团队的销售额有所增长。这个结论基于演绎逻辑的推理过程,是从一般性到特殊性的推断。

再如，员工分析问题和开展业务工作时，可以运用"问题→原因→解决方法"这一演绎逻辑。

以下是一个运用"问题→原因→解决方法"演绎逻辑的案例。

问题：团队的工作效率下降。

原因：团队成员之间沟通不畅，任务分配不清晰，以及缺乏有效的时间管理方法。

解决方法：加强团队内部沟通，通过定期会议、沟通工具等方式，促进团队间的信息共享和交流；明确任务分工，制定清晰的工作计划和目标，并确保每个团队成员都明确了自己的责任；提供时间管理培训，教导团队成员有效地管理自己的时间，合理安排任务和优先级。

通过这种逻辑结构，我们先指出问题，然后分析问题的原因，最后提出解决问题的方法。这样的逻辑结构有助于清晰地理解问题的本质，从而找到有效的解决方法。

横向关系二：归纳逻辑

1. 时间顺序

常见的时间顺序主要分为两种，一是按照绝对时间来设计逻辑顺序，比如上旬、中旬、下旬或者上午、中午、下午等；二是根据相关业务流程，列出流程步骤中的关键点，继而梳理出逻辑顺序，比如餐前、餐中、餐后或者电话预约、客户访问、方案介绍等。假设我们要梳理出销售业务流程的逻辑顺序，结果如下。

（1）客户咨询阶段。在客户咨询阶段确定客户的需求和意向是销售业务流程的起点，因为这是建立业务关系的第一步。

（2）产品介绍与演示。产品介绍与演示紧随客户咨询阶段，因为在确认客户需求后，介绍产品可以帮助客户更好地了解产品，从而做出购买决策。

（3）商务谈判与报价。商务谈判与报价是在客户对产品感兴趣后的下一步，因为在客户对产品有一定了解后，商务谈判和报价是继续推进交易的重要步骤。

（4）订单确认与支付。确认订单和支付款项是销售流程的关键环节，因为这是最终达成交易的阶段，也是确认双方意向并完成交易的关键步骤。

（5）产品交付与服务。最后，产品交付和售后服务是业务流程的收尾阶段，因为交付产品并提供售后服务是确保客户满意度和维护客户关系的重要环节。

通过按照逻辑顺序排列这些关键步骤，可以确保销售业务流程顺利进行，并最大程度地满足客户需求。

通常表达者利用时间顺序进行汇报时，如果汇报内容覆盖了整个时间轴或所有流程步骤，就会给受众留下所表述的内容比较完整的印象。

2. 空间顺序

常见的空间顺序可以分为两种，一种是按照现实的空间来进行设计的逻辑顺序，比如华北、华中和华南，或者部门A、部门B和部门C，如图1-5-2所示。

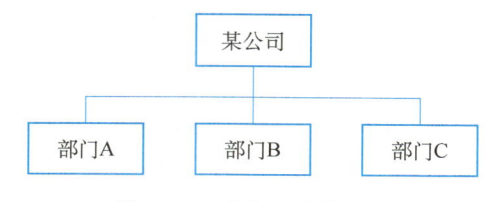

图1-5-2 空间顺序的结构

假设你是一名城市规划师,正在准备一份关于某个城市的规划报告。你决定按照归纳逻辑的空间顺序,根据城市内不同区域的特点和功能来组织报告内容。

按照空间的逻辑顺序,可以这样组织报告内容:

(1)市中心区域(市中心区域通常是城市的核心区域,包括商业中心、政府机关和主要交通枢纽,是城市经济、政治和文化活动的中心);

(2)居住区(居住区位于市中心周围,划分为不同等级的住宅区,提供不同档次的住房和生活设施);

(3)工业区(工业区主要位于城市的边缘地带,集中了工厂、生产基地和物流中心,是城市的产业支撑和经济发展的重要组成部分);

(4)郊区及周边地区(郊区及周边地区包括自然保护区、农田和农村居民点等,是城市的生态保护和城市发展边缘区域,也是城市与自然环境的交会地带)。

3. 重要性顺序

重要性顺序也称为程度顺序,是按照不同程度的重要性来进行设计的逻辑顺序。但需要注意的是,重要性顺序所针对的一组事物,必须具有某种共同点,且能被聚焦在一起,比如两大问题、三项措施、四个方面、五大要素等。重要性顺序一般按重要性从高到低排序,或者把最具有该特性的事物排在第一位,即先强后弱、先重要后次要。

任务练习

在一项社会科学研究中,研究者收集了来自不同国家的数据,旨在探索社交媒体使用时间与社会活动参与度的关系。研究结果显示,那些每天花费 3 小时以上在社交媒体上的人比那些每天花费少于 1 小时的人有更高的社会活动参与度,包括参与线上讨论、社区服务和政治活动。然而,超过 3 小时的用户有较高的焦虑和压力水平。那些花费很少时间或不使用社交媒体的人倾向于通过面对面的互动参与社会活动,但他们的社会活动参与度总体水平较低。

基于上述研究结果,归纳出社交媒体对个人的社会活动参与度和心理健康的潜在影响。

素养提升

在国家事务层面,演绎逻辑和归纳逻辑都扮演着关键的角色,尤其在政策制定、法律解释以及经济增长分析等方面。

演绎逻辑案例:制定环保政策

背景:国家面临严重的环境污染问题,需要制定有效的环保政策。

前提 1:所有导致大气污染的行为都需要受到限制或规范。

前提 2:某国的工业生产活动是导致大气污染的主要原因之一。

演绎结论:为了减少大气污染,该国需要对工业生产活动进行限制或规范。

这个案例展示了如何通过演绎逻辑,从一般原则出发推导出具体的政策和措施。通过两个明确的前提可以得出一个必然的结论,即为了减少污染,必须对工业生产活动进行规范。

归纳逻辑案例:经济增长分析

背景:某国家试图理解其经济增长的主要驱动因素,以便更好地制定经济政策。

观察：在过去的十年中，每当该国增加对教育和技术研发的投资时，经济增长率会有所提高。

归纳结论：对教育和技术研发的投资是该国经济增长的主要驱动因素之一。

在这个案例中，通过对过去经济表现的观察和分析，使用归纳逻辑从特定实例中抽象出一般性的结论。这种方法有助于识别和理解经济增长的潜在因素，为制定基于证据的政策提供支持。

总结

这两个案例体现了演绎逻辑和归纳逻辑在处理国家事务时的不同应用。演绎逻辑从一般原则出发，提供了一种从上而下的推理方法，适用于基于已有法律和政策制定具体措施。归纳逻辑则从具体实例出发，通过从下而上的分析和总结，帮助识别模式和趋势，为决策提供经验基础。在实际应用中，这两种逻辑经常被结合使用，以确保决策既有理论基础，又有实证支持。

传统文化相关拓展

在中国传统文化中，归纳逻辑与演绎逻辑的应用体现在多个方面，展现了丰富的思维方式和知识追求，以下是一些具体的例证。

哲学思想

1. 儒家思想

归纳逻辑：儒家经典如《论语》中的教义往往是通过观察和总结个人行为和社会现象归纳出来的。孔子及其弟子们通过对日常生活的观察，归纳出人应如何修身、齐家、治国、平天下的道德准则。

演绎逻辑：从"仁""义""礼"等基本道德原则出发，演绎出具体的行为规范和社会礼仪。

2. 道家思想

归纳逻辑：道家思想特别是在《道德经》中，通过观察自然界的规律，归纳出"道法自然"的哲学思想，强调人与自然和谐共生。

演绎逻辑：道家哲学也使用演绎逻辑，例如从道生一、一生二、二生三、三生万物的宇宙观出发，演绎出万物与道的关系。

医学实践

归纳逻辑：中国传统医学如《黄帝内经》，通过长期观察和实践，归纳出人体健康与自然环境之间的相互作用，以及阴阳五行对人体健康的影响。

演绎逻辑：在诊断和治疗疾病时，中医从一般的健康原则出发，演绎出针对具体病症的治疗方法，如根据阴阳平衡理论来调整身体状态。

历史记载

归纳逻辑：在《史记》等历史著作中，通过对历史人物和事件的记录和分析，归纳出治乱兴衰的规律，从而以史为鉴。

演绎逻辑：使用演绎逻辑从一般的历史规律出发，解释特定历史事件或人物的成败得失。

文学创作

归纳逻辑：通过对生活的观察和体验，归纳出人生哲理和情感表达，如通过描绘自然景象来抒发作者的情感。

演绎逻辑：在寓言故事和文言文中，往往从设定的道德教义出发，构建故事情节，演绎出人生哲理。

中国传统文化中的演绎逻辑和归纳逻辑体现了一种既重视经验总结，又注重逻辑推理的知识追求方式，这种思维方式深深影响了中国文化的各个方面。

1.6 MECE 原则

教学目标

【素养目标】
- 养成归类分组的逻辑思维

【知识目标】
- 掌握 MECE 原则的分解方法

【能力目标】
- 能将 MECE 原则运用于具体表达中

模拟情景

小张是一名大学二年级的学生，他发现自己经常感到时间不够用。尽管每天都很忙碌，但回顾一天的活动时，却感觉自己并没有完成太多学习任务。小张的日常安排包括上课、自习、参加社团活动以及个人休闲。他常常在图书馆学习到很晚，但效率不高，同时还感到参加社团活动占用了太多学习时间。小张对此感到非常困惑和沮丧，他希望能更有效地管理时间，以便有足够的时间用于学习，同时也能活跃社交生活和培养个人的兴趣爱好。

任务驱动

如果你是小张，你将如何进行时间管理？

教学内容

一、MECE 原则的含义

在口头或书面表达中构建逻辑结构时，除了要关注纵向关系和横向关系，还必须按照 MECE（Mutually Exclusive Collectively Exhaustive，即"相互独立、完全穷尽"）原则来进行。这一原则将一个总体细分成多个部分，确保这些部分既不相交也不遗漏。不管这个总体是实际存在的还是抽象的概念，分割后的各部分必须满足两个标准：各部分相互独立且覆盖总体的所有方面。"相互独立"保证了总体的分割在同一层面上进行，避免了因维度切换而导致的交叉或遗漏，即各个部分要清晰分开；而"完全穷尽"则确保了对总体的拆分是全面且详尽的，没有遗漏。

二、MECE 分解法

MECE 分解法之一是基于 A 及其对立面非 A 的分类方法。这种方式将事物分为完全相反的两个集合，例如国内市场和国外市场，或大型企业和中小型企业。一个实际应用的例子是，在市场规模分析中，客户可以被划分为 A（大型客户）或非 A（非大型客户）这两个互斥集合，"大型客户"可能指的是年营业额满足某个标准的客户，而"非大型客户"则包括所有不满足这一标准的客户。通过这种方式，分析人员可以确保对所有客户的分析既全面又互斥，没有任何客户被重复分析或遗漏，完全按照 MECE 原则执行，有助于清晰地区分不同规模的群体，为有针对性的市场策略和资源分配提供依据。

MECE 分解法之二是利用已知公式作为拆分依据，通过公式中的各个组成部分进行逻辑分解。以提高总销售额为例，可以借鉴的公式是"总销售额 = 员工人均销售额×员工数"。这一方法的具体实施包括三个方向：提高员工人均销售额、保持销售团队的稳定性以及拓展销售团队规模。这种基于公式的分解法，在向受众展示时，无论是在视觉上还是在听觉上，都能清晰展示出逻辑性和系统性，确保所分析的每一部分既相互独立又完整，没有交叉或遗漏。

假设一家公司希望提升其总销售额。根据 MECE 原则和上述提到的"总销售额=员工人均销售额×员工数"公式，公司可以将提升销售额的策略分解为以下几个相互独立且完全穷尽的方向。

1. 提高员工人均销售额

培训和教育：为销售团队提供产品知识和销售技巧的培训，提高他们的销售效率。

激励机制：实施奖励计划，如销售佣金或达标奖金，以激励员工提升销售业绩。

销售工具和资源：提供先进的销售工具和营销材料，帮助员工更有效地进行销售。

2. 保持销售团队的稳定性

员工满意度提升：通过调查和反馈机制了解并解决销售团队的问题和不满，提高团队稳定性。

职业发展规划：为销售人员提供职业发展路径，包括晋升机会和职能发展路径，以降低员工流失率。

平衡工作和生活：确保销售团队有健康的工作和生活习惯，减少职业倦怠现象。

3. 拓展销售团队规模

招聘新员工：通过招聘活动增加销售团队的人数。

销售渠道扩展：探索和开发新的销售渠道，如电子商务或国际市场，这可能需要招聘专门的销售人员。

合作伙伴和代理：建立合作伙伴和代理商网络，间接增加销售力量。

通过这种方式，公司不仅能够全面地从多个维度入手提升销售额，而且每一项策略都是既独立又全面的，符合 MECE 原则，确保了提升计划既系统又高效。

MECE 分解法之三是基于流程进行分解。通过将已知的业务流程作为分析框架，可以将整个流程拆分为若干个具体的步骤或环节。以优化销售流程为例，可以将整个销售流程细分为拜访客户、进行商谈、提出报价、完成签约等步骤。因此，销售流程的优化可以具体化为提升拜访效果、优化商谈策略、改进报价机制和简化签约程序等关键环节。这种按照流程分解的方法不仅能够确保对流程的全面理解和覆盖，也能让目标受众明确看到每一步骤的改进方向，从而感受提案的完整性和系统性。

假设一家公司希望提升其销售团队的整体业绩，决定采用 MECE 分解法按照流程进行分解来优化其销售流程。该公司的销售流程可以概括为拜访、商谈、报价、签约，以下是针对每个步骤的改善措施。

1. 改善拜访步骤

目标：提高拜访客户的效率和质量。

举措：引入 CRM 系统来更好地管理客户信息，确保销售人员在拜访客户前充分了解客户的背景和需求；同时，提供专业的拜访技巧培训，包括如何有效开场、建立信任等。

2. 改善商谈步骤

目标：提升商谈过程中的说服力和成交率。

举措：开展角色扮演和模拟商谈培训，提高销售人员的谈判技巧和处理异议的能力；此外，制定标准化的商谈流程和检查清单，确保关键信息被覆盖。

3. 改善报价步骤

目标：优化报价策略，提高报价的竞争力。

举措：分析市场和竞争对手的定价策略，制定更灵活的价格体系；同时，提供个性化报价的培训，培训如何根据客户需求和预算制定个性化报价方案。

4. 改善签约步骤

目标：简化签约流程，缩短成交周期。

举措：审查并简化合同模板，减少不必要的条款和流程；引入电子签名技术，实现远程快速签约。

通过这样的改善措施，公司能够在整个销售流程中实现显著的效率和效果提升，从而达到提升销售业绩的目的。这个例子展示了如何将 MECE 原则应用于业务流程的分解和优化中，确保每一步的改善措施都是相互独立且完全穷尽的。

MECE 分解法之四是根据常用的管理和分析框架进行分解，这些框架包括 3C 分析、4P 营销组合、QCD 分析、5W2H 方法等，每个框架都聚焦于不同的业务要素或问题解决方案。通过这些框架的应用，可以确保对问题的分析既全面又细致，符合 MECE 原则的要求。下面是对这些框架的简要说明和应用示例。

1. 3C 分析

应用：用于企业战略规划和市场分析。

举例：企业在制定市场进入策略时，可以通过分析公司自身的优势（Company）、顾客需求（Customer）、竞争对手情况（Competitor）来制定策略。

2. 4P 营销组合

应用：用于营销策略的制定和调整。

举例：一个新产品的推广计划可以从产品策略（Product）、定价策略（Price）、分销渠道（Place）、促销活动（Promotion）四个方面来进行细致的规划。

3. QCD 分析

应用：用于生产和运营管理。

举例：制造业企业在提升竞争力时，可以从提高产品质量（Quality）、降低生产成本（Cost）、优化交货时间（Delivery）三个方面入手。

4．5W2H方法

应用：用于问题解决和项目管理。

举例：在筹划一个新项目时，团队可以通过回答项目的目的（What）、原因（Why）、负责人（Who）、时间安排（When）、地点（Where）、实施方式（How）、预算（How much）等问题来明确项目规划。

通过这些常用框架的应用，可以帮助团队或个人系统地分解和分析问题。每个框架都提供了一种独特的视角和方法，以确保分析的全面性和深入性。同时，每种方法的应用都要遵循MECE原则，确保信息的分解既相互独立又完全穷尽，避免遗漏和重叠，从而提高问题解决和决策的效率。

任务练习

假设你是一家初创科技公司的市场分析师，公司即将推出一款新的智能手表。公司希望你使用MECE原则，结合4P营销组合，制定一份详细的市场进入策略。请根据4P营销组合，分解并详细描述你的策略。

素养提升

黑龙江省作为中国北部的一个重要省份，拥有丰富的自然资源和独特的地理位置，其重点产业包括农业、制造业、旅游业和高新技术产业等。运用MECE原则对黑龙江省的重点产业进行分析和规划，可以帮助政府和企业更有效地发挥各自优势，促进经济的持续健康发展。以下是一个假想案例，展示如何应用MECE原则进行产业规划和发展。

案例背景

黑龙江省政府希望进一步推动省内重点产业的发展，提高产业竞争力和可持续发展能力。为此，决定运用MECE原则进行全面的产业分析和规划。

案例实施

1．农业产业

目标：提升农业产值，优化农业结构。

分解结果如下。

粮食作物：稻谷、玉米、大豆等。

经济作物：甜菜、亚麻、食用菌等。

现代农业：智能农业技术的引入、农产品深加工。

2．制造业

目标：促进制造业转型升级，提高产业技术水平。

分解结果如下。

装备制造：重点发展高端装备制造产业，如机械设备、航空航天器材等。

食品加工：利用丰富的农产品资源，发展食品加工业。

新型材料：研究和开发新型材料，如生物材料、新能源材料。

3．旅游业

目标：发挥自然和文化资源优势，提升旅游业的品质和效益。

分解结果如下。

生态旅游：开发森林公园、湿地保护区等生态旅游资源。

文化旅游：挖掘和保护黑龙江省的历史文化资源，如哈尔滨冰雪大世界、俄罗斯风情小镇等。

农业体验旅游：结合农业产业，开发农业体验和乡村旅游项目。

4．高新技术产业

目标：加快高新技术产业的发展，提高产业的创新能力和核心竞争力。

分解结果如下。

信息技术：发展大数据、云计算、人工智能等信息技术领域。

生物技术：利用黑龙江省丰富的生物资源，发展生物医药和生物农业。

新能源：开发风能、太阳能等清洁能源，推动能源结构的转型。

通过这种方式，可以根据 MECE 原则，对各重点产业进行相互独立且完全穷尽的分解和规划，确保每个产业的发展策略既全面又具体，有助于政府和相关企业更清晰地识别产业发展的重点领域和潜在机遇，从而制定出更有效的政策和措施。

传统文化相关拓展

中华优秀传统文化中虽然没有直接提到 MECE 这一现代管理和分析术语，但在很多方面，传统文化的思维方式和体系结构展现出了 MECE 原则。以下是一些中华优秀传统文化中类似于 MECE 原则的案例。

阴阳五行学说

案例说明：中国传统哲学中的阴阳五行学说通过阴、阳这两个相反相成的元素，以及五行（金、木、水、火、土）对自然界和人类社会的各种现象进行分类和解释。这种分类方法体现了 MECE 原则，因为阴、阳相互独立且完全穷尽地覆盖了所有事物的两面性，而五行则进一步细分了自然界和人类社会的各种相互作用和变化过程。

MECE 的体现：阴阳、五行的分类既不重叠（相互独立），又能全面覆盖自然界和社会现象（完全穷尽）。

四书五经

案例说明：儒家的"四书"和"五经"构成了儒家思想的基础。这种划分涵盖了道德修养、政治哲学、社会伦理、宇宙自然等多个领域，形成了一个既相互独立又全面覆盖儒家核心思想和价值体系的结构。

MECE 的体现：通过"四书"对儒家理论的阐述和"五经"对古代社会生活的记录，实现了对儒家思想和古代中国社会的全面、系统化描述，没有重叠又尽可能全面地覆盖了相关内容。

中医学的辨证施治

案例说明：中医学通过辨证施治的方法来诊断和治疗疾病。这一过程涉及对病情的全面分析，包括病因、病性、病位等多个维度，每个维度下又有更细致的分类。

MECE 的体现：辨证施治通过病因、病性、病位等多个独立但全面的维度来分析病情，确保了诊断和治疗方案的全面性和针对性，体现了 MECE 原则。

1.7 标题设计

教学目标

【素养目标】
- 养成一定的创新思维

【知识目标】
- 掌握标题设计的原则和方法

【能力目标】
- 能将标题设计方法运用于具体情境中

模拟情景

小李是一名城市白领，工作于一家知名的跨国公司。他每天工作 10 小时以上，常常加班到深夜。由于高强度和长时间工作，小李常感到身心俱疲，几乎没有时间和精力进行个人兴趣的培养或与家人、朋友相聚。

任务驱动

像小李这样的职场青年有很多，某健康杂志社关注到了青年人工作压力大、生活质量不高这一社会现象，准备发表一篇关于减轻工作压力和提高生活质量的文章。请你为这篇文章拟一个能吸引读者的标题。

教学内容

一、标题设计的意义

标题设计在各种文本和媒体内容中扮演着至关重要的角色。无论是书籍出版、新闻报道、学术论文、广告宣传，还是在线内容发布等领域，一个好的标题都有其独特的意义和价值。标题设计的意义如下。

1. 吸引注意力

在这个信息爆炸的时代，人们每天都会接触大量信息。一个引人注目的标题能够在众多信息中脱颖而出，吸引目标受众的注意力，促使他们停下来阅读或了解更多内容。

2. 传递核心信息

标题是内容的浓缩和精华，它需要在有限的空间内准确传达文章或内容的主题和核心信息。好的标题能够让读者迅速把握内容要点，判断这是否是他们感兴趣或需要的信息。

3. 激发兴趣和好奇心

通过有趣的措辞、提出问题或引人入胜的数据，标题可以激发读者的兴趣和好奇心，驱使他们进一步探索内容。

4. 提高可读性和分享性

一个好的标题不仅能提升内容的可读性，还能增强内容的分享性。人们更倾向于分享那些标题吸引人、内容有价值的文章或信息，这对于扩大内容的传播范围和提升影响力至关重要。

5. 优化搜索引擎排名

在数字营销和在线内容发布领域，标题设计还有助于搜索引擎优化（SEO）。包含关键词的标题能够提高内容在搜索引擎中的排名，吸引更多流量和潜在读者。

6. 提升品牌形象

对于企业和品牌来说，具有一致性和专业性的标题能够提升品牌形象，传递品牌价值和理念，构建与受众的情感连接。

二、标题设计的方法

1. 使用数字和列表

方法说明：数字能提供具体性和清晰度，使标题更有吸引力。列表式标题预示着内容结构清晰，易于理解。

举例：《7个简单习惯，彻底改变你的工作效率》。

2. 提出问题

方法说明：问题形式的标题能激发读者的好奇心，促使他们寻找答案。

举例：《为什么你的时间管理总是失败？》。

3. 使用引人入胜的形容词

方法说明：使用强有力的、情感丰富的形容词可以加强标题的吸引力。

举例：《绝对不能错过的5个旅行目的地》。

4. 直接承诺价值

方法说明：明确告诉读者他们能从内容中得到什么价值或好处。

举例：《学会这一技能，让你的职业生涯更上一层楼》。

5. 创造紧迫感

方法说明：通过时间限制或其他方式制造紧迫感，促使读者立即行动。

举例：《今天结束前必须知道的投资秘诀》。

6. 使用反转和意外

方法说明：打破读者的期待，使用意外或反转的方式吸引他们的注意。

举例：《那些你以为健康的食物，研究显示它们其实……》。

7. 调动情感

方法说明：利用读者的情感反应，如幽默、惊奇、恐惧等，来吸引他们的注意。

举例：《这些照片太震撼了，我差点哭出来》。

8. 结合热门话题或流行文化

方法说明：将内容与当前的热门话题、流行文化或事件结合，提高相关性和吸引力。

举例:《像〈权力的游戏〉一样管理你的团队:领导力课程》。

设计标题时,关键是要确保标题与内容紧密相关、真实反映内容的核心,并且能够激发目标受众的兴趣和好奇心。在使用上述方法的同时,也要注意保持自身的创新性和独特性,以求在众多信息中脱颖而出。

三、标题设计的原则

下面介绍标题设计的两大原则:4U 原则和 TOPS 原则。只要把握住这两大原则,就不难设计出精彩的标题。

4U 原则是一种有效的标题设计方法,特别适用于提高文章、广告、博客等内容的吸引力和点击率,包括以下四个维度。

1．Urgency(紧迫性):创建一种感觉,让读者认为他们必须立即行动或阅读,以免错过重要信息或机会。

案例:《今晚结束:抓住这次半价优惠,升级你的职业技能!》。

2．Usefulness(实用性):明确告诉读者,内容对他们是有帮助的,能解决他们的问题或满足他们的需要。

案例:《5 个简单步骤,帮你每天节省至少 2 小时》。

3．Uniqueness(独特性):强调内容的独一无二,让读者知道他们将会获得哪些他们在其他地方找不到的信息或观点。

案例:《独家揭秘:顶级作家的写作秘诀,让你的文章脱颖而出》。

4．Ultra-Specific(明确具体性):提供具体的细节,让读者明白阅读内容后他们能得到什么,或者内容将涵盖哪些具体主题。

案例:《如何在 30 天内用科学的方法增加肌肉》。

应用 4U 原则设计的标题能够有效地吸引读者的注意力,提升内容的阅读量和互动率。

标题设计的 TOPS 原则涵盖了四个关键要素:Targeted(针对性)、Outstanding(突出性)、Promising(承诺性)和 Specific(具体性)。这一原则旨在确保标题能够有效吸引目标受众,明确承诺价值,并指明具体内容。以下是 TOPS 原则的详细解释及相应案例。

1．Targeted(针对性):标题需要明确目标受众,确保内容与读者的兴趣、需求或问题直接相关。

案例:《新手父母必读:婴儿夜间安睡指南》,这个标题直接针对"新手父母",解决了一个具体的问题——如何让婴儿在夜间安睡。

2．Outstanding(突出性):标题应具有吸引力,能够在众多信息中脱颖而出,吸引读者的注意。

案例:《不仅仅是 Java:揭秘未来编程语言的趋势》,使用"揭秘"和"未来编程语言的趋势"增强了标题的吸引力和新颖性。

3．Promising(承诺性):通过标题向读者承诺,阅读后能够获得的信息、知识或解决方案。

案例:《21 天内改变生活习惯:经科学验证的方法》,这个标题承诺读者如果遵循这些方法,能在 21 天内改变他们的生活习惯。

4．Specific(具体性):标题应详细、具体,让读者一眼就能了解文章的主要内容或提供的价值。

案例：《节省50%的上班时间：远程工作高效沟通技巧》，这个标题非常具体地告诉了读者将学到的是"远程工作高效沟通技巧"，并且承诺了具体的好处——节省50%的上班时间。

运用TOPS原则设计的标题，不仅能够吸引并保持读者的兴趣，还能提升内容的传播效率和阅读率。

任务练习

练习题1：健康与饮食
情境：为一篇介绍如何通过健康饮食提高免疫力的文章设计标题。
原标题：《提高免疫力的方法》。

练习题2：个人发展
情境：为一篇帮助职场人士高效利用时间的文章设计标题。
原标题：《时间管理技巧》。

素养提升

"五个善用"拟好标题

（文章来源："学习强国"App，编者有改动）

标题是文章的眼睛。在当前信息爆炸、观点竞争激烈的背景下，标题能否吸引人，直接决定着文章的阅读量和影响力。拟好标题，不妨做到"五个善用"。

善用金句

就人的视觉特性来说，一眼形成视觉反应的标题是8~10个字。字数太多、句子太长、内容太平是标题制作的大忌。克服这个问题，提炼金句至关重要。

什么是金句？金句就是容易理解、接受又饱含智慧结晶的话。比如谈全面建成小康社会覆盖面的《全面小康大家一起走》，谈新闻舆论工作坚持正确导向的《导向金不换》，谈全面从严治党的《打铁必须自身硬》等。

金句的特点在于高度凝练概括，朗朗上口、易于记忆，源于生活而高于生活，源于实践而高于实践，或浓缩了历史唯物主义和辩证唯物主义精髓，或体现出深沉情怀、崇高精神，或具有强烈的工作指导性，让人一下就能明白文章的主题指向和政治意涵。

一些简单明了、通俗易懂、生动有趣的流行语和口语俗语，乃至作者本人概括的话，也可以发挥金句标题的作用，比如《馍馍熟了再揭锅》《打铁莫怕火烫脚》，充满了生活智慧，也展现出极大的语言魅力。

善用句式

句式作为语言文字的基础元素，在表达思想方面往往可以起到独到的作用。标题制作中最常用的句式是祈使句，能从语气上给人一种强烈的指导、指示、命令的意味。比如《别把混浊当高深》，祈使句的运用让标题具有一种猛击一掌的震撼力。

疑问句、反问句也会经常用来增强语气、设置悬念。比如《为政底气从哪儿来》，题目本身设置话题，吸引读者深入文章一探究竟；《以身许国岂邀名》通过反问的方式，彰显出鲜明的价值取舍。

谈话式标题则可以消除距离感，如《找找"四风"中的"我"》等。

有时候根据表意需要，还会用短句组长句来写标题。《人民日报》最近刊发的"从建党百年的光辉历程中汲取力量"系列评论，四个题目全部是小长句：《感悟"思想伟力"，奏响同心筑梦强音》《夯实"最大底气"，激扬团结奋进力量》《把握"历史大势"，掌握事业发展主动》《永葆"斗争精神"，越是艰险越向前》。相比于短句，小长句虽然字数有一定增加，但表意更加丰富，既有"怎么做"的举措，又有"怎么样"的目标，适合政治性强、内容层次较多的文章。

善用题眼

题眼是标明重点、统领全篇的关键词，通常以引号的形式醒目地体现在题目中。善于提炼归纳"题眼"，把文章中的要素和精髓放在题目中，有助于让文章脱颖而出。

文有"题眼"，才能"抓眼"。比如《在复兴征程上聆听"历史回声"》，把"历史回声"这个全新的名词突出显示，提起读者的阅读兴趣。又如《党性修养当"以怠为败"》，把"以怠为败"作为题眼，清晰地表明了文章主旨的创新之处。

有时现实问题也可以作为题眼，比如《治治"官场敷衍病"》，用"官场敷衍病"概括敷衍慵懒的作风问题，引起读者关注。

善用修辞

"修辞立其诚"，将观点表达得巧妙高超，达到一种"润物细无声"的传播效果，是修辞的价值所在。巧用修辞，可以使标题具有文学色彩和审美价值，以生动性和感染力吸引读者的注意力。

标题比较常用的修辞是比喻，《海南自贸港，制度创新"试验田"》《乡村发展的"头雁启示"》采用的都是比喻、暗喻手法。

文无定法，各类修辞其实都可以使用，比如：拟人，《大自然是最好的"酿酒师"》《不要被"时间"放弃》；借代，《让农业发展挑上"金扁担"》《感受长征途中的"她力量"》；谐音，《河长制，关键在"河长治"》《"讲究"与"将就"》《"欲"不设防恐成"狱"》；对比，《从"砍树人"到"看树人"》《"万无一失"与"一失万无"》《把"不简单"做到"简单"》。恰当使用修辞，为的是把握好"信"与"美"的关系，使标题有更强的说服力、更易被接受。

对偶句特别是对偶词，在标题制作中也被广泛使用，内容上凝练简洁、意象具体，韵律上整齐匀称、节奏感强，呈现上字数相等、排列对称。比如《一心装满国，一手撑起家》《有我与忘我》《"弱德"之美与"群德"之善》。对偶词、对偶句的优势在于营造强烈的反差感，鲜明展现作者的思想判断和价值态度。

善用焦点

如果把文章整体视为面，那么标题就是去粗取精的线，而线的原点、起点，就是文章和标题最亮眼的地方。找准闪光点，无论标题还是文章都将摆脱平庸。

要捕捉情感爆点。把握住了情感爆点，才容易形成情感共鸣、心灵共振，吸引读者阅读。如《为中华崛起而拼搏》，情感立足点就在于爱国热情和民族自豪感。

要把握新闻热点。把最新最热的新闻元素体现到标题中。如《人民日报》"纵横"栏目在2020年春节后第一时间推出《"精准复工"值得借鉴》文章，使"精准"二字迅速成为各地推动复工复产的关键词。

要发掘思维冰点。大多数人没有发现的地方，以往讨论从未涉足的领域，都是思维冰点。把思维冰点归纳到标题中、贯穿在全文里，可以起到打破常理、颠覆旧识、普及新知的作用，有醍醐灌顶、豁然开朗的功效。如《让煤不再"英雄气短"》，较之淘汰化石能源以防治空气污染的一刀切，文章从冷门的"煤的清洁化利用"切入，带给读者全新的认识。

古人感慨，"吟安一个字，捻断数茎须""两句三年得，一吟双泪流"。一个人人称赞的好标题，必然是字斟句酌、匠心独运的结果，必然是综合运用各种写作技法的结果。加强钻研，提升文字驾驭力，一定可以文思泉涌、佳作迭出。

传统文化相关拓展

中华优秀传统文化深邃且广泛，其对标题设计的影响体现在如何将文化精髓和审美特点融入简短的标题中，以吸引并引导读者深入了解文章的内容。以下是几个结合中华优秀传统文化元素的标题设计案例，旨在展现如何巧妙地将文化内涵和视觉吸引力结合起来。

1．主题：中国茶文化

原标题：《了解中国茶文化》。

设计后的标题：《茗香溢古今：穿越千年的中国茶道》。

设计理念：通过"茗香溢古今"概括中国茶文化的历史悠久和文化深度，同时"穿越千年的中国茶道"突出了茶文化的传承和时代跨度，增强了标题的吸引力和文化内涵。

2．主题：孔子思想

原标题：《孔子的哲学思想》。

设计后的标题：《仁爱之道：孔子思想的现代启示》。

设计理念：利用"仁爱之道"直接引入孔子的核心思想，同时"现代启示"连接古今，强调孔子思想在当代社会的应用和价值。

3．主题：中国古典园林艺术

原标题：《中国古典园林的艺术特色》。

设计后的标题：《山水间的诗意栖居：探秘中国古典园林》。

设计理念：将园林艺术与"山水间的诗意栖居"结合，体现了中国古典园林追求自然和谐与人文精神的美学理念，同时"探秘"增加了探索和发现的趣味性。

4．主题：中国传统节日文化

原标题：《中国传统节日介绍》。

设计后的标题：《岁月神仙：中国传统节日的故事与习俗》。

设计理念：通过"岁月神仙"这一充满想象力的表达，激发读者对中国传统节日背后的故事和习俗的好奇心，同时体现了中国传统节日文化的神秘和魅力。

5．主题：中医养生之道

原标题：《中医养生知识》。

设计后的标题：《阴阳五行：中医养生的古老智慧》。

设计理念：将"阴阳五行"作为引入，不仅准确概括了中医养生的基本原理，还营造了一种神秘和学术的氛围，吸引读者深入探索中医的奥秘。

1.8　序言设计

【素养目标】
- 养成灵活应变的思维

【知识目标】
- 掌握序言设计的原则和方法

【能力目标】
- 能将序言设计方法运用于具体情境中

模拟情景

假设你要写一篇面向大学生的文章，主题为"如何有效管理大学生活的时间"。这是一个与大学生日常生活密切相关的话题，涉及学习、兼职工作、社交活动等多方面的时间管理技巧。序言设计应当直接针对大学生的实际情况，引起他们的共鸣，同时激发大学生的阅读兴趣，为他们提供一些有价值的见解。

任务驱动

如果请你来写序言，你将如何完成？

教学内容

一、序言设计及其核心要素

序言设计指的是精心规划和撰写文档、文章、报告或任何书面作品的开头部分，以确保有效地传达关键信息、吸引读者（或观众）的注意力，并设定整体内容的语调和方向。它是写作过程中的一个重要环节，旨在为读者提供一个明确的入口，介绍主题、目的、背景以及组织结构。

序言设计的核心要素如下。
- 引入主题：清晰地说明文章或报告的主题是什么，帮助读者快速理解将要讨论的核心内容。
- 激发兴趣：通过引人入胜的开场、提出问题、分享惊人的事实或统计数据等方式，吸引读者的注意力，激发他们的好奇心。
- 设定目的：明确文章或报告要解决的问题、探讨的议题或传达的主要信息，让读者了解阅读本文的价值。
- 提供背景：给出足够的背景信息，让读者能够放置在适当的上下文中理解文章的内容，尤其是对于一些较复杂或专业性强的主题。
- 展示结构：简要介绍文章或报告的结构，告诉读者可以期待哪些部分或论点，以及它们之间的逻辑关系，帮助读者在心中构建信息框架。
- 适应读者：考虑目标读者的背景、兴趣和需求，确保序言对他们来说既有相关性又有吸引力。

序言设计不仅是对文章主体内容的简单概述，还是一种策略性的引导，它能够确保读者对即将阅读的内容有正确的预期，同时激发他们继续阅读的兴趣。通过有效的序言设计，作者可以建立与读者之间的联系，为传达信息和观点创造有利条件。

二、序言设计的方法

要吸引读者的兴趣，序言部分可以通过讲述故事的方式展开。这种方式一般会涉及与主题紧密相关的故事，并可按照背景（Situation）、冲突（Complication）、疑问（Question）、回答（Answer）的顺序来安排内容。首先，介绍一个读者熟悉的背景，接着描述在这一背景下出现的冲突。这些冲突能够激发读者的好奇心，从而引出相关的疑问。对这些疑问的回答可以构成序言的结尾。我们通常将这种方法称为"SCQA结构"。具体来说，S（背景）指的是与主题相关的已知事实，如事件的时间、地点、涉及的人物等；C（冲突）则是指出现的某种不利变化或混乱，是推动故事发展的关键；Q（疑问）是基于前述冲突与核心论点设计出的问题，为解答部分做铺垫；A（回答）则是对疑问的解答，提前给出解答有助于简化读者的思考过程，使内容更易于理解，更容易被接受。

在设计序言时，可以灵活调整四个元素的顺序或选择性使用部分元素，从而创造出不同的表达效果。通过这种结构，可以开发出五种主要的序言布局方式，案例如下。

1. 基本结构

背景（S）：在数字化时代，青少年的网络依赖问题日益严重。

冲突（C）：尽管网络为青少年提供了丰富的学习资源，但也带来了分心和沉迷的问题。

疑问（Q）：如何有效地管理青少年的网络使用时间，既保证他们获得必要的信息又避免过度依赖？

回答（A）：推广和实施数字素养教育，能帮助青少年养成健康的网络使用习惯。

2. 标准式

背景（S）：在数字化时代，青少年的网络依赖问题日益严重。

冲突（C）：尽管网络为青少年提供了丰富的学习资源，但也带来了分心和沉迷的问题。

回答（A）：因此，推广数字素养教育成为了解决这一问题的关键。

3. 开门见山式

回答（A）：为解决青少年的网络依赖问题，推广数字素养教育至关重要。

背景（S）：在数字化时代，青少年的网络依赖问题日益严重。

冲突（C）：尽管网络为青少年提供了丰富的学习资源，但也带来了分心和沉迷的问题。

4. 突出忧虑式

冲突（C）：尽管网络为青少年提供了丰富的学习资源，但也带来了分心和沉迷的问题。

背景（S）：在数字化时代，青少年的网络依赖问题日益严重。
回答（A）：因此，教育部门和家庭必须推广数字素养教育，以帮助青少年养成健康的网络使用习惯。

5．突出信心式
疑问（Q）：如何有效管理青少年的网络使用时间，避免其过度依赖？
背景（S）：在数字化时代，青少年的网络依赖问题日益严重。
冲突（C）：网络提供了丰富的学习资源，但也带来了分心和沉迷的问题。
回答（A）：通过推广数字素养教育，可以帮助青少年养成健康的网络使用习惯。

每种方式都针对序言的目的和预期的受众反应进行了优化设计，展示了如何根据不同情况选择最适合的结构来表达内容。

三、序言设计的原则

设计序言时可以遵循以下几个主要原则，确保序言有效并为整体内容设定正确的语境。
- 明确目标：确定序言的具体目的，比如激发兴趣、设定期望或介绍背景。
- 紧扣主题：保证序言内容与主体部分紧密相关，为理解和接受主体内容提供基础。
- 吸引注意：使用故事、统计数据、问题或引用等方法，抓住听众或读者的注意力。
- 简洁明了：序言应简洁有力，避免冗余，直接引入主题。
- 预览主要内容：在序言中简要介绍主体部分将覆盖的关键点或主要论据。
- 设定语气和风格：与全文的语气和风格保持一致，适应目标听众。

这些原则可以确保序言既引人入胜又具备实质性内容，有效地为后续的主体部分铺路。

任务练习

假设你需要准备一篇文章的开头，你的文章旨在探讨青少年睡眠不足的问题。请使用以下信息，根据"SCQA 结构"（背景、冲突、疑问、回答）的不同布局方式，设计基本结构、开门见山式、突出忧虑式三种不同的序言。

背景（S）：研究表明，青少年每晚需要 8～10 小时的睡眠以保持健康。
冲突（C）：然而，大多数青少年每晚的睡眠时间少于 7 小时，这主要是由于学业压力过大和过多使用电子设备。
疑问（Q）：我们如何帮助青少年克服这些障碍，确保他们获得足够的睡眠？
回答（A）：学校和家庭可以通过实施更灵活的作业政策和限制晚间电子设备的使用时间来帮助青少年改善睡眠。

素养提升

《人民日报》的文章序言通常具有明显的结构性和目的性，旨在引导读者理解国家政策、社会议题或重大事件的重要性及其背景。这些序言通常包括以下几个关键部分。
- 主题引入：序言会直接介绍文章的中心主题，通常与国家政策、经济发展、社会改革或国际关系等重要议题相关。
- 背景信息：提供足够的背景信息是《人民日报》序言的典型特征。这可能包括最近的政策变动、历史事件的回顾、统计数据或当前社会经济状况的描述，以帮助读者理解文章讨论的问题的复杂性和重要性。
- 目标阐述：序言中会明确文章的目的，如解释政策的实施理由和预期效果、增强公众对某个问题的认识或推动某种社会行动或思想改变。
- 引导和过渡：序言还会设置引导，为深入阅读做铺垫，这种引导方式旨在激发读者的兴趣和思考，同时平滑过渡到文章的主体部分。

传统文化相关拓展

四大名著的开篇词

四大名著有精彩的开篇词，或在第一回正文开端出现，或在第一回正文出现。开篇词在古代小说中使用最广，通常以诗词、长短句等方式出现。开篇词主要有四个作用，一是起到统领全书基调的作用；二是表达作者对全书的看法；三是隐晦透露书中的一些重要细节或结局，以引起读者兴趣；四是与读者产生强烈的共鸣，即便跨越千年时空，也能带来强烈的心灵震颤。

《红楼梦》的开篇词：

满纸荒唐言，一把辛酸泪。都云作者痴，谁解其中味。

这4句在第一回文中出现，说曹雪芹于悼红轩中披阅十载，增删五次，纂成目录，分出章回，又题曰《金陵十二钗》，并题一绝，便是《石头记》的缘起，曹公题的这一绝当然就是这篇开篇词。

《红楼梦》的开篇词言简意赅，只有短短4句20字，却情感饱满，意思是：全书写的都是荒唐言辞，却浸透着我辛酸的眼泪！都说作者太迷恋儿女痴情，可又有谁能真正理解书中的意味呢？开篇词透露了4个悬念：荒唐言辞、辛酸的眼泪、儿女痴情、书中的意味。

《三国演义》的开篇词：

滚滚长江东逝水，浪花淘尽英雄。是非成败转头空。青山依旧在，几度夕阳红。白发渔樵江渚上，惯看秋月春风。一壶浊酒喜相逢。古今多少事，都付笑谈中。——杨慎《临江仙》

明代文学家杨慎的这首《临江仙》，可谓耳熟能详、千古惊艳之作。《临江仙》之所以享誉古今，是因为诗中所体现的自然界和现实生活中的睿智哲学以及洒脱遗世的情怀，让人们感同身受、无限回味。滚滚长江向东流逝，多少英雄像翻飞的浪花般消逝。何必太在意是与非、成与败，一切都转眼即逝，只有青山依旧屹立，太阳依然东升西落。白发苍苍的渔翁与渔夫泊船江面，早已习惯了四时变化，难得见一次面，便畅饮一壶浊酒，笑谈古今。

诗中的哲理是：自然界四时变化，宇宙永恒，江水不息，青山常在，而世间英雄人物却无一不转瞬即逝，这就是变与不变的辩证感叹。世事如此无常，我们更应淡泊洒脱，理性面对那些变化和纷扰。

全词基调慷慨悲壮，读来荡气回肠、回味无穷，有万千感慨在心头，更有看透世事、超然于世事的洒脱与睿智，给人豁然警醒的哲思，因而人们将《三国演义》的精髓概括为"空"。

《西游记》的开篇词在第一回开头出现，诗曰：

混沌未分天地乱，茫茫渺渺无人见。自从盘古破鸿蒙，开辟从兹清浊辨。覆载群生仰至仁，发明万物皆成善。欲知造化会元功，须看西游释厄传。

全诗不难理解，意思是：天地还没有分开时，宇宙一片混乱，渺渺茫茫没人能看清。自从盘古开天辟地，从此清浊相离，天地分开。天下万物仰仗无上仁德的天覆地载之恩，创生万物，成就了极大的功德。想要知道天地变化的规律、宇宙的奥妙、万物生长的玄机、人生真谛，成就大智慧，请看西游释厄传。

《西游记》的开篇可谓设置了一个让人欲探究其奥秘、欲罢不能的大悬念，引起了读者极大的兴趣，同时也透露了全书的宗旨。

《水浒传》的开篇词：

试看书林隐处，几多俊逸儒流，虚名薄利不关愁。裁冰及剪雪，谈笑看吴钩。评议前王并后帝，分真伪占据中州，七雄扰扰乱春秋。兴亡如脆柳，身世类虚舟。

见成名无数，图形无数，更有那逃名无数。霎时新月下长川，江湖变桑田古路。讶求鱼缘木，拟穷猿择木，恐伤弓远之曲木。不如且覆掌中杯，再听取新声曲度。

开篇词的意思如下。

看那书林深处，隐逸着多少俊杰儒流，他们不屑于世间的虚名薄利，更把古今战事当作笑谈，吟诗作赋，书写着超凡脱俗的辞章。在他们眼里，前王后帝、真真假假、中原逐鹿，与春秋战国时期的诸侯争霸没什么两样。国家就像脆柳一样脆弱，人处其间，与漂泊无定的虚舟何异？

人世间自然成名的人、图名的人、逃名的人何其多！沧海桑田，瞬间就不知新月落在长河的哪一边。不要看到缘木求鱼者就感到惊讶，也不要笑话人穷猿择木，更不要像伤弓之鸟一样见了弯曲的树木也要躲避。统统放下吧，包括你手中的酒杯，来听取我的"新声曲度"！

《水浒传》讲的是江湖豪杰的传奇故事，而这首开篇词却大有"笑傲江湖"的悲壮味道。

1.9 主体构建

教学目标

【素养目标】
- 养成整体和系统观念

【知识目标】
- 掌握主体构建的方法

【能力目标】
- 能将主体构建方法运用于具体情境中

模拟情景

作为一名市场分析师，你最近完成了一个关于消费者购买行为的研究，包括不同年龄段消费者对电子产品的偏好、购买频次和他们在不同销售渠道的购买数据。现在你需要向公司管理层汇报研究结果。

任务驱动

请使用自下而上的主体构建方式，设计你的汇报结构。

教学内容

一、主体构建方法

通过标题和序言的设计，我们的口头表达或书面表达已经成功吸引了受众，但问题在于受众感兴趣的时间是非常短暂的，要想受众继续跟随你的表达，理解你所表达的内容，就需要对表达的主体进行精心构建。通常情况下，主体构建方式有两种：自下而上和自上而下。

方法一：采用自下而上的主体构建方式

在面对大量未分类的数据或信息时，我们常常需要从细节入手，逐步构建出整体的观点或结论。这种自下而上的主体构建方式尤其适合那些在开始阶段还没有明确结论或主张的情况，具体步骤如下。

1. 列举关键点：首先，整理出所有相关的数据或信息片段，这些是构建主体的基石。
2. 分析逻辑关系：接着，探索这些关键点之间的关系。
3. 形成结论：最后，基于分析的结果概括出主要结论或观点。

例如：假设你是一名市场分析师，需要为即将到来的产品发展会准备一份报告。这份报告的目的是分析过去一年中公司各类产品的表现，并提出未来的市场策略。

列举关键点：首先收集过去一年的销售数据、顾客反馈、市场趋势报告以及竞争对手的动态。

分析逻辑关系：然后，将这些数据按产品类型、销售区域、顾客群体等分类，并分析不同分类下的销售趋势和顾客满意度。

形成结论：最终，根据数据分析得出结论，例如某一产品线非常成功，应继续加大投入力度；而另一产品线表现不佳，可能需要重新评估或调整市场策略。

通过这样的自下而上的主体构建方式，能够系统地处理和解析大量信息，逐步构建出有说服力的结论和策略。

方法二：采用自上而下的主体构建方式

当有明确的论点并且目标是说服听众时，自上而下的主体构建方式是非常有效的。这种方式特别适用于那些对业务和话题有深入了解的表达者，具体步骤如下。

1. 设计标题：确立演讲或文档的中心主题，这将指引表达的方向。
2. 分析受众需求：了解受众的兴趣、需求和预期，以确保内容的相关性和吸引力。
3. 设计序言：引入背景、冲突、疑问、回答来设置框架。

4. 确定要点：明确列出支持中心思想的关键点，并通过视觉手段（如下画线或加粗）突出这些要点。

5. 组织支持材料：准备支持每个要点的数据、例子或其他材料。

6. 递归细化：重复步骤4和5，继续完善和加深每个要点的内容。

7. 设计横向逻辑：选择演绎法或归纳法来安排信息的逻辑流，确保论点的说服力。

例如，假设你是一名高级管理者，准备在年度股东大会上发表演讲，主题是推介一项新的战略计划。

设计标题：你的演讲标题可能是"向未来迈进：我们的下一步战略计划"。

分析受众需求：股东们关心的是投资回报、公司成长前景和市场竞争力。

设计序言：介绍当前的市场环境（背景），公司面临的主要竞争压力（冲突），关键问题是如何提升市场份额（疑问），你的答案是实施一项新的战略计划（回答）。

确定要点：战略计划的核心组成部分包括创新技术投资、市场扩展和人才培养。

组织支持材料：准备每个要点的统计数据、成功案例、行业分析等。

递归细化：继续完善每个要点的内容，加入更多支持数据和具体实施步骤。

设计横向逻辑：采用演绎法，从总体战略到具体行动步骤，逐步展开，确保逻辑清晰、条理分明。

任务练习

假设你是一家软件开发公司的项目经理，负责一个重要的项目，该项目面临多个技术挑战和紧迫的截止日期。请设计一个自上而下的结构，向公司高层汇报项目的进展、存在的挑战和解决方案，确保及时获得必要的支持和资源，要求如下。

汇报内容结构化：清晰地展示项目状态、问题和建议优先级。

关键信息突出：确保突出关键问题和紧迫需求。

决策支持信息：提供足够的信息以支持高层做出决策。

时间线和期望：明确表达项目的下一步行动计划和所需要的支持。

素养提升

口袋公园提升幸福感

"城市是人集中生活的地方，城市建设必须把让人民宜居安居放在首位，把最好的资源留给人民。"口袋公园，作为城市绿色空间的重要组成部分，以其小巧精致、分布广泛的特点，逐渐成为市民休闲娱乐、亲近自然的好去处，极大地提升了城市居民的幸福感和获得感。它们如同城市的"微绿洲"，在喧嚣的都市中为人们提供了一处静谧的休憩之地，让人们在忙碌之余能够感受到城市的温度与美好。（中心论点）

要科学规划，合理布局，打造便捷可达的口袋公园。（分论点一）"规划科学是最大的效益，规划失误是最大的浪费，规划折腾是最大的忌讳。"在口袋公园的建设中，科学规划至关重要。这不仅要考虑到公园的地理位置、面积大小，还要兼顾周边居民的需求和习惯，确保每个社区都能享受到这份绿色福利。通过合理布局，让口袋公园成为城市的"毛细血管"，连接城市的每一个角落，让市民在步行或骑行的范围内就能轻松到达，真正实现"推窗见绿、出门入园"的美好愿景。如纽约的"口袋公园之父"罗伯特·泽恩,他通过在城市空地和废弃场地上创建小而精致的公园,不仅美化了城市环境,更让市民在繁忙的都市生活中找到了片刻的宁静与放松。因此,在口袋公园的建设上,我们应借鉴先进经验,科学规划,让每一块绿地都能发挥最大的社会效益。科学规划口袋公园,是提升城市幸福感的重要一环,它让城市更加宜居,让市民的生活更加美好。

要注重设计,突出特色,丰富口袋公园的文化内涵。(**分论点二**)"文化是城市的灵魂,是城市发展的内生动力。"口袋公园虽小,但设计不能马虎。每个口袋公园都应有自己的主题和特色,可以是历史文化、地域风情,也可以是现代艺术、科技创新,通过多样化的设计,让口袋公园成为展示城市文化的窗口。同时,还要注重景观的层次感和观赏性,通过巧妙搭配植物、水体、雕塑等元素,营造出宜人的视觉效果,让市民在休闲娱乐的同时,也能感受到文化的熏陶和艺术的享受。如北京的"胡同微花园",它们将传统胡同文化与现代园林设计相结合,不仅美化了胡同环境,更让市民在漫步中感受到了老北京的风情与韵味。因此,在口袋公园的设计上,我们应注重文化内涵的挖掘和传承,让每一座公园都能成为城市的文化符号。丰富口袋公园的文化内涵,是提升城市幸福感的关键,它让城市更加有温度,让市民的生活更加多彩。

要强化管理,维护良好,确保口袋公园的可持续发展。(**分论点三**)"管理是一门科学,更是一门艺术。"口袋公园的建设只是第一步,后续的管理和维护同样重要。要建立健全管理机制,明确责任主体,加强日常巡查和保洁力度,确保公园的设施完好无损、环境整洁有序。同时,还要积极开展宣传教育活动,引导市民自觉遵守公园规定,爱护公共设施和花草树木,共同维护良好的游园环境。如新加坡的"城市花园"计划,通过严格的管理和高效的维护,确保了城市绿地的长期可持续发展,让市民在享受绿色福利的同时,也提升了自身的文明素养。因此,在口袋公园的管理上,我们应借鉴先进经验,强化管理力度,确保每一座公园都能长期保持其魅力和活力。强化管理,维护口袋公园,是提升城市幸福感的保障之举,它让城市更加和谐,让市民的生活更加安心。

"城市之美,在于宜居;宜居之城,在于绿色。"口袋公园作为城市绿色空间的重要组成部分,以其独特的魅力成为了市民心中的"幸福园"。让我们携手共建,将口袋公园打造成城市的亮丽名片,让每一位市民都能在繁忙的都市生活中找到属于自己的那份宁静与美好。只有这样,我们的城市才能更加宜居、更加和谐、更加幸福。(**结尾**)

文章结构解析

一、开头(引论)

开头部分引用了人民日报的金句,强调了城市建设应以人为本,将最好的资源留给人民。接着,通过描述口袋公园的特点和作用,引出文章的中心论点:口袋公园能够极大地提升城市居民的幸福感和获得感。

二、主体(本论)

主体部分分为三个分论点,分别从不同角度论证了口袋公园如何提升城市幸福感。

分论点一:科学规划,合理布局。

小论点:科学规划是口袋公园建设的基础。

论据:通过引用纽约的"口袋公园之父"罗伯特·泽恩的先进经验,说明科学规划对于口袋公园建设的重要性。

结论:科学规划口袋公园,让城市更加宜居,提升市民的幸福感。

分论点二：注重设计，突出特色。
小论点：设计是口袋公园文化内涵的体现。
论据：通过描述北京"胡同微花园"的设计特点，说明口袋公园设计应注重文化内涵和主题特色。
结论：丰富口袋公园的文化内涵，让城市更加有温度，提升市民的幸福感。

分论点三：强化管理，维护良好。
小论点：管理是口袋公园可持续发展的保障。
论据：通过借鉴新加坡"城市花园"计划的管理经验，说明强化管理对于口袋公园长期保持魅力和活力的重要性。
结论：强化管理维护口袋公园，让城市更加和谐，提升市民的幸福感。

三、结尾（结论）
结尾部分再次强调了"城市之美，在于宜居；宜居之城，在于绿色。"通过总结口袋公园对于提升城市居民幸福感的作用，呼吁社会各界携手共建口袋公园，共同打造更加宜居、和谐、幸福的城市。

四、整体结构特点
逻辑清晰：文章从开头到结尾，逻辑严密，层次分明，每个分论点都有明确的小论点、论据和结论。
论据充分：通过引用国内外先进经验和具体事例，增强了文章的说服力和可信度。
语言流畅：文章语言流畅自然，用词准确。

传统文化相关拓展

过秦论
贾谊

秦孝公据崤函之固，拥雍州之地，君臣固守以窥周室，有席卷天下，包举宇内，囊括四海之意，并吞八荒之心。当是时也，商君佐之，内立法度，务耕织，修守战之具，外连衡而斗诸侯。于是秦人拱手而取西河之外。

孝公既没，惠文、武、昭襄蒙故业，因遗策，南取汉中，西举巴、蜀，东割膏腴之地，北收要害之郡。诸侯恐惧，会盟而谋弱秦，不爱珍器重宝肥饶之地，以致天下之士，合从缔交，相与为一。当此之时，齐有孟尝，赵有平原，楚有春申，魏有信陵。此四君者，皆明智而忠信，宽厚而爱人，尊贤而重士，约从离衡，兼韩、魏、燕、楚、齐、赵、宋、卫、中山之众。于是六国之士，有宁越、徐尚、苏秦、杜赫之属为之谋，齐明、周最、陈轸、召滑、楼缓、翟景、苏厉、乐毅之徒通其意，吴起、孙膑、带佗、倪良、王廖、田忌、廉颇、赵奢之伦制其兵。尝以十倍之地，百万之众，叩关而攻秦。秦人开关延敌，九国之师，逡巡而不敢进。秦无亡矢遗镞之费，而天下诸侯已困矣。于是从散约败，争割地而赂秦。秦有余力而制其弊，追亡逐北，伏尸百万，流血漂橹；因利乘便，宰割天下，分裂山河。强国请服，弱国入朝。

延及孝文王、庄襄王，享国之日浅，国家无事。

及至始皇，奋六世之余烈，振长策而御宇内，吞二周而亡诸侯，履至尊而制六合，执敲扑而鞭笞天下，威震四海。南取百越之地，以为桂林、象郡；百越之君，俯首系颈，委命下吏。乃使蒙恬北筑长城而守藩篱，却匈奴七百余里；胡人不敢南下而牧马，士不敢弯弓而抱怨。于是废先王之道，焚百家之言，以愚黔首；隳名城，杀豪杰；收天下之兵，聚之咸阳，销锋镝，铸以为金人十二，以弱天下之民。然后践华为城，因河为池，据亿丈之城，临不测之渊，以为固。良将劲弩守要害之处，信臣精卒陈利兵而谁何。天下已定，始皇之心，自以为关中之固，金城千里，子孙帝王万世之业也。

始皇既没，余威震于殊俗。然陈涉瓮牖绳枢之子，氓隶之人，而迁徙之徒也；才能不及中人，非有仲尼、墨翟之贤，陶朱、猗顿之富；蹑足行伍之间，而倔起阡陌之中，率疲弊之卒，将数百之众，转而攻秦；斩木为兵，揭竿为旗，天下云集响应，赢粮而景从。山东豪俊遂并起而亡秦族矣。

且夫天下非小弱也，雍州之地，崤函之固，自若也。陈涉之位，非尊于齐、楚、燕、赵、韩、魏、宋、卫、中山之君也；锄櫌棘矜，非铦于钩戟长铩也；谪戍之众，非抗于九国之师也；深谋远虑，行军用兵之道，非及向时之士也。然而成败异变，功业相反，何也？试使山东之国与陈涉度长絜大，比权量力，则不可同年而语矣。然秦以区区之地，致万乘之势，序八州而朝同列，百有余年矣；然后以六合为家，崤函为宫；一夫作难而七庙隳，身死人手，为天下笑者，何也？仁义不施而攻守之势异也。

分析

《过秦论》是西汉时期的政治家和文学家贾谊所写的一篇著名政论文章，主要分析了秦朝的兴亡历程，并就其灭亡的原因提出了深刻的见解。文章通过详细的历史分析和批判，阐述了秦朝政治制度的缺陷和统治者的错误策略。以下是《过秦论》的主体构建要点。

引子开篇：以秦始皇统一六国的宏大背景开篇，快速过渡到秦朝的迅速崩溃，引出文章的中心议题——为什么一个看似强大的帝国会如此迅速地灭亡。

历史背景与分析：详细回顾了秦始皇的统治手段，如焚书坑儒等，并指出这些极端措施虽然在短期内强化了中央集权，但长期来看却累积了民间的怨气和反抗情绪。

对秦朝政策的批评：批评秦始皇忽视民生疾苦，过度重视法律和刑罚，导致人民生活在水深火热之中；他强调，忽视人心和民意是导致秦朝灭亡的根本原因。

指出秦二世的无能：文章指出秦二世的执政无能是秦朝灭亡的直接原因，他的软弱和昏庸导致了政治的混乱和权力的斗争，最终加速了国家的解体。

总结与警示：贾谊在文章的结尾部分提出警示，强调君主必须深明大义，治国应依靠民心和德治，而非单纯依赖刑法和暴政。《过秦论》不仅是对秦朝历史的回顾，更是对君主治国的一种警示和启示，其深刻的政治见解和批判精神使其成为中国历史上的政论佳作。

1.10　横向逻辑设计

逻辑设计与拓展

教学目标

【素养目标】
- 养成逻辑思维和系统观念

【知识目标】
- 了解横向逻辑设计的优势
- 掌握横向逻辑设计的方法

【能力目标】
- 能将横向逻辑设计方法运用于具体情境中

模拟情景

在一家公司中，管理层面临一个决策困境：是实施严格的工作时间监控策略，还是放宽对员工工作时间的监控，以提高员工的自主性和满意度。两种方法都有其支持者。

任务驱动

假设你作为顾问，被要求运用钟摆逻辑提出一个解决方案。

教学内容

一、横向逻辑的表达优势

在金字塔结构中，横向逻辑的重要作用在于逻辑递进和内容的展开。具体来说，横向逻辑规定了如何将同一层级的思想、内容要点和论据材料进行有序排列，从而增强内容的紧密联系和逻辑性。通过精心设计的横向逻辑，表达效果可以得到显著提升。

1．提升受众兴趣：在设计横向逻辑时，根据受众的需求和兴趣点进行内容设计，可以有效地提高其兴趣。具体做法包括：在口头表达中使用富有变化的语调强调重点；在书面表达中通过视觉优化如放大文字、加粗或使用颜色，让重点内容更突出。此外，设计富有吸引力的内容，如结合故事和案例，或在书面材料中使用图文并茂的方式，可以更好地抓住受众的注意力，并通过幽默的方式进一步提升表达效果。

2．帮助受众理解：通过设计符合受众思维习惯的横向逻辑，可以简化理解过程，使受众更易于跟随并接受所表达的内容。为此，横向逻辑设计应追求简洁明了。

3．方便受众记忆：为了让受众理解而且记住所表达的内容，横向逻辑的设计应考虑到认知规律，如通过分类、概括、形象化和重复等技巧来增强记忆效果。

二、横向逻辑设计方法

横向逻辑犹如逻辑思维的魔方，每个面都分布着九宫格式的设计方法。接下来，我们将探索这九种横向逻辑设计方法，包括时间顺序、空间（结构）顺序、重要性顺序、钟摆逻辑、多米诺效应、收益逻辑、二维模型、层化模型和同心圆模型。前三者为常见的归纳逻辑，下面介绍其他六种方法。

1．钟摆逻辑

钟摆逻辑基于辩证推理，通过展示对立的观点促使人们寻找中间的合理选项。这种逻辑的形式较复杂，主要包括温和形式和激进形式。

温和形式旨在调和对立观点以接近一个中间立场。例如，在提议购买汽车时，我们可以采用以下框架。

【开场】"听说你打算买车？"

【左摆选项】"如果预算有限，可以选择两三万元的车型，但这些车的安全性可能不高。"

【过渡】"那么，哪些车型的安全性更高呢？"

【右摆选项】"花费上百万元的车型当然更安全，但价格和维护成本也较高。"

【中间选项过渡】"那么，有没有既安全又经济的选择呢？"

【中间选项】"建议考虑二三十万元的车型，这种车型安全且性价比高。"

激进形式则完全排除极端选项，只留下一个中立的选择来坚持或捍卫一个观点。同样，对于购车话题，表达框架可能如下。

【开场】"听说你在考虑买车？"

【左摆选项】"有些人为了节省开支，选择两三万元的低价车型，但这些车型安全隐患大。"

【过渡】"那么，高价车型的情况如何？"

【右摆选项】"高价车型虽然安全，但价格昂贵，不符合我们的经济条件。"

【中间选项过渡】"有没有一个既安全又经济的选择？"

【中间选项】"一个合适的选择是二三十万元的车型，这不仅保证了行驶安全，同时价格也在接受范围内。"

利用钟摆逻辑时，会呈现出表达者自始至终都站在受众的角度思考和分析问题的感觉。这种换位思考的姿态，加上演绎逻辑的运用，会使受众更容易被说服。

2．多米诺效应

多米诺效应亦称作骨牌效应，通过一个事件触发另一个事件形成的一系列连锁反应来构建逻辑顺序。这种方式属于演绎逻辑，具备显著的推理特性，适用于引导听众或读者追溯事件的因果关系，从而支持你的论点。在使用多米诺效应构建逻辑时，首先要阐述事件的起因，随后解释起因如何导致某个结果，而这个结果又如何引发下一个事件。例如，探讨某企业员工离职率升高的问题时，可以采用以下逻辑框架：公司员工流失导致剩余员工需要接手更多工作；因为需要分担更多工作，员工的工作压力增大；增大的工作压力进一步提高了离职率。

在运用多米诺效应时，还可以采用两种具体的逻辑：多因一果和一因多果。多因一果逻辑用于强调一个结果的必然性，例如，在口头或书面表达中，如果同时注重语音、语调和语速的调整，就能有效提升演讲的吸引力；一因多果逻辑则用于突出一个原因的广泛影响，例如，如果没有事先做好旅行计划，可能会导致游玩体验不佳、休息时间不足，甚至饮食也会受到影响。

3．收益逻辑

收益逻辑基于受众的趋利避害心理，通过对正面收益和负面后果的展示来引导和影响听众。这种逻辑具有归纳性质，通过对比正负两方面的效果来强化论点的说服力，包括正向收益策略和反向收益策略。

在正向收益策略中，我们主要向受众展示一系列利益，利用这些利益让受众认可并接受提议，这种方式的表达框架可能是"遵循我的建议，我们将获得以下好处，好处一……好处二……好处三……"反向收益策略则反其道而行之，通过分析潜在的害处和风险来提醒或警醒受众，这种方式的表达框架可能是"如果我们不采取这个方案，我们可能面临以下风险，风险一……风险二……风险三……"

正向收益策略和反向收益策略可以单独使用或结合使用，以达到突出对比效果的目的。一般情况下，设计3~5个正反关键点可以使受众感受到问题的全面性，同时避免过多信息导致记忆和理解负担。例如，推动某产品改进的建议可以这样表达：

正面展示：若我们对产品A进行改进，将带来以下好处：首先，提高产品A的良品率，降低生产成本；其次，提升产品质量，提高客户满意度；最后，减少售后返修现象，降低服务成本。

反面对比：如果我们不对产品A进行改进，继续维持现状，将面临以下风险：第一，产品良品率持续下降，生产成本上升；第二，产品质量不稳定，影响客户满意度，进而导致销量下降；第三，高返修率会增加售后成本，并损害品牌形象。

通过这种正反对比的展示，形成了一种双面逻辑结构，有效地利用了正负效果来影响和说服受众。

4. 二维模型

在设计横向逻辑的过程中，如果面对大量难以通过单一维度连接的素材，可以考虑运用二维模型。这种模型涉及两个维度的设定，每个维度都可以灵活地采用演绎逻辑或归纳逻辑。例如，常用的时间管理模型就是一个标准的二维模型实例。在这种模型中，横轴根据紧迫性从低到高排序，纵轴则根据事项的重要性从低到高排序。

例如在公司运作过程中，各部门在梳理问题、分析原因及提出解决方案时，同样可以借助二维模型来表达。在此模型中，横轴可能根据发现问题、原因分析、解决方案的顺序排列，属于演绎逻辑，而纵轴则依照部门排列，符合空间顺序的归纳逻辑。

通过这样的二维模型，决策者能从复杂的信息中提取出清晰的逻辑线索，同时也为受众提供直观、明了的信息展示。这种方法不仅增强了信息的条理性，也提高了决策的效率和准确性。

5. 层化模型

当设计逻辑结构时，如果素材之间的横向关系不仅仅是单一方向的联系，而存在正逆双向的复杂关系，或者各个素材间存在特定的逻辑联系，层化模型便是一种适用的设计方式。层化模型通常涵盖两种逻辑方向：向上逻辑和向下逻辑，这两种逻辑可以根据内容需求被设计为演绎逻辑或归纳逻辑。

以职业发展为例，可以构建一个层化模型。

【向上逻辑】个人的职业能力可以促成良好的职业成果，这些成果又能帮助个人建立自己的职业品牌。

【向下逻辑】首先设定个人的职业品牌目标，然后实现与这一品牌相符的职业成果，最后根据需要达到的职业成果来提升相应的职业能力。

这种模型中的逻辑推理是递进式的，完全基于演绎逻辑。此外，层化模型还允许进行跨层逻辑分析。例如，可以探讨职业品牌（第一层）与职业能力（第三层）之间的关系，如在职业发展过程中根据设定的品牌目标选择性地提升相关职业能力，以更快地塑造职业品牌。

同样地，在员工培养方面的层化模型中：

【向上逻辑】通过培训或指导,将初级工程师培养成高级工程师,再将高级工程师培养成专家。

【向下逻辑】专家可以指导高级工程师,高级工程师则可培养初级工程师。

同时,也可以分析专家(第一层)与初级工程师(第三层)之间的影响关系,如专家的培训和分享如何助力初级工程师的成长。

6. 同心圆模型

同心圆模型实际上是对金字塔结构的一种视觉优化改造,将金字塔的层级内容转化为同心圆布局。在这种模型中,每一层的中心思想被置于圆心,而向外扩展的每个圆代表了更广泛的思想和内容层级。

具体而言,圆心代表金字塔结构的中心思想或主题,最内圈对应金字塔的顶层,展现最直接的核心概念或信息;中间的圈层代表扩展的思想,属于中级层面;最外圈则包含最具细节和广泛性的内容,相当于金字塔的基座。在应用逻辑时,内圈、中圈和外圈可以根据需要采用演绎逻辑或归纳逻辑。

同心圆模型的一个重要优势是它在视觉上提供了一种心理暗示,使观众感受到信息的全面和周密,有助于增强表达的说服力。

三、横向逻辑设计案例

职场案例:影响他人之组建项目团队

时间飞逝,艾米丽已经在公司工作一年了。她的上司杰克一直非常关注艾米丽的职业成长,希望将她培养成一名能独当一面的人才。近期,公司正策划新产品T的导入项目,需要选派一名项目经理,杰克正在考虑是否让艾米丽在这个岗位上锻炼一下。于是,杰克将艾米丽叫到办公室商讨。

"杰克,这个新产品T的导入工作如果只由我们部门来推动会非常困难,它需要研发、采购、物流、制造、市场、销售以及售后服务等多个部门的协调合作。"艾米丽边思考边回答着杰克。

"那你需要我在哪些方面给予支持?"杰克笑着询问。

艾米丽沉思了一会儿后说:"领导,您能否组织一次跨部门的会议?请相关部门的领导参加。我想组建一个项目团队来推动新产品T的导入。"

"好主意!"杰克赞许道,并答应了她的请求。于是,杰克组织的跨部门协调会议定在了明天下午。

艾米丽思考着,在会议上如何让各部门的领导同意派出经验丰富的同事参与这个项目。她记得自己的智能助手曾告诉她,一个好的逻辑设计能够增强说服力。那么,她应该采用哪种逻辑设计来说服各部门的领导呢?艾米丽决定向智能助手请教一下。

"针对这次会议发言的逻辑,智能助手,你有什么好建议吗?"艾米丽亲切地询问。

"为什么你希望各部门的领导派出有经验的同事参与新产品T的导入项目呢?"智能助手开始启发艾米丽。

"这个新产品的项目技术比较复杂,且时间相对紧张。如果派出有经验的同事参与,可以保证质量、减少返工、按时完成项目。"艾米丽解释道。

"如果有些部门领导希望通过这个项目来培养新员工，对你的项目会有什么影响？"智能助手继续询问。

艾米丽面色凝重地说："如果是新手参与，首先培养和带教会花费一定时间，导致项目无法立即启动，肯定会影响完成的时限；其次新手可能会因缺乏经验造成一些工作中的质量问题，存在返工和失败的风险。"

"既然你已经清楚地了解了潜在的得失，利用人们的趋利避害心理，你认为应该采用哪种逻辑设计方式？"智能助手问。

"利用趋利避害的心理可以采用收益逻辑。那么，在好处上应设计3～5点，在坏处上也应设计3～5点，这样能给人一种全面的感觉。"艾米丽回答道。

智能助手补充说："是的，而且无论是好处还是坏处，都需要设计横向逻辑。"

"之前我提到的好处包括保证质量、减少返工、按时完成项目，这些好处偏中期性和长期性，我可以增加一个短期内的好处，即有经验的同事对新产品的熟悉更快，可以缩短项目的启动时间。"

"这个设计很好。坏处也可以用时间顺序来展开，这样会使收益逻辑更具有说服力。你觉得呢？"智能助手分享着自己的建议。

"好主意。坏处也可以按短期、中期、长期来展开。"艾米丽认同智能助手的建议，"如果是新手参与，短期内项目无法启动，需要时间培训新人；中期坏处是，可能因新人无法独立协调资源而导致项目延误；长期来看，新人在工作中可能出现质量问题，增加了返工或失败的风险。"

"现在，试着整理这些正向和反向的观点，形成一个初稿吧。"

"我试试看。"艾米丽整理思路后说，"今天非常感谢各位领导来参加新产品T的导入项目的筹备会议。我希望各部门能安排有经验的同事参与这个项目，因为这个新产品在技术上比较复杂，项目时间也比较紧张。如果派出有经验的同事参与，短期好处是能较快地熟悉新产品，可以缩短项目的启动时间；中期好处是能保证项目质量、减少返工；长期好处是有经验的同事可以利用过往经验预防一些常见风险，确保项目按时完成。"艾米丽继续说，"如果安排新手参与，短期内因为需要培训新人，项目无法立即启动；而且，新人无法独立协调资源，会有项目延误风险；长期来看，新人可能在工作中出现质量问题，提高了项目返工或失败的风险。因此，希望各部门能安排有经验的同事参与，确保新产品T的导入项目能按时按质完成。"

"非常好！这非常有说服力！"智能助手由衷地赞许道。

艾米丽深吸一口气，对明天的项目会议充满期待……

任务练习

在一家大型企业中，人力资源部门希望提升员工的满意度和绩效。为此，他们需要设计一个全面的员工发展计划。这个计划需要考虑到员工的个人职业发展、团队协作以及公司的整体目标。请设计一个基于层化模型的员工发展计划，包括向上逻辑和向下逻辑。

素养提升

大学生论文充满AI味，工具使用不能是笔"糊涂账"

（文章来源：上游新闻2024-12-21）

近日，一篇题为《ChatGPT发布两周年，"大学生的作业里充满了AI味"》的文章在网上热传。据澎湃新闻报道，近几年，拥抱AI工具已在高校之中成为趋势，很多学生开始习惯借助AI完成论文。有老师直言，一些学生交给老师的原创作业"充满了AI味，没有一点独立思考的痕迹"。看得多了，这位老师甚至能辨别出学生们使用的是哪一家的大模型。这篇文章因太过真实而引起广泛共鸣。

学生想方设法使用AI工具，为各种ChatGPT会员付费；老师们则化身人肉AI味检测器，在无措与摇摆中与学生斗智斗勇。据媒体报道，在社交媒体上搜索"AI""论文""写作"等关键词，五花八门的AI论文写作指导教程映入眼帘。其中大部分宣称能够教会用户在几分钟内通过几个简单的步骤，生成一篇几万字的"优质"论文。这些教程的浏览量最高已达数百万。"AI代写"不仅线上交易火热，一些人甚至摩拳擦掌致力于开拓线下市场。因此，高校简单"一禁了之"既不现实，也不合理。

大学生将AI工具作为学术"小助手"，使其代劳一些前期准备和重复性工作，并没有什么不妥。另外，高校教师也表示，AI代写的论文"看似条理清晰、层次丰富，但实际上每个层面的内容都很少，而且非常空洞。"以前期数据积累为基础的AI写作终究只是内容空洞的"样子货"，无论如何都比不过人类用心的创作。既然生成式AI的入侵无可避免，AI写作也无法完全替代人脑，那留给我们的问题只有一个：如何规范和引导AI在论文写作中的合理使用。

在"充满AI味的论文""AI代写"这些话题的讨论中，争议的焦点并非论文质量，而在于"人的参与"程度。消减大学生论文的AI味，取决于我们如何划定"辅助"与"代写"的边界，即AI可以在论文写作的哪个步骤、哪些方面、以何种方式辅助、参与的程度有多深？

在这方面，一些先行者的探索经验值得借鉴。比如，华东师范大学联合北京师范大学新闻传播学院发布的《生成式人工智能学生使用指南》就明确：学生在使用生成式人工智能（AIGC）时，需要对相关内容进行标红，且直接生成的内容不能超过全文的20%。复旦大学也发布了《复旦大学关于在本科毕业论文（设计）中使用AI工具的规定（试行）》，提出"六个禁止"，比如禁止使用AI进行语言润色和翻译等，对AI工具在本科毕业论文（设计）撰写过程中的使用做出详细规范。《中华人民共和国学位法（草案）》也将人工智能代写论文行为归于学术不端，并明确了相应的法律责任：经学位评定委员会审议决定，由学位授予单位撤销学位证书。

AI工具的使用规范不能是笔"糊涂账"，相关模糊地带要不断厘清。这些规范性文件作为卡尺和准绳，为在短暂无序中感到茫然的学生们提供了具体的行动指南，让学子们进一步感受和理解学术诚信，并在之后持续的实践中逐步探索形成自己与AI的"和平共处"模式。学校方面也不必遮遮掩掩，完全可以大大方方开一门"AI工具使用"的课程，帮助他们提高资料搜集、整理文献等技巧，顺便引导其有效、合理使用AI工具，令其面对学术任务时更加从容，不至于被迫向AI工具"求救"。

人工智能是创新的朋友，而不是造假的同伙。当 AI 入侵大学论文，无论学子还是教师，都要不断思考一个问题：还有什么是我们所无法被替代的？在文创产品中，流水线作品往往难敌手工艺制品。究其原因，人类创作的艺术价值，独特的艺术化表达，令那些流水线上批量生产的商品黯然失色。同样的道理，也适用于 AI 论文——无论 AI 能否写出人类创作的高度，因为缺乏人的参与，失去了独特性，其本身也就失去了灵魂。无论技术如何发展，人的努力才是社会发展的力量源泉。清楚这一点，我们就不会沉溺于技术迭代的浪潮里。

传统文化相关拓展

论积贮疏
汉·贾谊

管子曰："仓廪实而知礼节。"民不足而可治者，自古及今，未之尝闻。古之人曰："一夫不耕，或受之饥；一女不织，或受之寒。"生之有时，而用之亡度，则物力必屈。古之治天下，至孅至悉也，故其畜积足恃。今背本而趋末，食者甚众，是天下之大残也；淫侈之俗，日日以长，是天下之大贼也。残贼公行，莫之或止；大命将泛，莫之振救。生之者甚少，而靡之者甚多，天下财产何得不蹶！

汉之为汉，几四十年矣，公私之积，犹可哀痛！失时不雨，民且狼顾；岁恶不入，请卖爵子，既闻耳矣。安有为天下阽危者若是而上不惊者？世之有饥穰，天之行也，禹、汤被之矣。即不幸有方二三千里之旱，国胡以相恤？卒然边境有急，数千百万之众，国胡以馈之？兵旱相乘，天下大屈，有勇力者聚徒而衡击；罢夫羸老易子而咬其骨。政治未毕通也，远方之能疑者，并举而争起矣。乃骇而图之，岂将有及乎？

夫积贮者，天下之大命也。苟粟多而财有余，何为而不成？以攻则取，以守则固，以战则胜。怀敌附远，何招而不至！今殴民而归之农，皆著于本；使天下各食其力，末技游食之民，转而缘南亩，则畜积足而人乐其所矣。可以为富安天下，而直为此廪廪也，窃为陛下惜之。

——节选自《汉书·食货志》

分析：在《论积贮疏》中，贾谊运用强有力的收益逻辑来支持其论点。通过详细分析潜在的危机和提出积贮的必要性，贾谊的文章不仅论述了积贮的直接益处，还探讨了其对国家稳定和发展的重要性。下面是对文章中运用的收益逻辑的分析。

1. 风险识别

文章的开始部分通过引用"仓廪实而知礼节"展示了基础理论，即粮食充足是社会秩序和礼节的基础。

贾谊揭示了当前的问题："食者甚众"，即消费者多而生产者少；"淫侈之俗，日日以长"，奢侈习气不断增长，导致资源浪费严重。

2. 风险的具体后果

通过历史和现实情况的对比，贾谊指出汉朝虽已建立数十年，但因为没有充分的资源积累，一旦遇到自然灾害（如旱灾）或社会危机（如战争），就会陷入困境。

3. 积贮的直接益处

积贮能够解决粮食短缺、社会动乱等危机，这些都是立即可见的直接益处。

积贮可以增强国家的防御能力（"以攻则取，以守则固，以战则胜"），这是对外在威胁的一种根本性应对策略。

4．积贮的长期和间接益处

通过积贮，国家可以在危急时刻有足够的资源进行应对，从而避免社会动乱和经济崩溃，促进社会稳定和人民幸福，如文中所述"畜积足而人乐其所"，即通过稳定的资源供给，保证民众的基本生活需求得到满足。

5．总结论点

积贮是"天下之大命"，是治国的根本大计。只有通过积贮，才能确保国家的长期安全和稳定，以及民众的幸福感和满意感。

1.11　口头表达

口头表达精彩呈现

教学目标

【素养目标】
- 养成逻辑思维和整体观念

【知识目标】
- 掌握口头表达的方法

【能力目标】
- 能将口头表达方法运用于具体情境中

模拟情景

假设你是一家科技公司的项目经理，你的团队最近完成了一个新的软件开发项目，该项目旨在提高内部通信效率。现在，你需要在公司的例会上向高层管理人员汇报这个项目的成果。

任务驱动

请运用 PREP 方式准备你的汇报。

教学内容

一、增强口头表达吸引力的因素

当我们设计好逻辑表达的主体结构和同层级间的横向逻辑后，就需要根据表达时可能出现的情境和状况，以金字塔结构为基础，设计讲述的顺序。讲述的顺序可以称为"故事主线"。在故事主线的设计上下功夫，找出最适合受众且有利于自己的讲述顺序，不仅可以吸引受众的兴趣，还会使我们所表达的信息更易于被受众接受和支持。要设计出"受众有兴趣听"的故事主线，需要考虑以下三点：一是沟通的场合和实际的情境；二是沟通对象的特点、性格及兴趣；三是所表达的内容是否简单易懂。

例如，要从三家公司（华北 A 公司、华中 B 公司、华南 C 公司）中选择一个新产品的合作伙伴，按照成本（生产和运输）、风险（政策和技术）、市场（市场潜力和竞争）这三个类别，将搜集到的信息资料整理成如图 1-11-1 所示的金字塔结构。

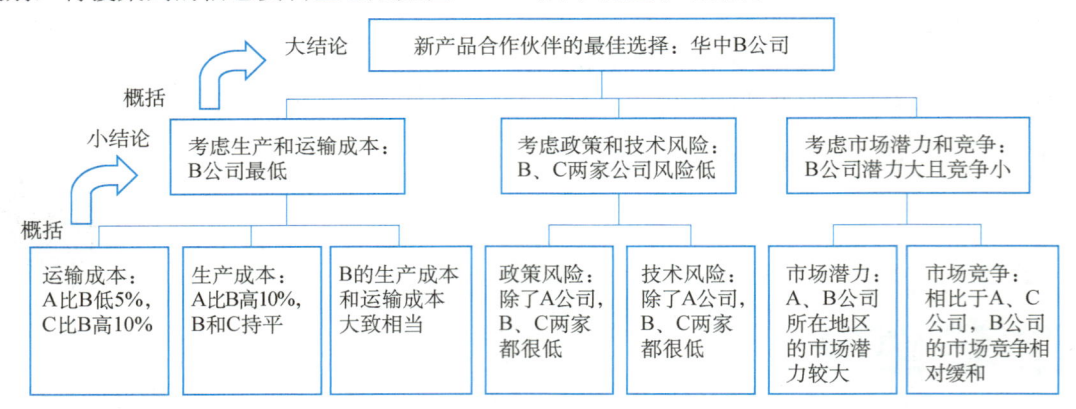

图 1-11-1　选择新产品合作伙伴的金字塔结构

在汇报的时候，需要充分考虑汇报对象的特点，继而进行故事主线的设计。如果汇报对象是财务总监或生产总监，考虑到汇报对象对各项成本特别敏感，也比较关注风险管控，可以设计这样的汇报顺序：先讲成本，再说风险，最后分析市场，故事主线如图 1-11-2 所示。

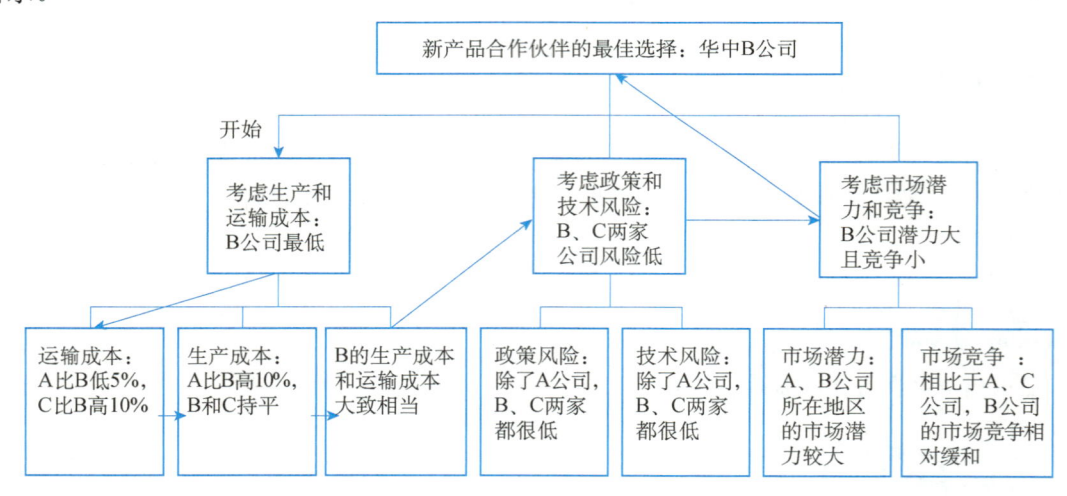

图 1-11-2　向财务总监或生产总监汇报的故事主线

具体汇报的内容如下。

总监，您好！关于新产品的合作伙伴，我们分别根据成本、风险和市场做了初步的分析，推荐华中 B 公司作为优先选择。从成本上看，综合考虑运输成本和生产成本，华中 B 公司的成本最低。从风险上看，综合考虑政策风险和技术风险，华中 B 公司是最低的两家之一。从市场上看，华中 B 公司的市场潜力大、竞争小。经过综合考虑，我们认为华中 B 公司是新产品合作伙伴的最佳选择。

如果这次的汇报对象是市场总监，考虑到沟通对象对市场信息最关注，我们针对汇报对象可以将故事主线调整为：先讲市场，再说风险，最后分析成本，调整后的故事主线如图 1-11-3 所示。

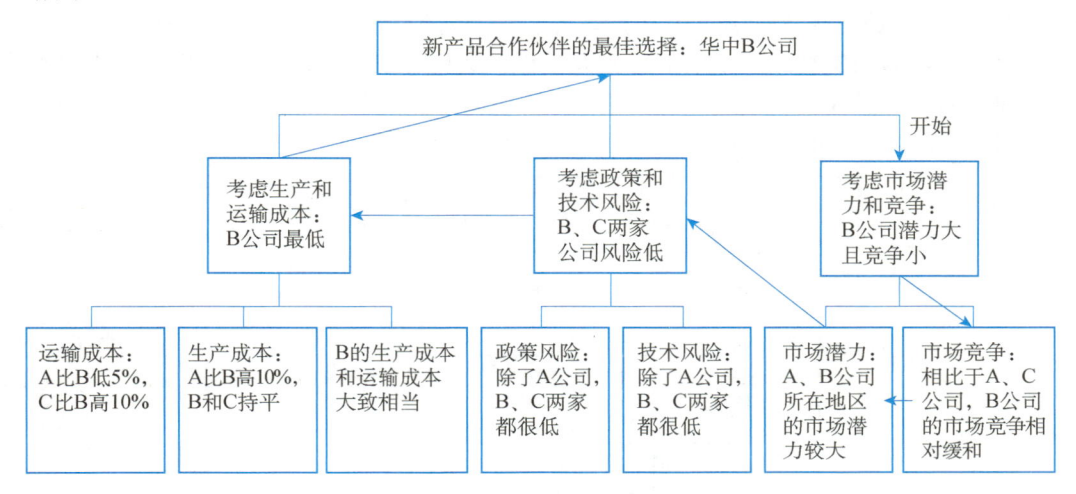

图 1-11-3　向市场总监汇报的故事主线

具体汇报的内容如下：

总监，您好！关于新产品的合作伙伴，我们分别根据市场、风险和成本做了初步的分析，推荐华中 B 公司作为优先选择。从市场上看，华中 B 公司的市场潜力较大；价格战相对缓和，所以竞争较小。从风险上看，综合考虑政策风险和技术风险，华中 B 公司是最低的两家之一。从成本上看，综合考虑运输成本和生产成本，华中 B 公司的成本最低。经过综合考虑，我们认为华中 B 公司是新产品合作伙伴的最佳选择。

根据不同汇报对象的特点，我们可以构思出不同的汇报顺序。这种不同的汇报顺序就是故事主线的设计。故事主线确定了，那么汇报用的幻灯片顺序也就确定了，如图 1-11-4 所示。

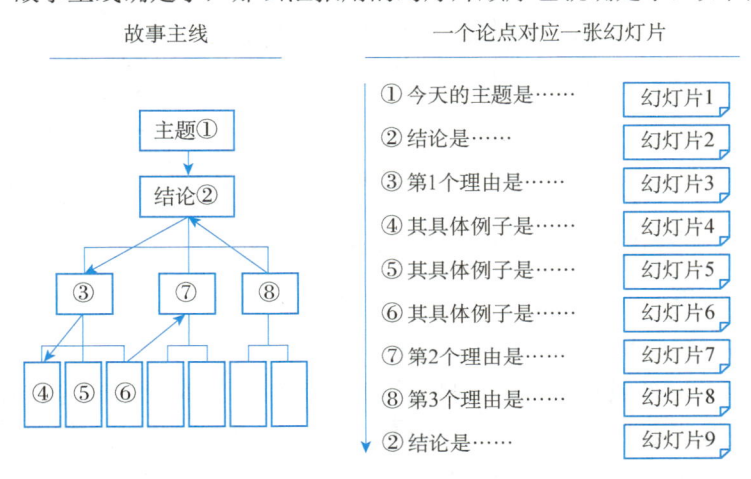

图 1-11-4　根据故事主线确定幻灯片顺序

二、故事主线的表达方式

设计好故事主线后，可以进一步选择具体的表达方式来进行叙述，常见的表达方式有两种：PREP 方式和 IREP 方式。

1．PREP 方式

PREP 方式是论点先行的表达方式，适用于受众对汇报内容的背景和流程有一定了解的情境，比如公司内部例会或向上级汇报常规工作。运用 PREP 方式进行汇报，即用论点抓住受众的注意力，可以让受众在第一时间接收核心观点或最终结论，避免对方出现不耐烦的状况，从而使受众耐心地听完我们的汇报，如图 1-11-5 所示。

表达的顺序：

- Point 要点 — 金字塔的顶点：说明背景、叙述结论 例：关于××的背景是……结论是……
- Reason 理由 — 金字塔的第一层：叙述得出结论的理由 例：其理由有×条，分别是……
- Example 具体事例 — 金字塔的第二层：叙述支撑理由的具体事例 例：具体的例子有……
- Point 要点 — 金字塔的顶点：强调结论 例：总而言之，结论就是……

图 1-11-5　PREP 方式

2．IREP 方式

IREP 方式是主题先行的表达方式，适用于受众对议题比较陌生或不了解的情境，如公司的外部会议或新流程、新产品推介会等场景。主题先行的表达方式可以避免因直接亮出观点而显得唐突，可以在对受众进行信息铺垫、心理建设和逻辑牵引之后，再"水到渠成"地将受众引导至核心观点，更有利于受众对信息的接受和理解，如图 1-11-6 所示。

表达的顺序：

- Issue 论题 — 说明背景和主题 例：以"关于××的事"作为开场白
- Reason 理由 — 金字塔的第一层：叙述得出结论的理由 例：我们将从×个方面来考虑，分别是……
- Example 具体事例 — 金字塔的第二层：叙述支撑理由的具体事例 例：具体的例子有……
- Point 要点 — 金字塔的顶点：叙述结论 例：总结上述内容，可以得出的结论是……

图 1-11-6　IREP 方式

我们要根据表达时的具体情境，选择使用 PREP 方式或 IREP 方式来讲述自己的故事主线，并确定要展开分享的具体事例或信息数据，从而提升表达的效果，如图 1-11-7 所示。

假设此次汇报的场合是公司内部例会，向财务总监或生产总监汇报，就可以采用 PREP 方式做如下汇报。

总监，您好！关于新产品的合作伙伴，我们分别根据成本、风险和市场做了初步的分析，推荐华中 B 公司作为优先选择。从成本上看……

但如果财务总监或生产总监不知道我们正在做新产品合作伙伴的选择，而且是第一次向总监汇报此项目，那么汇报时采用 IREP 方式更合适：

	PREP	IREP
特点	先给出结论，最后再次强调结论	先提出论题/主题，最后叙述结论
适用场合	1.公司内部例会 2.受众了解议题	1.公司外部会议 2.受众不了解议题
优势	先抛出结论，吸引受众听完汇报，避免对方不耐烦	通过信息铺垫、心理建设和逻辑牵引，让受众充分了解议题，避免直接抛出结论，让受众感到唐突

图 1-11-7　PREP 与 IREP 方式的对比

总监，您好！关于新产品的合作伙伴，我们分别根据成本、风险和市场做了初步的分析，今天来向您汇报分析结果。从成本上看……

任务练习

假设你是一家健康科技公司的产品经理，负责推介一款新开发的健康监测手表。这款产品刚刚推向市场，针对的是对高科技健康设备不太熟悉的中年消费者群体。你需要在一个社区中心举办的健康科技介绍会上进行产品演示和推介。请运用 IREP 方式准备你的产品演示。

素养提升

樊锦诗"追光演讲"：我的青春不在了，可我们的文明青春正好

（来源：人民日报新媒体"追光演讲"第一期《青春》）

在敦煌莫高窟，每当风吹过"九层楼"的时候，铃铛会发出叮叮当当的响声，仿佛把人们带入壁画里的梦幻世界，这一直让很多莫高窟人深深地着迷。

你好，我是樊锦诗，此生命定，我就是个敦煌莫高窟的守护人。当我第一次来到这里时，眼前的场景和自己的想象千差万别。在经历了动荡、自然灾害，还有疯狂攫取后，敦煌的美丽散落在世界各地，敦煌的伤痛留在了中国。也许正因为这样，每个来到这里的人总是憋着一股劲，老先生们明明可以拥有很好的生活、工作环境，却偏偏历经千辛万苦留在了敦煌；那时还算年轻的我，虽不理解，但又很佩服。

要说我从没犹豫过、动摇过，那也是假话。夜深人静，窗外刮风，屋内下沙，我会感觉好像整个世界都把我给忘了。可当我第二天走进石窟，又觉得再苦再累我也愿意留下来。

为什么愿意留下来？这是许多莫高窟人经常被问的问题。我想除了这些洞窟实在吸引人，还因为我们的国家，我们的文明实在需要。莫高窟人忙着和历史较劲，想把失落的敦煌文献

和"绢画"找回来；忙着和未来较劲，就是要将敦煌的璀璨和震撼永远留住。

择一事，终一生。我想"莫高精神"，本质上是一种朴实又真挚的爱国情怀。我们守护的不仅是文物，更是一个国家、一个民族的文明和根脉。在敦煌看星星格外的亮，当漫天星斗闪耀在我头顶时，就如同中华文明的星河般璀璨。放眼世界，只有我们的文明源远流长，从未断流。

相比起来，人的一生很短暂，但这样悠久的文明，正是在一代又一代人短暂的一生里延续。有人日复一日，在静止的时间里守护着文明的永恒；有人接过前辈的火，在传承中找到了属于自己的光；有人走出去，向更大的世界展示中华文化的美好和自信；有人用创造和想象，让古老在新时代焕发出新的生命力；还有一些年轻的朋友说我可能没有这样的能耐，怎么会没有呢？你至少有热爱的能力。热爱本身就是一种传承。

大家总说未来已来，我也想告诉你们过去未去。带着过去的灿烂，在每一个坚守和热爱的现在，书写更美好的未来，我相信你们会比我们做得更好。

我们的院子里有一尊叫"青春"的雕像，原型是27岁的"小樊"。来来往往的时候，我总忍不住看一眼那时的"小樊"。我想我的青春不在了，可我们的文明从古老中走来，依然青春正好。

传统文化相关拓展

商书·汤誓

伊尹相汤伐桀，升自陑，遂与桀战于鸣条之野，作《汤誓》。

王曰：格尔众庶，悉听朕言，非台小子，敢行称乱！有夏多罪，天命殛之。今尔有众，汝曰：我后不恤我众，舍我穑事而割正夏？予惟闻汝众言，夏氏有罪，予畏上帝，不敢不正。今汝其曰：夏罪其如台？夏王率遏众力，率割夏邑。有众率怠弗协，曰：时日曷丧？予及汝皆亡。夏德若兹，今朕必往。

尔尚辅予一人，致天之罚，予其大赉汝！尔无不信，朕不食言。尔不从誓言，予则孥戮汝，罔有攸赦。

《尚书·汤誓》是中国古代文献《尚书》中的一篇，记录了商朝初期汤王对其臣民的讲话，是中国历史上的政治宣言之一，汤王在其中说明了他起兵讨伐暴政的理由和正当性。

《尚书·汤誓》与PREP方式的关联如下。

Point（要点）：汤王直接声明其起兵的正当性和必要性，例如他的使命是纠正殷纣王的不道德行为和暴政。

Reason（理由）：阐述起兵的理由，涉及对殷纣王种种不正之行的描述，如对百姓的残暴、对神灵的不敬等。

Example（具体事例）：殷纣王不道德行为的具体例证，如残害忠良、滥用权力等，这些例子用来加强汤王起兵的合理性。

Point（要点）：汤王再次强调他起兵的必要性和为民除害的责任，加深听众对起兵合法性的认识。

1.12 书面表达

书面表达优化效果

教学目标

【素养目标】
- 养成逻辑思维和整体观念

【知识目标】
- 掌握书面表达的方法

【能力目标】
- 能将书面表达的方法运用于具体情境中

模拟情景

假设你是一家初创公司的产品经理,负责一个新产品的开发和推广计划,你需要创建一个详细的计划流程图来指导团队完成从概念设计到市场推广的整个过程。

任务驱动

请设计一个计划流程图,并描述其中的步骤和纵轴的逻辑递进。

教学内容

一、PPT 结构化设计的优势

PPT 是职场中运用最广泛的工具之一,无论是项目立项、产品推介,还是日常工作中的工作汇报、工作总结,都会用到 PPT。对 PPT 进行结构化设计,是职场人士的必备技能。要呈现简洁大气的 PPT,可以尝试让 PPT 主体的纵轴和横轴具有某些意义。一旦 PPT 的纵轴和横轴被赋予了意义,那么 PPT 就呈现出了结构化特征,如图 1-12-1 所示。

让我们来看一个具体的案例:领导要在例会上向员工传达未来一段时间的工作计划。如果设计成 PPT,一般会将计划按照时间顺序排列;但实际上,可以将工作计划以横轴/纵轴的形式呈现,将横轴设为"内容和期限",将纵轴设为"计划",使横轴和纵轴都具有意义,就可以获得更直观的 PPT 页面,如图 1-12-2 所示。

对比上面两张 PPT,显然已结构化的 PPT 更加一目了然,因为它的纵轴和横轴都被赋予了明确的意义。因此,PPT 经过结构化设计之后,就可以用较少的资料,以更简洁的形式来呈现更多内容。

图 1-12-1　PPT 呈现结构化特征

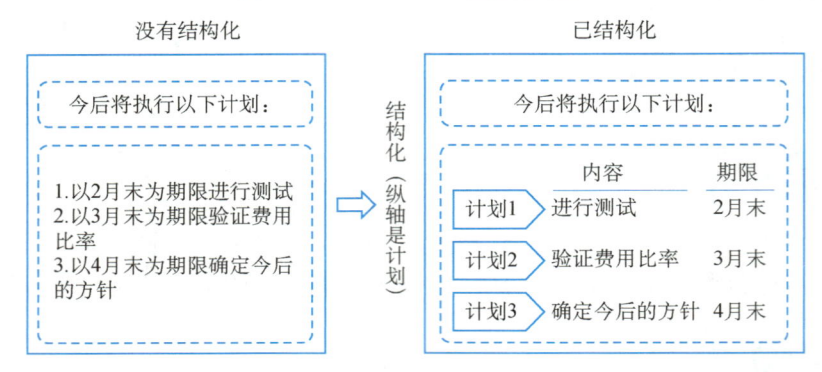

图 1-12-2　没有结构化与已结构化的 PPT 对比

二、PPT 结构化设计模板

在 PPT 的结构化设计中，除了上述的横轴/纵轴结构，还可以参考结构化设计模板，如图 1-12-3 所示。

1. 层化模型

当金字塔结构中各层级的内容之间有逐步提升的趋势，或者下一层级会导出上一层级的逻辑时，就可以用层化模型来呈现。如图 1-12-4 所示，利用层化模型，根据最下层的选项 C 优化出选项 B，再根据选项 B 优化出最上层的选项 A，从而论证选项 A 是最好的方案或选择。

2. 二维图表

二维图表比较适合数据的对比呈现。例如，我们想显示商品 A、商品 B、商品 C 在过去三年的销售情况，那么我们可以利用二维图表的结构，将横轴设为"各类商品"，将纵轴设为"年份"，从而在表格中呈现商品的销售数据，如图 1-12-5 所示。

3. 对比结构

对比结构比较适合文字或图像的对比呈现。例如，我们对选项 A 和 B 进行对比分析时，既可以用文字描述，也可以按照图 1-12-6 所示的方式呈现。

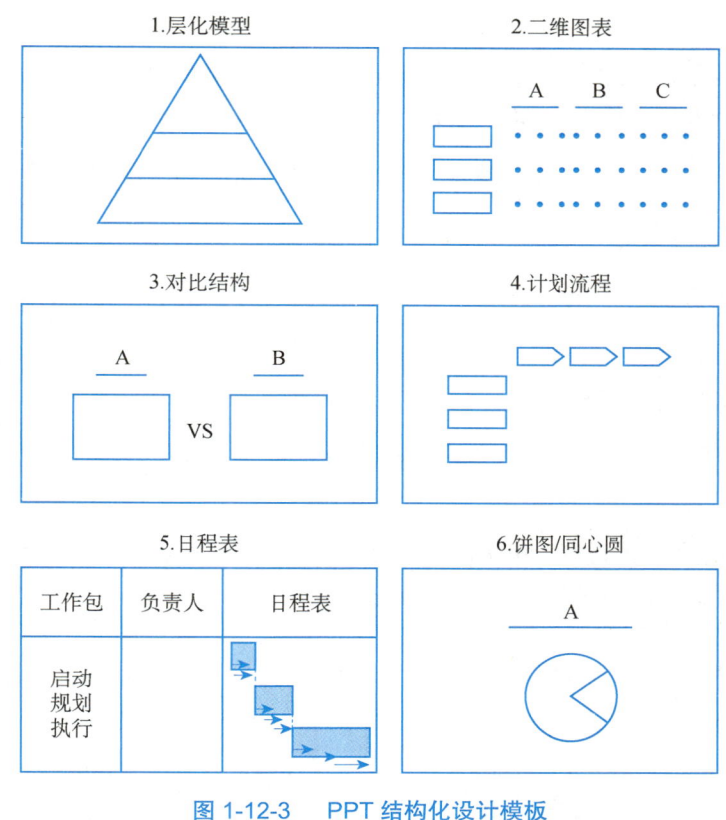

1. 层化模型　　　　　　　2. 二维图表

3. 对比结构　　　　　　　4. 计划流程

5. 日程表　　　　　　　　6. 饼图/同心圆

图 1-12-3　PPT 结构化设计模板

图 1-12-4　利用层化模型论证最佳方案　　　图 1-12-5　利用二维图表呈现数据

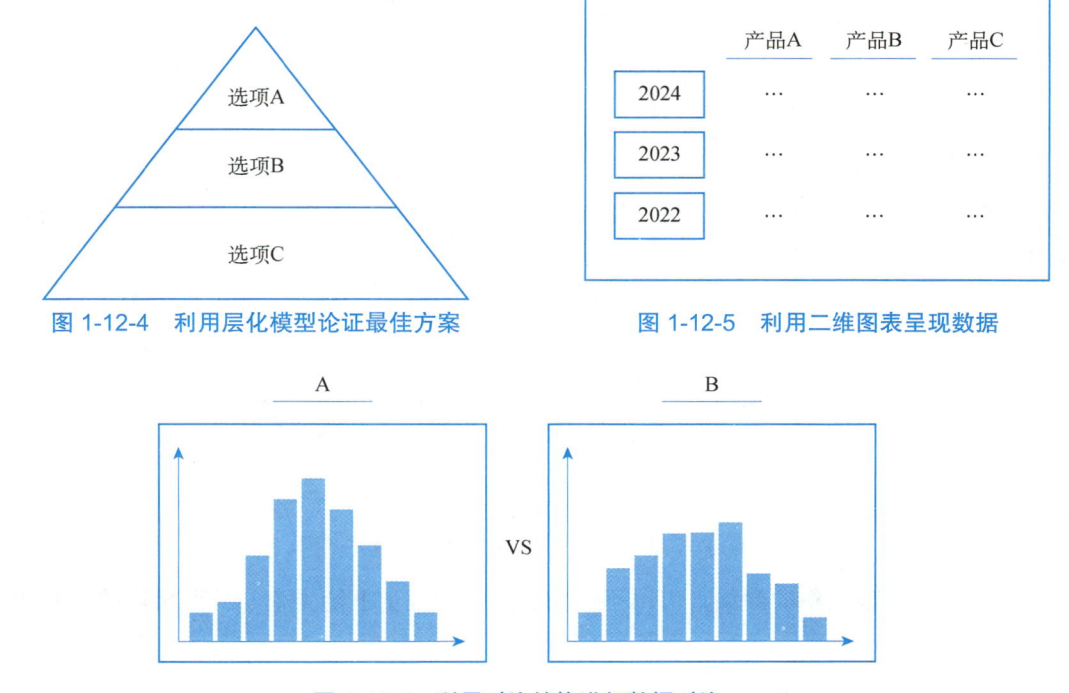

图 1-12-6　利用对比结构进行数据对比

4．计划流程

计划流程适合呈现计划步骤或流程。一般情况下，将横轴设计为步骤，纵轴则按展开的要点设计逻辑递进方式，如图 1-12-7 所示。

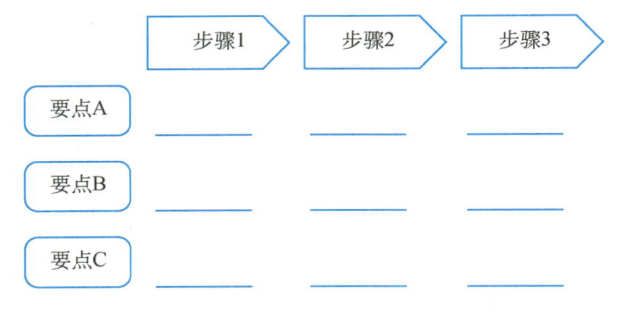

图 1-12-7　利用计划流程呈现步骤或流程

5．日程表

日程表一般用于项目的进度汇报呈现。如图 1-12-8 所示，横轴是项目分解出来的工作包、负责人和日程表，纵轴则按工作包实施的先后顺序展开。

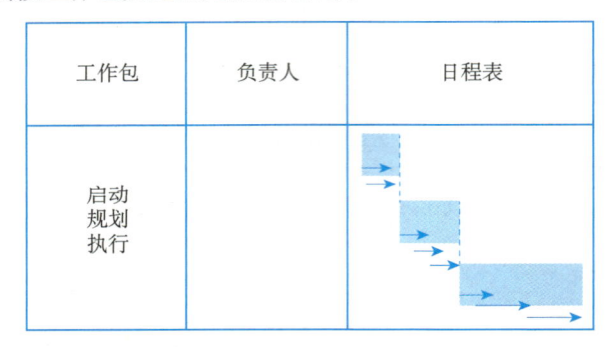

图 1-12-8　利用日程表呈现项目进度

6．饼图/同心圆

饼图适合呈现每个选项占总量的比例。饼图既可以用于多项产品的比较，又可以用于衡量单项产品的细化指标，如图 1-12-9 所示。

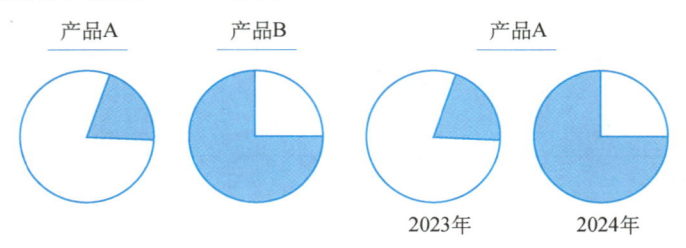

图 1-12-9　利用饼图对比产品的市场占有率

如果希望呈现完整的效果，可以采用同心圆，在视觉上给受众一种逻辑结构完整的心理暗示。

三、职场案例

山姆负责公司新产品 T 的导入项目，前期已组建了有经验的项目团队，所以项目进展相当顺利且已成功收尾。山姆也因此得到了部门领导静姐的青睐和其他部门同事的认可。最近公司旗下的连锁餐饮店存在销售额下降的问题。除所在区域的市场萎缩外，销售额下降的另一个重要原因是主要的顾客群体（年轻女性）被竞争对手 S 餐饮抢走了。山姆被要求研究年轻女性顾客群体减少的应对措施，并在总监例会上汇报应对措施。

"山姆，这次应对措施的提案就拜托你了。这次提案汇报的与会者级别比较高，请构思一下该如何汇报以求最佳的效果。"部门领导静姐嘱咐道。

假设你是山姆，将如何向各位总监汇报呢？

收集到的资料如下。

① 本公司的主要顾客群体（年轻女性）被抢走，是因为消费者对本餐饮公司的菜单认知度低。
② 年轻女性上网的比例较高。
③ 在网络广告中，满足"价格低""从刊登广告到产生效果的时间短"等条件的，是网站检索联动广告。
④ 消费者对本公司菜单的满意度不逊于竞争对手 S 餐饮。
⑤ 若想吸引指定对象，与大众媒体相比，网络广告的效果更好。
⑥ 在正式刊登网络广告前，首先要进行测试，看看效果如何。
⑦ 为了提高年轻女性的认知度并留住她们，网络广告是很有效的。
⑧ 本公司菜单的认知度比竞争对手 S 餐饮低，所以不能吸引年轻女性顾客。
⑨ 在正式刊登网络广告前，必须进行测试。
⑩ 通过网络媒体，可构筑从认知到来店、购买、再次消费等一连串留住顾客的体系。
⑪ 竞争对手 S 餐饮正在通过品类丰富的菜单吸引年轻女性顾客。
⑫ 在进行测试时，应该选择"价格低"并且"从刊登广告到产生效果的时间短"的。

面对这种情况，建议采取自下而上的主体构建方法，通过归类分组来构建金字塔的主体结构。搭建好主体结构后，再根据金字塔原理的论证性、MECE 原则和逻辑递进来调整横向逻辑，进行优化。首先，我们可以将收集到的 12 条要点通过归类分组整理成金字塔结构。大家可以尝试将序号填入图 1-12-10 所示的金字塔结构中。

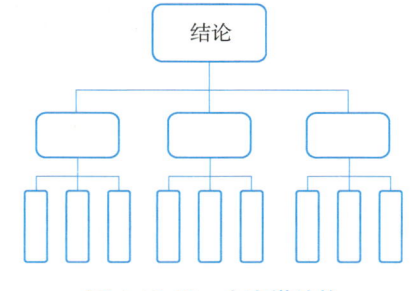

图 1-12-10　金字塔结构

【训练一：结构设计】具体的步骤是：先把"菜单"相关的资料（①④⑧⑪）归为一类，把与"网络广告与年轻女性的相关性分析"有关的资料（②⑤⑦⑩）归为一类，最后把"测试广告效果"的相关资料（③⑥⑨⑫）归为一类，如图 1-12-11 所示。

```
                    ┌─────────────────────────────┐
                    │          结论：              │
                    │ 采取广告效果最好的网站检索联动│
                    │ 广告，应对销售额下降现象     │
                    └─────────────────────────────┘
```

┌─────────────┐   ┌─────────────┐   ┌─────────────┐
│① 本公司的主要│   │⑦ 为了提高年轻│   │⑥ 在正式刊登 │
│顾客群体（年轻│   │女性的认知度并│   │网络广告前，首│
│女性）被抢走，│   │留住她们，网络│   │先要进行测试，│
│是因为消费者对│   │广告是很有效的│   │看看效果如何。│
│本餐饮公司的菜│   │。   │   │   │
│单认知度低。 │   │   │   │   │
└─────────────┘   └─────────────┘   └─────────────┘

④消费者对本公司菜单的满意度不逊于竞争对手S餐饮。 ⑪竞争对手S餐饮正在通过品类丰富的菜单吸引年轻女性顾客。 ⑧本公司菜单的认知度比竞争对手S餐饮低，所以不能吸引年轻女性顾客。 ②年轻女性上网的比例较高 ⑤若想吸引指定对象，与大众媒体相比，网络广告的效果更好。 ⑩通过网络媒体，可构筑从认知到来店、购买、再次消费等一连串留住顾客的体系。 ⑨在正式刊登网络广告前，必须进行测试。 ⑫在进行测试时，应该选择"价格低"并且"从刊登广告到产生效果的时间短"的。 ③在网络广告中，满足"价格低""从刊登广告到产生效果的时间短"等条件的，是网站检索联动广告。

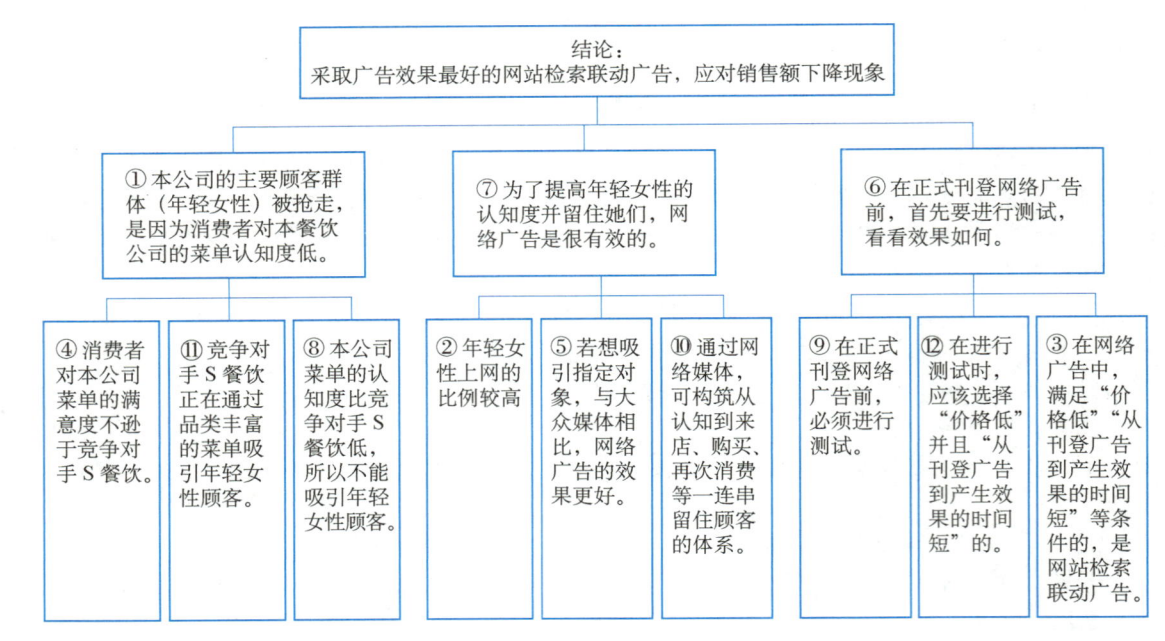

图 1-12-11 山姆设计的主体结构

接着设计金字塔结构一级思想的横向逻辑，从原因分析到解决方法再到方案优化，属于演绎逻辑。

之后设计二级思想的横向逻辑，根据以上统下的原则，要点①的二级思想的横向逻辑是3C，即④Customer（顾客）、⑪Competitor（竞争对手）、⑧Company（公司自身）。我们可以简单表示为④⑪⑧→①。

要点⑦的二级思想的横向逻辑是FAB，即②Feature（特点）、⑤Advantage（优势）、⑩Benefit（好处），可以简单表示为②⑤⑩→⑦。

要点⑥的二级思想的横向逻辑是大前提→小前提→结论，可以简单表示为⑨⑫③→⑥，属于演绎逻辑。此时，山姆已经完成了一半的任务，设计出了金字塔结构。接下来，就要在如何汇报上下功夫。

【训练二：PPT制作】在管理例会的汇报中，最常用的呈现工具是PPT。山姆发现有些内容可以从其他同事那里获取。但是②⑤⑩相关的PPT还没有，需要自己收集信息并制作。山姆收集到的关于②（不同年龄段、性别的网络使用者比例）的信息如下：

20~39岁男性：60%；
40岁以上男性：23%；
20~39岁女性：71%；
40岁以上女性：16%。

山姆收集到的关于⑤（网络媒体和大众媒体）的信息如下。

广告媒体大致可分为网络媒体和大众媒体两种。

网络媒体有目标邮件、检索结果广告及旗帜广告等，大众媒体有电视广告、报纸广告及地铁广告等。

网络媒体有"能够精确锁定目标属性""如果锁定了目标，减少受众人数，就能相应削减费用"等特点。

大众媒体有"很难锁定目标属性""需要一定的费用"等特点。

山姆收集到的关于⑩（留住顾客的体系）的信息如下。

使消费者变成回头客的过程是：认知→来店→购买→再次消费。

如果你是山姆，会如何设计和制作这三张 PPT 呢？

任务练习

比较苹果和橘子的营养成分和健康益处，使用图表或文字描述两者的主要差异。

传统文化相关拓展

图 1-12-12 展示了一种结构化的信息布局。它由三个部分组成，每部分都有一个不同的焦点，但彼此关联，共同展现了中华优秀传统文化蕴含的思想观念、人文精神和道德规范。

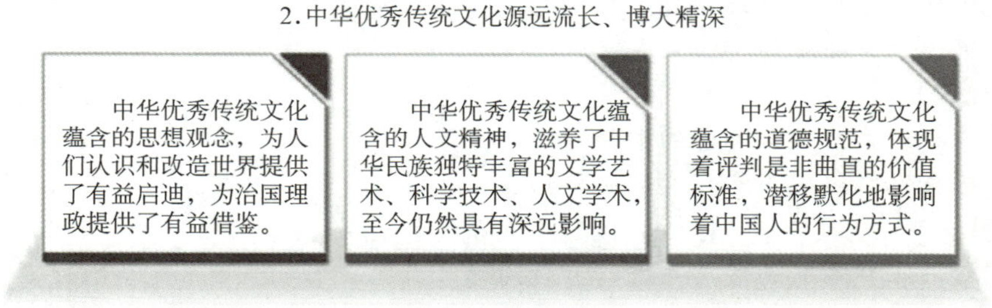

2.中华优秀传统文化源远流长、博大精深

| 中华优秀传统文化蕴含的思想观念，为人们认识和改造世界提供了有益启迪，为治国理政提供了有益借鉴。 | 中华优秀传统文化蕴含的人文精神，滋养了中华民族独特丰富的文学艺术、科学技术、人文学术，至今仍然具有深远影响。 | 中华优秀传统文化蕴含的道德规范，体现着评判是非曲直的价值标准，潜移默化地影响着中国人的行为方式。 |

图 1-12-12　结构化的信息布局

第 2 章　职场沟通话术

2.1　银行服务

银行客户经理与客户沟通技巧

> **教学目标**
>
> 【素养目标】
> - 养成诚实、守信的美好品德
> - 树立远大的职业理想
>
> 【知识目标】
> - 了解银行客户经理应具备的素质
> - 掌握银行客户经理与客户沟通的技巧
>
> 【能力目标】
> - 能掌握与客户沟通的技巧并进行有效沟通

模拟情景

小李是会计专业的一名大三学生，马上到毕业季了，她找到了一份银行柜员的实习工作。如何在工作中与客户有效沟通，出色地完成实习任务，这可让她犯了难……

任务驱动

模拟银行客户经理的工作场景，练习与客户进行沟通。

教学内容

一、银行客户经理的基本素质

在银行工作中，客户服务技巧和沟通方法是非常重要的。一位优秀的银行工作人员应该具备良好的客户服务技巧和沟通能力，以更好地满足客户的需求，提高客户满意度。

1. 礼貌待人，树立良好形象

给客户留下一个好印象是促进后期良好沟通的催化剂，如果客户觉得你外表得体，说话风趣，和他聊天能产生共鸣，才能更加欣赏你、信任你。

2．了解客户需求

有这样一个例子：两个小女孩一起到厨房找橙子，但她们只找到了一个橙子，怎么办？有的客户经理说把橙子切开，一人一半；有的说把橙子榨汁，一人一杯；还有的说把橙子种下去，可以收获更多橙子。只有一小部分客户经理问小女孩为什么要橙子，如果一个小女孩是为了吃橙子的果肉，另一个小女孩是为了得到橙皮晒干泡水喝，那就根本无须争议，各取所需。

所以在与客户交流之前，要了解他们的需求，这样往往能达到事半功倍的效果。

3．心态积极

作为客户经理，每天会遇到不同类型、不同年龄段的人，需要有良好的态度和积极的心态去面对客户，在沟通时要投入热情，付出真诚与耐心，善于发现客户的优点，并在适当的时机把它说出来。适当的赞美会让人心情愉悦，让客户对你的好感倍增。当然，赞美时也要掌握好尺度，把握好分寸。

4．不要急于一时

与客户沟通时最忌讳的就是逞一时口舌之能，要记住你的目的不是为了与客户争辩，而是引导客户接受你的观点。

5．提高自己的知识水平

正所谓知识就是力量，优秀的客户经理需要具备银行的基本知识，以及金融产品、法律、财会，甚至心理学知识等，了解更多知识有助于在与客户聊天时"有话可聊"，这些看似与产品无关的话题实际上却能默默拉近你与客户之间的距离。

6．学会观察

所谓察言观色，就是要学会分辨场合。不同的场合需要不同的沟通方式，面对不同的人也需要不同的沟通技巧，你要保持高情商和精准的判断力，因地制宜、灵活转变、投其所好，才能保证沟通效果。

7．积极倾听

倾听，不是与客户漫无目的地聊天，而是在倾听的过程中弱化自己的营销意识，认真倾听客户的话，与他们建立一种不一样的关系。你要当一名好的倾听者、合格的听众，带着温度去听，给人温暖的感觉，适当微笑，与对方有眼神交会；反之，如果你在客户说话时表现得心不在焉、不真诚甚至不耐烦，那么客户与你沟通的欲望会大大降低，最终会影响客户对你的信任度。

8．维护银行利益

作为银行的客户经理，你要学会维护银行的合法利益，与客户交谈时不要以损失银行利益为代价去博取客户欢心。

二、银行服务的沟通技巧

打招呼。当客户进入银行时，银行员工应该微笑问候并打招呼，例如"您好，欢迎来到我们银行。"

询问客户需求。在与客户交流时，银行员工应该主动询问客户的需求，例如"请问您需要办理什么业务？"

提供帮助。如果客户遇到问题或困难，银行员工应该及时提供帮助，例如"我能帮助您解决这个问题。"

确认信息。在与客户交流时，银行员工应该确认客户的信息，例如"请确认您的身份信息和业务需求。"

礼貌告别。当客户离开银行时，银行员工应该微笑告别并感谢客户的到来，例如"谢谢您的光临，祝您生活愉快。"

通过以上沟通技巧，银行员工可以更好地与客户进行交流，提高客户满意度和忠诚度。同时，使用专业、简洁的语言也能提高银行的形象和声誉。

三、范例

5065元硬币的故事

某银行地处小商品集散地，主要客户都是批发市场的小业主，汇入、汇出的现金量非常大，平时柜台业务异常繁忙。8月的一天，早上一开门，办理业务的客户特别多，五个临柜员工都在紧张有序地处理着业务，谁也没有注意到一位大妈带着犹豫的神情走了进来。她看了看柜台前面长长的队伍，又慢慢地走近柜台，看着忙碌的柜员，一副欲言又止的样子。她在柜台前转了几圈之后，深深叹了一口气，就往门外走去。

其实从她走进银行的大门起，她的举止和神情就被大堂经理看在了眼里。见此情景，大堂经理赶紧喊住了大妈，关切地问她是否需要帮助。经了解，原来大妈家里积攒了一大包硬币，想兑换成100元面值的人民币，这些天她去了好几家银行，但都以种种理由被婉拒。今天一大早，她抱着试试看的想法来到这家银行，没想到大厅里人这么多，每个柜员都是忙忙碌碌的，看来这趟又白跑了。

大堂经理听完大妈的讲述后，赶紧对她说："没事，大妈，您一会儿把硬币送过来，我们帮您兑换。"大妈听闻此言赶紧回家把硬币拿来了。大家接过钱袋迅速清点起来。为了减少大妈的等候时间，后台的柜员也赶紧放下手头的工作，两个人清点，一个人整理。不一会儿，那些硬币就被全部清理完毕，总共5065元。当兑换好的人民币放到大妈手中的时候，大妈感动得话都说不出来，非要把这5065元存到银行，还一个劲地说："我要告诉我的亲朋好友和邻居们，你们的服务态度真是一流的！"

这时，在大厅里排队等候办理其他业务的客户纷纷称赞："这里的服务真是做到家了！"

四、"病例"诊改

一客户持卡到营业网点办理外币业务。客户经理在与客户简单交谈后，了解到客户需要办理的外币业务金额不大，便引导客户直接到柜台办理，并交代柜台人员客户需要办理的是结汇业务。

然而当柜台人员办理完结汇业务并为客户取出人民币后，却遭到了客户的拒绝。柜台人员经过沟通后了解到客户需要办理的是外币取款业务，并未要求将外币兑换成人民币，而且对于该行员工在未清楚告知当日汇率牌价的情况下就为其办理结汇业务的行为提出疑问，称此行为有可能会使其损失部分汇率差价。对此，柜台人员立即将情况汇报给当日值班经理，同时就银行工作人员的疏忽向客户进行诚恳的道歉，并愿意为客户办理反交易以弥补过失。由于该客户为网点的老客户，银行一直以来的优质服务都给其留下了良好的印象，同时其也接受该行员工及时且诚恳的道歉，并且业务发生金额不大，因此愿意不予追究。

任务练习

一、分析下面的材料，谈一谈在提供银行服务时需要注意哪些方面的内容。

材料1。一位三十多岁的男青年走到柜台前。柜员说："先生，请问您要办理什么业务？"客户说："开户。"柜员说："请您再说一下！"他说话的声音很低，柜员几乎没有听见，就不假思索地说："请你大声点。"客户很生气，向行长进行了投诉。在谈话中，柜员才知道，客户刚做完手术，身体尚未完全恢复，不方便大声讲话。

材料2。一天，一位70多岁的老人来到营业网点，说能否咨询一下存款业务，他已去过好多网点，虽然经过工作人员的多次讲解，但他还是搞不明白怎么存钱。这时，我们的柜员正忙，于是大堂经理把老人请到座位上为他详细说明，经过一个多小时的耐心讲解，这位老人终于弄明白了，老人深受感动。

素养提升

邮储银行密山市支行：情系客户　温暖人心

（文章来源：黑龙江网 2022-09-09）

日前，邮储银行密山市支行营业部迎来了一位特殊的客户，她神色慌张地对银行工作人员说道："谁能帮帮我？村委会通知我女儿必须在2天内办完第三代社保卡，但她不能下床。"大堂经理在第一时间接待了这位焦急的客户，并仔细询问了客户情况。原来，客户王大姐是附近的村民，女儿从小得了先天性脑瘫，常年卧床无法行动，其爱人也在去年因病去世，让本不富裕的家庭雪上加霜，目前家里仅剩她一人照料孩子。考虑到客户出行不便又急于办理业务的实际情况，该行立即抽调员工上门提供延伸服务，第一时间解决客户诉求。

上门服务的过程并不是一帆风顺的，王大姐女儿因疾病无法久坐，通过工作人员和王大姐的耐心劝导和安抚，才顺利完成拍照合影流程。最后，在工作人员的全程陪同下，王大姐完成了相关单据的填写，没过多久便拿到了第三代社保卡。她激动地对工作人员说："邮储银行真是帮了我大忙！我们的低保补贴能按时到账了！感谢邮储银行！"

上门为客户办理业务只是该行日常工作中的一件小事。据了解，邮储银行密山市支行多措并举提升服务能力和服务水平，坚持以客户为中心的服务理念，不断丰富服务内涵和外延，通过产品升级、网点微改造、人性化服务等措施，从软件到硬件，致力于为特殊群体客户提供便捷、高效、周到、全面的金融服务，保障特殊群体客户的切身利益。

传统文化相关拓展

以中华传统礼仪视角观文明服务

关于"礼"的内涵

中华民族素有"礼仪之邦"的美称，关于"礼"的内容也非常丰富，《左传》曾说，礼具有"经国家、定社稷、序民人、利后嗣"的用处。就个人修养与人际关系而言，可将礼的内涵概括为四个词，即"适宜、谦敬、礼让、和睦"。

（一）"礼"中含"宜"

古人十分重视个人之礼，《礼记·曲礼上》中曾有"若夫坐如尸，立如齐，礼从宜，使从俗"的说法，即个人的言行装扮要适宜，符合一定的场合和分寸。一个人是否知礼，皆表现于他在日常生活中的一言一行和一举一动。反观文明服务，也有相通之处，"站有站相，坐有坐相，走有走相"在文明服务中也是基本要求和重要组成部分。

（二）"礼"中有"敬"

"礼"的本质在于"敬"，即让自己从内到外恭敬一体，以平等、公正的态度去尊重他人、敬爱他人。开展文明服务同样强调谦敬公正、一视同仁，这与传统礼仪的要求不谋而合。孟子曾讲，"仁者爱人，有礼者敬人。爱人者，人恒爱之，敬人者，人恒敬之"。只有以敬待人，以善待人，爱人如己，才会达到和乐融融的境界。

（三）"礼"中藏"让"

从文明服务的角度来说，"礼"是解决客户抱怨甚至投诉的有效方式。中国自古就有"让，礼之主也""辞让之心，礼之端也"等说法，可见"让"是"礼"的主要内容和发端。直到今天，"礼"与"让"还经常连用。当人际关系出现矛盾时，如果当事一方"让"一步，往往可以解决矛盾，至少能为矛盾的解决创造有利条件。所以，人们常常把礼让、辞让、谦让、忍让视为人际关系的"润滑剂"。当然，这种"让"并非无原则的退让，真正的君子应当"当仁不让"，在人际关系上的小矛盾、小是非上要"让"，而在大是大非、原则问题上要坚持己见。

（四）"礼"中蕴"和"

《论语》曰："礼之用，和为贵"，成语中也有"和气生财"的说法。再回到我们所说的文明服务，如果银行员工能按照礼的要求，明确自己的角色与责任，使自己的言行举止符合一定的分寸、礼节，以尊敬、诚实、善良、平等之心与客户相处，在客户产生抱怨时站在客户的立场上考虑问题、解决矛盾，那么就能营造一个以礼相待、和谐温暖的工作环境。

关于"礼"的外显

（一）仪容仪表

在银行服务礼仪标准中，首先进行规范的就是工作人员的仪容仪表。仪容仪表包括容貌表情和外在形象两个方面。就容貌表情而言，我们一直倡导的"微笑服务"，就是我们对自己容貌表情的一种管理。中国传统道德所推崇的君子的容貌表情总是端庄安详、清明柔和的，即使在今天，这样的思想导向对我们也不乏启发之意。就外在形象而言，古人讲究冠正仪整，《说苑·修文》曾记载："君子衣服适中而容貌得体，按其服而像其德，故望五貌而行能有所定矣。"也就是说一个人的服饰装扮已经重要到了可以体现他品德修养的地步了。古人穿衣要使衣服挺直，结系束捆等细节之处都应紧正无偏，上自发髻，下及鞋履，都应着意修整，使之与仪容相称。一个人的仪容仪表等外在形象作为一种无声的语言，能反映一个人的社会地位及文化教养，传递一个人对自尊、尊人以及对生活的内心态度。

（二）行为举止

古人倡导"站如松""坐如钟"和"行如风"，也就是我们常说的站有站相、坐有坐相、走有走相。

站有站相。中华传统礼仪认为，"站"是一种静态的动作，应当将身体直立，颈项向上抬起，收腹挺胸，两臂自然下垂，这样才能给人一种玉树临风、舒展俊秀的体态美，这与文明服务中对站姿的基本要求不谋而合。从健康的角度看，这种站姿可以帮助呼吸，改善血液循环，并在一定程度上减缓身体的疲劳感。

坐有坐相。明朝方孝孺所作的《幼仪杂箴》说道："维坐容，背欲直，貌端庄，手拱膺。仰为骄，俯为戚。毋箕以踞，欹以侧。坚静若山乃恒德。"古人常采用跪式坐姿，这与现代人有较大差异，但同样要求脊背挺直，面容端庄。在文明服务中，优雅的坐姿传递着自信、友好、热情的信息，同时也显示出高雅庄重的职业风范。

走有走相。《弟子规》云："步从容，立端正"；《千字文》又云："矩步引颈，俯仰朝后，束带矜庄，徘徊瞻眺。"这就是说，走路要抬头挺胸，目视前方，步速合宜，稳重内敛。作为中正严肃的银行从业人员，在不同场合采取不同的走相才不会有失礼之处。

（三）言辞谈吐

正所谓"言为心声，语为人镜"，古人要求言辞谈吐要谨慎合理、文明有礼、善称所长，其中蕴含着对己对人的高度负责与尊重，为文明服务提供了借鉴之处。

首先，言辞要谨慎合理。古人曾把"口"比作关卡，把"舌"比作兵器，说"口者关也，舌者机也，出言不当，驷马不能追也。"也就是我们常说的"一言既出，驷马难追"。因此说话要慎重，不能轻言妄语。这个忠告放在今天的文明服务中依然是金玉良言，在回答客户咨询、解释业务时，一定要有所依据，不能妄言，否则就容易引发歧义，导致被投诉。

其次，言辞应文明有礼，这也是文明服务中反复倡导的重点。"良言一句三冬暖，恶语伤人六月寒。"恰当的措辞能够加强人际关系，产生良性情感效应。日常工作中我们也常用"光顾""恭候""光临""多谢""再见"等谦敬之语，使用这些用语不仅能够和谐人际关系，而且能体现出一个人的职业素养和内心境界。

再次，言辞要善于称人所长。称人所长与阿谀奉承有着本质的区别。在与客户交流时，措辞妥当并适时适度地称赞对方，避免用词不当而刺激或伤害对方，不仅是对对方的尊重，更能体现出对客户的关怀和理解，对展示高尚的个人修养和健康的企业形象具有积极作用。

2.2 高铁服务

高铁服务语言技巧

教学目标

【素养目标】
- 养成谦虚、诚信、专业、敬业的道德素养

【知识目标】
- 了解高铁乘务人员的语言表达原则
- 掌握高铁乘务人员的语言表达技巧

【能力目标】
- 掌握高铁乘务人员的话术，与旅客进行有效沟通

模拟情景

小丽是高铁客运服务专业的一名学生,在放暑假回家的高铁上遇到一位年轻的妈妈带着一个三岁左右的小男孩,由于坐车时间长,小男孩在车厢里一直哭闹,引起了周围乘客的不满。列车员很快赶来帮年轻妈妈安抚小男孩,小丽见状,赶紧跟着学习起来。

任务驱动

如果你是高铁上的一名乘务人员,遇到小丽这样的情况,你会如何处理?

教学内容

一、高铁服务中语言沟通的重要性

无论是在生活中还是在工作中,人与人之间都离不开沟通。高铁乘务人员在服务过程中离不开语言沟通。无论是在进出站过程中还是在列车上,良好的语言沟通都起着至关重要的作用。因此,高铁乘务人员应具备良好的语言沟通能力,掌握一定的沟通技巧,并在服务工作中合理运用。

二、高铁乘务人员的语言表达基本原则

1. 平等原则。平等是沟通双方在态度、关系上的平等,是建立情感的基础。高铁乘务人员在进行语言沟通时不应该盛气凌人、颐指气使、高人一等,而应该坚持平等的语言沟通原则,这样才能达到好的沟通效果。

2. 相容原则。相容是指高铁乘务人员在与旅客进行语言沟通的过程中要互相包容。高铁乘务人员在服务过程中会遇到不同的人,听到不同的意见,甚至会遇到不合理的行为,但无论是哪种情况,与旅客沟通时都应尝试理解他们,求同存异,化解矛盾。

3. 同理心原则。同理心是指在人际交往过程中能够站在对方的立场,了解其想法,理解其感受,进而达到情感上的共鸣。在服务过程中,高铁乘务人员要及时感知旅客的情绪,了解旅客的想法,理解旅客的感受。

4. 真诚坦率原则。在进行语言沟通的过程中,高铁乘务人员要真诚以待、坦率认真、不说假话。高铁乘务人员只有真诚地对待旅客,才能获得旅客的信任,达到良好的沟通效果。

5. 礼貌待人原则。礼貌待人是高铁乘务人员与旅客沟通的前提条件,是彼此友好沟通的一座桥梁。高铁乘务人员要做到礼貌待人,学会运用礼貌用语。

三、高铁乘务人员语言表达的内容

1. 进站时车站服务人员的常用语

旅客过安检时,车站服务人员一般会说:"欢迎来到××站,请接受安检。"

当发现可疑物品时,车站服务人员一般会说:"请您将包打开接受检查,谢谢。"

安检完后，车站服务人员还应对旅客说："谢谢您的配合，祝您旅途愉快。"

当旅客寻求帮助时，车站服务人员一般会说："请问您需要什么帮助？"或"请问您有什么需要帮忙的吗？""需要我帮您做些什么吗？"

2．车门立岗人员的常用语

迎接旅客上车时，车门立岗人员一般会说："您好，欢迎乘坐本次列车。"

当遇到雨、雪天气时，车门立岗人员一般会说："您好，欢迎乘坐本次列车，请注意脚下安全。"

为避免旅客上错车，车门立岗人员一般会说："您好，欢迎您乘坐××次列车，本次列车由××站开往××站，请注意查看车票上的车次，不要上错列车。"

3．列车运行时的常用语

当旅客找不到座位寻求帮助时，列车服务人员一般会说："您好，您的座位在这边，请跟我来。"

当旅客取用开水时，列车服务人员一般会说："您好，取用开水时请不要接太满，以免烫伤。"

列车行驶途中，当某位旅客因某些事情发生不愉快时，列车服务人员一般会说："女士/先生，对于刚刚发生的事情，我们感到非常抱歉，我们会尽力帮助您解决，给您带来了不便，希望您能谅解，感谢您对我们工作的支持。"

4．旅客出站时的常用语

出站检票时，车站服务人员一般会说："您好，请您将有效证件放在自动检票机上，谢谢配合。"

当自动检票机无法识别有效证件时，车站服务人员一般会说："您好，请您到人工通道处进行查验，谢谢配合。"

四、范例

高铁乘务温馨服务

一天，××客运段动车组收到一面锦旗，上面写着"铁路真情温暖人心"，落款是"乘客黄××母女"。列车长段××和乘务员小丽细心服务旅客的故事一下子在××客运段流传开来。

3月7日15时40分左右，年过六旬的旅客黄女士推着坐轮椅的母亲准备乘坐××次列车，因为老人90多岁了，刚从医院出院，行动十分不便。

列车长段××一眼就在熙熙攘攘的客流中发现了这对高龄母女，赶紧帮忙一起将九旬老人推送上车，嘱咐乘务员小丽途中一定要悉心照看。旅途中，段车长与乘务员小丽不时询问黄女士母女是否需要帮助，并给她们送上茶水。途中老人上厕所不便，小丽便小心翼翼地扶着老人帮助其上厕所，乘务人员细心照顾，缓解了黄女士因母亲行动不便造成的焦虑不安。

当日16时22分，列车安全到站后，段车长和小丽推着轮椅把两名旅客交到车站工作人员手中。黄女士表示自己有一个非常暖心的旅程，感谢乘务组一路的悉心照顾，随后提出要给乘务组送一面锦旗，被段车长婉拒。

怀着感激之情的黄女士回到家后，仍然坚持定制了一面锦旗，因为不知道邮寄地址，便把锦旗送到了车站，并请工作人员一定想办法送到段车长手中，就这样，锦旗被送到了列车上，又辗转送到动车组乘务车间，最终到达段车长的手中。

五、"病例"诊改

2024年10月20日，车站售票处接到林小姐的电话投诉，林小姐于当日16:40在售票窗口购买了一张前往大庆的车票。乘客到站后发现并非自己想要到达的站点，认为是售票员的失误耽误了其行程而导致不满并投诉。经调查，售票员没有严格按照售票操作规范出售车票，售票员在出票前没有明确询问乘客的目的地是东站还是西站，导致了此投诉的发生。当班工作人员及时致电，向乘客做出解释并道歉。

任务练习

一、简述以下内容。
1. 高铁乘务人员语言表达的基本原则。
2. 乘务员在为旅客提供服务时的交谈技巧。

二、模拟以下高铁乘务人员语言表达的内容。
进站时，车站服务人员的常用语、车门立岗人员的常用语、列车运行时的常用语、旅客出站时的常用语。

素养提升

给习近平总书记写信的老挝年轻人：因为一条铁路改变人生轨迹

（文章来源：解放日报 2023-08-02）

一条铁路如何改变一国青年的人生轨迹？不久前，上海应用技术大学（上应大）学生来到老挝，看望昔日的同窗好友、如今的中老铁路运维技术人员——2018年他们怀揣成为"老挝詹天佑"梦想而来，2021年学成归国成为老挝首批铁路工程师。

2021年12月3日，习近平总书记在视频出席中老铁路通车仪式上，提到了这些老挝留学生写给他的联名信，并表示"中老友谊的未来在青年，互联互通的根基在心心相通"。

如今一年半过去了，这些老挝年轻人工作生活得如何？中老铁路又给当地带来哪些变化？乘坐中老铁路班列，上海师生实地感受"一带一路"倡议在老挝的生动实践。

一条幸福路：拉近老挝与世界的距离

7月19日中午，从云南西双版纳出境，师生在老挝磨丁火车站登上了C81次动车，13时30分发车，往南驶向168公里外的琅勃拉邦站。

"我们乘坐的是国产复兴号动车，乘坐体验和在国内一模一样。"上应大大三学生蒋欣宇注意到，作为国际班列，"复兴号"车身的绿色涂装上镶有红色飘带，而座椅靠枕上特意绣了老挝国花占芭花。

驶出磨丁站后，列车开始加速。老挝位于中南半岛北部，当地高山连绵起伏，所谓的盘山公路就是红土泥路，路况差且陡峭难行。过去，到琅勃拉邦主要有两种方式，一种是乘飞机，航班少且票价贵，普通百姓难以承担，另一种是从磨丁乘汽车一路"颠"五六个小时。

中老铁路开通,给了当地人第三种选择——在磨丁站坐上平稳舒适的动车,花193000元基普(老挝货币,约70元人民币),一个半小时即可到达。

"整个车厢都坐满了,每一站都有乘客上上下下。"带队教师、上应大轨交学院教师李培刚今年4月也乘过这班动车,当时是当地的旅游旺季,车上有不少外国背包客,也有不少旅行团;如今车厢里多是当地百姓,从交流中得知,他们有的去出差,有的去访友,有的去经商,也有的只是携家带口乘火车"尝尝鲜"。

桃李不言,中老铁路的意义就这么摆在师生眼前——它改善了沿线居民的出行条件,串联起当地旅游资源,拉近了老挝与世界的距离。更重要的是,飞驰的列车为沿线地区注入发展新动能。数据显示,今年1月至5月间,中老铁路客货两旺,共发送旅客108.4万人、货物175.6万吨。只要3天时间,老挝的糯米、泰国的榴莲就能出现在中国消费者的桌上。

"这条路的背后,有我们培养的老挝籍铁路工程师所做的贡献。"李培刚告诉记者,老挝北部山高林密,有些地区年累计最大降雨量超4000毫米,夏季防洪、排积水的压力特别重。正是因为中老铁路人共同努力,才确保了这条铁路大动脉的顺畅运转。

一群年轻人:铁路让他们走出大山

当天14时59分,"绿巨人"列车缓缓停靠琅勃拉邦站,5位在中老铁路琅勃拉邦维保中心工作的老挝留学生,在站台上等候已久。上海师生为他们带来市友协准备的20多盒上海点心。

上应大大三学生徐逸清一眼就见到了同窗好友为博,上前紧紧拥抱,"一年没见,这家伙变得又黑又壮,气色很好"。为博告诉中国同学,他工作很辛苦,平日住宿舍,没太多时间回家。但当说到收入时,为博的嘴角开始上扬,转正后每月收入1000万基普(合3700多元人民币),而当地人平均月薪是1000多元人民币。凭着这份高收入工作,为博买了摩托车,还计划攒钱为全家添台小轿车。

"同学们出道了,当老师的也就放心了。"李培刚和他的老挝学生们一一拥抱。小个子苏宋已成为老挝籍工长了,能熟练准确使用铁路一线工器具;大块头凯发从线路工升级为调度员,需要掌握全线铁路情况;帝佳家的茅草屋变成了砖瓦房,还添了一些电器;即便有同学因为身体原因离开原岗位,新工作也与铁路有关,当了中文导游迎接更多中国游客。

一条铁路改变了身边很多人的命运,如今,越来越多的老挝年轻人像为博、苏宋那样,因为这条钢铁巨龙走出莽莽大山。数据显示,中老铁路开行以来,已累计招聘老挝员工3500多人,并间接为物流、交通、商贸、旅游等行业增加10万个就业岗位。

在琅勃拉邦,老挝同学带着中国师生来到苏发努冯大学附近的一间屋子。2021年,他们就在这里给习近平总书记写信,表示要把在中国学到的本领贡献给中老铁路。老挝学生说,未来一定不会辜负习近平爷爷的期望,苦练本领,继续当好维护中老铁路的工程师、搭建中老友谊之桥的工程师。

这就是上海培养老挝籍铁路工程师的意义所在。"一带一路"倡议从"大写意"向"工笔画"推进的过程中,不仅需要高大上的工程,也需要更多"培养本地工程师"这种小而美的项目。众多"小而美"的累积,会让"一带一路"的宏大叙事更精彩。

更多追梦人:"小而美"还在继续

这样的"小而美"还在继续。

7月21日,在苏发努冯大学,中老铁路工程高等教育合作项目开始新一轮招生。参与面试的上应大教师陆晨旭介绍,当地学生的热情超出想象,在工程学院百余名学生中,有近

30人报名参加。无论是专业基础，还是中文水平，他们都是学校的佼佼者，两校考官不得不优中选优。

"我从他们的眼神中看到了渴望，真想把所有人都招过来。"此情此景让李培刚想到首批招生时的场景，一名老挝孩子说起想来中国学铁路的原因——因为2017年修建中老铁路，家乡出现了首个高耸的桥墩，"原本家里人说，我们这辈子都看不到铁路"。

不久后的金秋，十多位老挝学子将来到上应大实现梦想。上海方面也将为他们在学业、生活方面提供更多支持与帮助，让他们尽快适应异乡环境，开启新的人生旅程。

万象是此次老挝行的最后一站。7月23日，师生们抵达车站，出入大厅的吊顶上，老挝占芭花与中国结紧紧相连。傍晚，中老师生前往湄公河上的老泰友谊大桥参观，桥的这端是老挝万象，对岸就是泰国廊开。连接两城的3.5公里"米轨铁路"，曾是老挝境内唯一一条铁路。

一路乘坐动车而来，再看着"米轨铁路"上有些年纪的内燃机车，上应大大四学生程露非常感慨，而在未来，中老铁路将会与泰国连接，从昆明到万象再到曼谷，一条贯穿中南半岛的铁路大动脉将进一步推动本地区互联互通，"一带一路"也会在永不停息的流动中惠及沿线民众。

好消息还在继续。7月25日，中老铁路实施新的运行图，从万象到昆明的车行时间减少一个小时，两国民众出行将更便捷。而对于那些即将来沪的老挝学子而言，这条铁路及奔驰在上的一列列"复兴号""澜沧号"动车，不仅代表着一份体面的工作，更是触手可及的美好未来，以及那历久弥坚、牢不可破的老中友谊。

2.3 酒店服务

酒店服务语言技巧

教学目标

【素养目标】
- 提高服务行业的职场沟通素养

【知识目标】
- 了解酒店服务的语言特点
- 掌握酒店服务的语言技巧

【能力目标】
- 能在酒店服务工作中熟练使用语言技巧

模拟情景

酒店管理专业的学生小李在某酒店做暑期工。一天，小李正在清洁客房。当她打开毛毯时，发现客人枕过的两个枕头中间有一道折痕。小李想，可能是客人嫌枕头矮，把两个枕头摞在一起对折使用。当她确认自己的判断后，经领班批准，小李给客人多加了两个枕头。第二天，当客人看到来清洁房间的小李时，问"你为什么将两个枕头换成四个？"小李有点慌了，连忙说"先生，实在对不起。如果您不喜欢，我马上撤掉。"客人马上笑了，说道"我是说你怎么知道我嫌枕头矮？"小李如释重负，把她所思考的都说了出来。客人听后，伸出大拇指说："您在用'心'为客人服务啊。"

任务驱动

作为酒店的服务人员，你每天会遇到不同类型、不同年龄段的客人，谈一谈如何才能提供优质服务？

教学内容

一、服务语言的概念

服务语言是服务行业的从业人员在接待宾客时需要使用的一种礼貌语言，它具有体现礼貌和提供服务的双重特性，是服务员用来向宾客表达意愿，交流思想感情和沟通信息的重要交际工具。俗话说"一句话使人笑，一句话使人跳。"这句话形象地概括了使用礼貌服务用语的作用和要求。酒店服务员应善于运用这一有用的交际工具。

在服务过程中，服务员应谈吐文雅、语调轻柔、语气亲切、态度诚恳，讲究语言艺术。归纳起来，服务时要有"五声"，即宾客来时有问候声、遇到客人有招呼声、得到协助有致谢声、麻烦客人有致歉声、客人离店有道别声。同时，酒店服务中应杜绝使用"四语"，即不尊重宾客的蔑视语、缺乏耐心的烦躁语、自以为是的否定语、刁难他人的斗气语。

二、服务语言的基本特点

1．言辞的礼貌性
言辞的礼貌性，主要表现为服务员使用的是敬语。敬语包含尊敬语、谦让语和郑重语三方面基本内容。

2．措辞的修饰性
使用服务用语时要充分尊重宾客的习惯，决不能讲有损宾客自尊心的话。

3．语言的生动性
接待宾客时，语言不能呆板，不要机械化地回答问题，这样容易使宾客感到服务员不热情、对业务不熟悉、责任心不强，甚至引起投诉。

三、酒店服务的语言沟通技巧

1．掌握倾听技巧
倾听是沟通的基础，酒店服务人员要真诚关心客人的需求和意见，倾听时要保持专注、耐心，不要打断客人讲话，用眼神和身体语言表示对客人的关注。

2．注重礼貌用语
酒店服务人员要使用礼貌用语，避免使用粗话、脏话。

3．情感沟通

酒店服务人员要善于把握客人的情感需求，关心客人的生活，关注客人的喜怒哀乐。

4．表达清晰简洁

在描述问题时，要注意使用生动的词汇，以便客人更好地理解。

5．跟进与反馈

酒店服务人员要重视客人的反馈，及时了解客人对服务的态度、质量等方面的评价。

6．掌握身体语言

酒店服务人员必须用良好的身体语言为客人提供优质的服务，如站姿、坐姿和走姿等。

四、酒店服务的11种说话方式

1．不要说"对不起"，而要说"不好意思"。
2．不要说"请稍等"，而要说"马上就办"。
3．不要说"不知道"。
4．不要对客人说"不"，要学会"反"话"正"说。
5．不要说"问题"或"麻烦"等字眼。
6．表现出赞美别人的素质。
7．说服客人同意。
8．不着痕迹地重视客人。
9．恰如其分地与客人聊天。
10．承认疏失但不引起客人的不满。
11．面对批评时要冷静。

五、与客人交流的8个禁忌问题

1．有关客人的年龄、体重的问题。
2．有关客人的薪水、财产数额及其分配的问题。
3．有关客人的婚姻状况（包括孩子和配偶的情况）的问题。
4．有关客人身体残障和缺陷的问题。
5．有关客人馈赠的礼品价值的问题。
6．有关客人信仰的宗教的问题。
7．有关客人的民族习惯与风俗忌讳的问题。
8．可能会令客人感到屈辱的问题。

六、范例

记住客人的姓名

一位外国客人从饭店外面回来，当他走到服务台时，还没有等他开口，服务员就微笑着把钥匙递上，并轻声称呼他的名字，这位客人大为吃惊，因为饭店服务员对他有深刻的印象，使他产生了一种强烈的亲切感，像回家一样。

还有一位客人在服务高峰时进店，服务员突然准确地叫出"××先生，服务台有您一个电话。"这位客人又惊又喜，感到自己受到了重视，受到了特殊的待遇，不禁添了一份自豪感。

一位外国客人第一次前往酒店，前台服务员在登记卡上看到客人的名字，迅速称呼他以表欢迎，客人先是一惊，而后，作客他乡的陌生感顿时消失，表现出非常高兴的样子。

一位酒店会员随陪同人员到前台登记入住，服务人员通过接机人员的暗示得悉其身份，马上称呼客人的名字，并递上打印好的登记卡请他签字，使客人感到自己受到了超凡的尊重，感到格外开心。

七、"病例"诊改

熟客 L 先生早上入住了 1022 房间，办完一切手续后，客人问前台服务员可不可以在次日 14:00 退房，服务员答"不可以"，客人又问了一次，服务员再次回答"不可以"，客人再三问，服务员再三答"不可以"。双方争执不下，最终争吵起来，以至于出动客房部经理、酒店总监，才让客人的怒气平息下来。客人在离店时对保安说"你们酒店前台的服务质量真差！"

任务练习

分析下列案例，谈一谈应如何处理。

材料 1：
客人向前台投诉说自己的手机丢了，后来在前台的遗忘物品箱中找到，但被其他人领走了。前台服务员解释道，领手机的人报出了手机号码及型号，所以让他领走了。

请问，酒店应如何处理此事？酒店是否有责任？

材料 2：
客人晚上入住时，发现床上有一只虫子，要求酒店道歉、换房、免房费，并称如果不免房费就向媒体曝光。

请问，酒店应如何处理此事？

素养提升

志愿服务推动文明进步

（文章来源：光明网 2023-02-09）

当有人需要帮助时，大家搭把手、出份力，社会将变得更加美好。在城市，志愿者忙碌在地铁公交、小区街巷、商超市场等场所；在乡村，乡亲们穿起红马甲，搞卫生、做绿化、值勤值班、助老助残。在中华大地上，志愿服务以无数微光汇聚时代暖流，涵养主流价值、培育文明新风，彰显了社会文明的温度和高度。

志愿服务是社会文明进步的重要标志，是加强精神文明建设、培育和践行社会主义核心价值观的重要内容。党的二十大报告提出："完善志愿服务制度和工作体系。"党的十八大以来，以习近平同志为核心的党中央高度重视学雷锋志愿服务，广大志愿者、志愿服务组织、志愿服务工作者积极响应党和人民号召，弘扬和践行社会主义核心价值观，走进社区、走进乡村、走进基层，为他人送温暖、为社会做贡献，充分彰显了理想信念、爱心善意、责任担当，成为人民有信仰、国家有力量、民族有希望的生动体现。

志愿精神与中华优秀传统文化一脉相承，与社会主义核心价值观相契合。中华民族有着助人为乐的优秀文化传统，"奉献、友爱、互助、进步"的志愿精神温暖着、激励着每个人。近年来，随着文明实践、文明培育、文明创建工作的持续全面深入推进，我国志愿服务蓬勃发展，志愿者队伍成长迅速。统计数据显示，截至2022年底，我国注册志愿者已逾2.3亿人，志愿队伍总数达135万个，志愿项目总数达1010万个，记录志愿服务时间超过52亿小时。截至今年1月，全国城乡社区综合服务设施志愿服务站点覆盖率已超过80%。无数人学雷锋、树新风，在服务社会、助人为乐、爱岗敬业中提升人生境界，形成了一道道亮丽的风景线。

志愿服务传递爱心、传播文明，促进社会和谐、推动社会进步。在脱贫攻坚战场上，在地震、泥石流、山火等重大自然灾害面前，在扶弱助残、教育文化、科技卫生、法律援助、应急救助等领域，广大志愿者和志愿者服务组织积极投身服务国家战略，服务百姓民生，融入社会治理；在冬奥会等各项体育运动和文艺活动的台前幕后，志愿者热情参与、真情奉献，提供细致周到的服务，积极传播中华文化、讲好中国故事，用青春的激情打造最美的"中国名片"。志愿服务播撒了凡人善举的种子，让文明之花处处绽放，让志愿精神成为时代新风。志愿服务已经深入我国经济、社会、文化、生态文明建设等方方面面，成为新时代推进社会主义现代化建设、提升社会文明程度不可忽视的新兴力量。

新时代志愿服务使命更加重大、舞台更加宽广。随着志愿服务制度化、社会化、专业化的不断推进，社会各界纷纷投身志愿服务，成为推动党的创新理论落地生根的传播者、践行者，在满足人民群众多样化需求中送温暖、献爱心，在践行社会主义核心价值观中树新风、育新人，在推进社会文明创建中扬正气、促和谐。加大力度推进志愿服务管理的专业化、规范化、制度化，优化参与志愿服务的平台渠道，持续提高志愿服务的精细化水平，进一步完善志愿服务保障激励机制，就能推动我国志愿服务事业持续健康发展，为推动社会文明进步做出更大贡献。

传统文化相关拓展

以中华优秀传统文化涵养志愿精神

（文章来源：中国社会科学报 2022-10-25 第2515期）

习近平总书记指出，"要在全社会广泛弘扬奉献、友爱、互助、进步的志愿精神，更好发挥志愿服务的积极作用，促进社会文明进步"，"以创造性转化、创新性发展传递深厚文化底蕴"。中华优秀传统文化中蕴含着丰富的志愿服务思想，应深入挖掘和阐发其中的时代价值，培育新时代志愿精神。

以"天下为公"思想涵养奉献精神。源远流长的中国传统文化，始终蕴含着爱国为民、甘于奉献的精神，提倡天下为公、克己奉公，强调天下兴亡、匹夫有责。奉献就是利他，是"君子喻于义""为而无所求"。中国儒学认为，义是人的天职，是社会成员应尽的义务。道家有"上善若水"之说，倡导人要如同水一般，滋润万物而不争名利。志愿文化中的奉献精神强调志愿者对他人、社会和国家的道德责任,要不求回报地付出,体现了高尚的精神境界,与传统文化中的天下为公、重义轻利思想存在共通之处。在新时代,以"天下为公"思想涵养奉献精神,有利于塑造志愿者的社会责任感,促使其为集体着想,真诚地竭尽己力履行对社会的责任,在国家和人民需要的时候做出善举义行,为增进人民福祉贡献自己的力量。

以"仁者爱人"思想涵养友爱精神。中国文化追求仁爱尚德,儒家将仁作为道德的最高标准,其核心思想就是仁爱。孔子说,"仁者,爱人也",强调己所不欲、勿施于人,博施于民而能济众,倡导对他人存有仁爱之心,要关心和爱护别人的生命,体现了独具特色的人文关怀和人道主义原则。孟子提出,人要有"不忍人之心",即对他人怀有怜爱和同情之心,也即"恻隐之心",认为人心同然,要以己度人,从爱家人推广到爱其他人。传统儒家思想强调"泛爱众",认为人在社会中有应尽的义务,其本质就是仁,体现了深沉的博爱情怀和纯朴的人道主义。志愿文化中的友爱理念倡导志愿者要具备与人为善、尊重他人的道德情感,能够推己及人,想人之所想、急人之所急,这与传统文化中的仁爱观念一致。只有培育仁爱之心并付诸实践,坚持对他人的友爱、尊敬和帮助,才能真正体现志愿服务精神。

以"兼爱交利"思想涵养互助精神。墨子提出"兼爱"思想,认为仁和义都是兼爱的反映,提倡"一爱相若"。兼爱就是一爱,即视人若己、视同一律之爱,不分人我亲疏远迩,不别贵贱强弱智愚,将爱与善平等地施与他人。墨子提倡"人兼爱"而"交相利"。所谓交相利就是互助,认为世界的利益包含每个人的利益,具有仁爱之心的人应为天下人谋利、助人助己。墨家哲学中"兼爱"思想的特色在于"兼",即追求爱的平等和谐,认为应将兼爱作为为人处世的标准,衡量价值的准则是对国家和人民有利,体现了广泛包容的人文精神。志愿文化中的互助观提倡人与人之间互爱互利、互相帮助、助人自助,兼爱理念是其重要的思想源泉。对传统文化中"兼爱交利"思想的传承和创新能够培育互助精神,推动志愿服务的日常化和可持续发展。

以"修齐治平"思想涵养进步精神。"修身齐家治国平天下"是传统文化哲学思想的基础,其中修身是根本,修身的内容在于明明德,要求在磨炼修养中不断进步,达到止于至善的目的。中国儒学务求为群体着想,需要由己做起,由修身到齐家,最终实现治国平天下。要做到"己立己达",就要"立人达人",即要完善自己,同时注重完善他人,其中就包括帮助别人。进步是志愿服务的目标。志愿精神讲求奉献、友爱、互助,最终要实现进步。这就要求志愿者从我做起,通过个人修身推动社会进步,这与传统文化中修身重德的理念一脉相承。志愿者应在参与服务的过程中正人正己、成己成人,在为他人带去关怀和帮助的同时获得自我提升,并推动社会的长足发展。

2.4 快递服务

快递客服语言沟通技巧

教学目标

【素养目标】
- 养成文明礼貌、吃苦耐劳的素质

【知识目标】
- 掌握快递服务的沟通技巧
- 掌握应对不同类型客户的技巧

【能力目标】
- 能在快递服务过程中灵活运用沟通技巧

模拟情景

小林在暑假兼职送快递,在给客户送件的时候,客户因为等得不耐烦对他发了火,小林耐心地向客户做出解释。

任务驱动

面对客户的怒火,小林该如何向客户解释?

教学内容

一、快递客服的礼貌待客

客服人员接听电话的时候,要用温和的声音亲切地说出服务台名字,同时引导顾客和自己进行正常、正式的对话。与客户对话时精神要饱满,要有热情,使客户感受到快递公司对他们的尊重和热情服务。不论何时,客服要细心倾听客户的心声,明白客户的要求并且试图找出症结所在,给顾客提供合理的解决方案,最终达到令客户满意的目的。

二、向客户提供服务的技巧

客服人员要做到及时处理客户的服务要求,确保客户的目的得到实现;接受客户的反馈,给客户最优的服务,及时回答客户的问题,排忧解难;熟悉快递公司的各项业务,以优秀的产品知识提高服务水平;能熟练掌握快递公司的政策规定,做好服务工作,随时应对客户的需求。

三、沟通技巧

快递客服要用热烈的语气表露出对工作的热情、耐心;用清晰的语言进行沟通,必要时可以重复以确认客户的要求;给客户友善的态度,了解客户的需求;在回答客户提出的问题时,语言要准确,措辞要恰当;尽可能多地回答客户问题,及时准确地回复客户,使客户满意。

四、不同类型的客户应对技巧

1. 主观性强的客户

"我寄出的快递怎么这么多天了还没送达,花那么多钱,还这么慢,是什么特快专递啊，我都等得快急死了！以后再也不用你们的快递了！"

面对主观性强的客户，我们要从感情入手，拉近与他们的距离，消除他们的对立感，然后再适时进行解释，才容易使他们接受。

遇到这类客户时，切不可询问"您的地址是哪里啊，是城市还是乡村？地址和手机号都是正确的吗"等问题，这样的语气会让客户觉得被质问，而且认为客服人员将责任都推到他们身上，不利于进一步沟通。

此时，较合适的说法是"请您不要着急，我可以理解您的心情，我对给您造成的不便表示歉意"，对客户的体谅会让他们感觉客服人员是站在他们的角度考虑问题的；然后再询问收件信息等，在客户情绪舒缓时向客户解释相关情况，消除误解。向客户耐心解释完还要详细记录客户信息，转交给相关部门进行核实，并及时回复客户核实或处理结果。

2．命令型客户

"为什么我的邮件在网上显示的是'由单位收发室签收'？我明明写的是本人姓名，为什么要送到收发室？我要求马上送过来由我本人签收！"

遇到这类客户时，客服人员不可直白地拒绝，那样只会使双方僵持不下，引起客户更强的反感。此时，要在职责范围内尽可能地帮助客户，让其感到被尊重，以满足他们的"强势"心理，之后，客户才可能会接受我们的解释或建议。

3．反复不定型客户

"我的快递已经到了当地，一直不派送，也不给收件人打电话。打给客服，不是挂机就是没人接，要不然就是态度恶劣。我要投诉！要不然就把你们领导叫来，我直接跟他说！"

面对这类客户时要耐心、冷静，态度不卑不亢，抓住重点，按正常程序解释和处理。

4．情绪失控型客户

"我要投诉，我要找你们领导，我不想跟你讲，否则我会投诉，会向媒体反映……"

遇到此类客户时要热情、积极，切忌不耐烦和有抵触情绪，不要争辩或反驳，否则客户的情绪会越来越偏激，不利于问题的解决。在此种情况下，客服人员要始终保持热情、耐心的态度。一定要对客户表示歉意并表明愿意帮助客户："对不起，我们对给您造成的不便表示歉意。我可以理解您的心情，我们客服中心本身就是处理客户投诉的，我们会尽力帮助您。如果超过我的能力范围，我也会及时向上级领导反映，请您相信我！请告诉我具体有什么事情，好吗？"这样说可以提高客户的信任度，也能引导客户说明情况。不管客户在叙述过程中的态度如何，一定要认真倾听，让客户有宣泄的过程，并时不时地表示歉意，以缓解客户的情绪；当其叙述完后，客服人员再根据具体情况向客户进行解释。结束通话前，客服人员应再次致歉，然后将客户的投诉意见记录下来，尽快联系处理人员，及时处理并回复客户，以免导致投诉升级。

五、范例

某天，一位客户联系客服，说他的快递包裹已经延误数天，他非常着急地需要这个包裹中的文件。快递客服小李接听了这个电话，他非常理解客户的焦虑，立即向客户道歉，并展开了一系列工作。

首先，小李迅速核实了该包裹的物流信息，发现是某个中转站出现了突发问题导致延误。他当即联系了中转站，并催促他们加快处理程序，要求他们第一时间将包裹送达。

与此同时，小李还关注了客户的紧急需求，主动帮助客户提供了一些备用方案，例如寻找附近的快递网点，看看是否可以在短时间内将包裹取回。

在整个处理过程中，小李始终保持耐心和友好的态度与客户沟通，他时不时通过电话或短信告知客户最新的进展，并说了一些安抚的话语，让客户感受到他的关心和努力。他还承诺，无论是追踪包裹还是其他问题，他都会一直跟进，确保顺利解决问题。

经过小李的不懈努力和沟通协调，包裹最终被成功送给客户。

这一次的事件让这位客户深深地感受到了快递公司的服务质量和专业态度，在后续的时间里他多次向朋友和同事推荐了快递公司的服务，并表达了对小李的赞赏和感谢。小李也因为这次出色的工作得到了公司的表彰，并成为客服部门的优秀员工之一。

六、"病例"诊改

案例一：某客户购买了一批商品，并选择了快递公司进行配送。然而，商品的送达时间比预期时间延迟了数天，导致客户无法按时收到商品，影响了客户的日常生活和工作。

案例二：在与快递公司的客服人员沟通的过程中，客户遇到了服务态度差、不耐烦或无法解决问题的情况，导致客户的投诉情绪进一步升级。

任务练习

一、简述快递客服应如何礼貌待客。

二、在下列情况下，快递客服人员应如何应对？

"我寄出的快递怎么这么多天了还没送达，花那么多钱，还这么慢，是什么特快专递啊，我都等得快急死了。以后再也不用你们的快递了！"

"我要投诉，我要找你们领导，我不想跟你讲，否则我会投诉，会向媒体反映……"

素养提升

人民日报今日谈：使人享其行、物畅其流

（文章来源：人民日报 2023-05-08）

近日，多个交通物流领域相关数据公布。看交通，"五一"假期，全国铁路、公路、水路、民航发送旅客总量超2.7亿人次，日均发送量比2022年同期增长162.9%。看物流，4月份，中国物流业景气指数为53.8%，基础继续巩固；电商物流总业务量和农村电商业务量实现连续4个月上涨。一系列数据彰显流动中国的旺盛活力，映照经济发展回升向好的良好态势。

一头连着生产、一头连着消费，交通物流是畅通国民经济循环的重要一环，是维护人民群众正常生产生活秩序、促进产业链供应链稳定、服务经济社会改革发展稳定的重要基础。便捷畅通的交通运输条件，能够有效降低运输成本，促进人才、资金、技术等各类生产要素流动、聚集，激发市场活力，为经济社会发展提供有力支撑。这要求我们不断加快完善现代综合交通运输体系，把交通优势转化为发展动能。

习近平总书记强调："坚持创新驱动，增强发展动能""使人享其行、物畅其流"。今

天，从智慧公路到智慧港口，从无人网约车到分拣机器人，各种新技术、新业态蓬勃兴起，为交通物流行业发展打开了新的空间。注重科技赋能，大力发展智慧交通和智慧物流，推动大数据、互联网、人工智能、区块链等新技术与交通行业深度融合，必能促进交通运输提效能、扩功能、增动能，让流动中国始终充满繁荣发展的活力。

传统文化相关拓展

我们收到的快递原来走过了上千年的发展历史

随着网络购物的兴盛，快递成为了人们日常生活中必不可少的一项服务。每逢在网上买了东西，最让人期待的便是收到快递包裹的那一刻。如果快递都变成了"慢递"，感觉生活也少了许多便利，可见快递物流的作用已经无可替代。

其实，这么重要的一项服务，在遥远的古代就已经存在，经历了漫长的发展和演变过程。

在远古时期，有王国出现时，就产生了传递信息进行统治管理的需求，"邮差"也随之出现，由官方任命，专门负责将统治者的命令传达到远方。聪明的统治者还特意在沿途修建"服务区"，供信使休息和交换公文。在各个朝代，这些服务区的设置和功能都延续了下去，只不过有着不同的名称。除了利用人力传递信息，人们还发明了烽火台，利用火光来快速传递军事信息，以便在战争中取得先机。这些承担着军事任务的烽火台可不能随意使用，否则很容易误传重要信息。

秦始皇统一六国后非常重要的功绩便是统一度量衡，书同文、车同轨，这也使全国的邮政网络统一了起来，邮政发展更加具有规模且便利发达。将通信组织和系统称为"邮"以及制定相关的管理制度，也是源自秦始皇。

汉朝建立的丝绸之路可以说是"国际邮政"业务的标志性起点。汉朝加强了邮驿体系的建设，还设置了大型的官方"服务区"悬泉置，在敦煌就发现了仍保留了大量简牍的遗址，从中可以看到当年汉朝的辉煌历史。

唐朝制定了一套严格的邮驿制度，对邮驿的速度进行了精确、细致的规定。杨贵妃能吃到从南方送来的新鲜荔枝，完善、高效的邮驿体系功不可没。除了官方传达政令，官员、将士们也都开始通过信使给家人传递书信，普通民众也可以享受邮政服务。

宋朝则开创了"急脚铺"，专门传达诏令和军情文报，并使用不同的信牌来区分紧急程度。在最快的情况下，可以全程定点换马换人，不间断地接力传递，确保诏令和军情文报最快地进行传达。

明朝旅行家徐霞客走遍中国山水，其实是因为他得到了"官方赞助"，可以一路享受驿站的免费马匹和食宿，才能无忧无虑地走那么远。

到了1896年，清政府结束了古代邮驿制度，设立邮政官局，创办了现代邮政制度。随着时代的发展、科技的进步，人们通过火车、飞机、轮船等现代交通工具来送信，不再需要人力拼命跑马。

新中国的建立也揭开了新的中国邮政事业，这是真正属于人民的邮政服务。如今的快递快速、高效，能够在48小时甚至24小时之内将货物从别的地方送到客户手中。这离不开国家几十年发展建造的规模庞大的各种网络，邮政和快递事业的发展反映了国家的科技和国力发展。

随着太空技术的发展,我国的运载火箭升空,我们甚至有了太空邮局。快递已经从一个地方、一个国家、地球突破到宇宙之中。也许将来,人类将在各个星球建立邮局,形成宇宙邮政网络。

想不到一个快递包裹包含了这么丰富的历史内涵,实在不简单!

2.5 营销沟通

教学目标

【素养目标】
- 养成营销活动中文明、优雅、礼貌的语言习惯

【知识目标】
- 掌握营销语言的特征

【能力目标】
- 掌握说服技巧并运用到营销活动中

模拟情景

市场营销专业的小张暑假在一家鞋店实习,一天一位顾客来到店里,看见一双新款的鞋子,对小张说:"你们店里的鞋子,好看是好看,就是太贵了,一双鞋的价钱够在别家买两双了。"一时,小张不知道说什么好。

任务驱动

遇到小张的情况,你会怎么办?谈一谈向顾客推销商品时要注意哪些要素?

教学内容

一、营销口才的概念

营销口才是现代营销活动中营销人员最基本的技能,是营销人员与客户进行情感沟通、推销商品和服务的一门语言艺术。

二、营销语言的特征

1. 目的性

从与客户打交道开始,营销语言的目的就是宣传、推销商品或服务。在什么时间、什么

场合、对什么人说什么话都相当明确。

2. 真实性

营销语言的真实性，一是指语言内容真实、确切；二是指感情真挚，真实、真诚是取信于客户的前提。

3. 商请性

尊重客户，以请求、协商的态度与客户沟通是营销人员必备的素质。例如，客户问"这款沙发还有没有货"，营销人员如果回答"没有了"，客户肯定会放弃购买，但是如果营销人员说"这款沙发订购完了，不过厂家已安排加班生产，您愿意等几天吗？"就可能会挽留住客户。

4. 同理性

营销语言的同理性是指营销人员在口语表达中要体现出对客户的兴趣、情绪、感受、需求等的关注、关心、同情、理解，并感同身受。

5. 礼貌性

营销人员的语言是否礼貌、文雅、准确、得体，直接影响客户对商品和服务的满意程度。如果对客户在语言上失礼，就会打消客户的购买欲望，甚至会使公司或企业形象受到不良影响。

6. 取悦性

赞美的语言是打开人际关系的金钥匙。在营销活动中，营销人员应根据营销对象的喜好和特点表达对对方的称赞。

三、营销话术和技巧

1. 将产品内容熟记于心

优良的营销技巧不是花里胡哨的"招数"，而是基于熟悉产品内容的快乐表达。如果一位营销人员对自己的产品一无所知，或者所知甚少，而单纯凭借所谓的"营销技巧"去面对客户，结果难以回答关于产品的问题，或者难以满足客户的需求，那么形式化的"营销技巧"就如同摆设，用途甚微。

营销人员首先要对产品内容，尤其是产品特色、产品卖点、产品功能等熟记于心，并形成简洁明了的营销说辞，才能很好地引导客户购买，或者对客户的问题"见招拆招"，从而满足客户的真实需求。显然，营销人员将产品内容熟记于心是成交的基础。

2. 完美释放品牌的"精华"

营销人员应该将品牌形象、品牌定位、品牌特色、品牌优点好好地表现出来，即完美释放品牌的"精华"，让客户觉得值得信赖和选择。

3. 充分把握客户的心理

营销是一场心理与心理互相"较量"的过程。显然，营销人员要想实现优秀的营销业绩，就必须充分把握客户的心理，通过察言观色，了解客户的想法、需求、爱好、目的等，从而很好地引导客户，并且合理地"满足"客户的真实需求。

4. 恰到好处地打招呼

与客户打招呼是营销的第一项工作。营销人员如何恰到好处地打招呼，从而让客户满意，乐于沟通，而不是反感呢？对于这一点，营销人员可以在客户注视特定的商品时、客户用手接触商品时、客户表现出寻找商品的状态时、与客户的视线相遇时、客户与同伴交谈时，去面对面、近距离地与客户打招呼，以及进行愉快的交流。

  5．找准客户的真实需求

  营销是一门艺术，需要对客户的消费需求进行精细的绘画和雕刻。因此，营销人员需要练就一双"火眼金睛"，懂得察言观色，找准客户的真实需求，最终实现"快乐的成交"。营销人员如何找准并抓住客户的真实需求，主要有三种方法。

  一是仔细倾听客户的意见，从而得知其真实需求。

  二是适时询问客户的需求，这一点在营销人员与客户沟通得比较愉快时可以直接提出，效果会很好。

  三是分析客户的购物动机，例如价格低、功能优越、被广告吸引、使用方便、实用等。这一点需要营销人员在实战过程中不断尝试、研究和总结，才能把握到位，越做越好。

  6．声情并茂的产品介绍

  营销人员在向客户介绍产品时要声情并茂，避免一些不恰当的、错误的说话方式，例如要避免用否定式，善用肯定式。

  7．鼓励试用

  当营销人员基本确定了客户的兴趣点及目标商品时，就要根据商品的实际情况，适时鼓励客户试用，提高客户的购买欲。显然，让客户多体验更容易让客户满意，从而大大提高营销的成功率。

  8．学会附加推销

  当客户确定购买某商品时，营销人员可以及时为其介绍某些配件商品。例如，在服装店，如果客户买了裤子，则可以介绍上衣给客户参考。

  9．及时、果断地实现成交

  当客户深入了解、研究或试用了某商品后，营销人员要抓住时机，果断地实现成交。适用的方法有很多，例如二择一法："您看是选A还是选B呢"；又如激将法："我们的促销活动今天是最后一天了"；再如勇敢提出法："这个需要帮您定下来吗"。在营销过程中，营销人员一定要懂得察言观色，正确把握客户的需求，及时、果断地实现成交。

  10．真诚的完美告别

  告别客户既是一次营销的结束，也是下一次成功营销的开始。因此，不论客户有没有消费，营销人员都应该真诚地、面带微笑地与客户进行告别。

四、营销话术的禁忌

  1．不与客户争辩

  在谈判的过程中，营销人员一定要正视自己的位置，哪怕存在分歧，也不能与客户直接面对面争辩。

  2．不质问客户

  对于客户提出的问题，营销人员不能用质问的口吻回答，这样会让客户觉得营销人员不尊重他。

  3．不要命令客户

  营销人员不能做出命令的口吻，否则可能会因客户不满而痛失订单。

4．不在客户面前显摆

营销人员在客户面前一定要保持谦逊的态度，不要让客户有威胁感。

5．不要"太专业"

在聊天的过程中，如果营销人员过多使用专业术语，会让客户有距离感，不愿意多聊关于产品的话题。

五、范例

一天，一对时髦的年轻夫妇来到4S店。店员急忙上前说："欢迎光临，我们有最好的汽车，这辆车非常适合你……"

店员介绍了很长时间，但两位顾客的脸上没有笑容。几分钟后，女顾客终于不耐烦了，拉着丈夫的手走了出去。到了门口，女顾客转过身来，调侃店员道："这位先生，你很热情，但显然你不懂车，也不懂相关的机械原理。刚才你在给我们背诵手册上的一些数字，任何人都可以做这些事情。所以，我们不会从外行那里买车。"

听了女顾客的话，店员很长时间都说不出话来，但他只能向两位顾客道歉。从那天起，店员开始反思自己的营销方法。后来，他发现自己犯了一个致命的错误，就是没有询问顾客需要什么，也没有给顾客说话的机会。其实，真正的问题不在于他对自己的品牌了解多少，而在于顾客的需求是什么。他忽略了一个潜在的事实，即顾客可能已经去过很多4S店，而且他们对汽车的性能也有深入的了解。在认识到这一事实后，他开始致力于对顾客需求的研究，最终成功掌握了能够说出顾客心声的营销口才。

六、"病例"诊改

某民营医院的美容科购买了一台我公司的激光治疗仪，工程师如期把这台仪器安装、调试好之后，还花了一整天为该医院的医生进行操作方面的培训。

几天之后，该美容科的主任打电话给工程师，口气非常严厉，让工程师马上到医院来。主任与工程师一见面就说："你们的产品质量不行，我们用你们的仪器治疗一个病人的太田痣没有任何效果，这件事不但没有为我们赚钱，还损害了医院的良好形象。"工程师询问了仪器的操作数据后，严厉地说："这完全是由于你们的操作失误，这些数据设置是治疗其他疾病的，不是治疗太田痣的。上次培训时我讲得很清楚，这是你们的责任。"结果双方大吵一顿，不但公司没法收到货款，还要花钱把仪器拖回来。

任务练习

1．根据下列情形各抒己见，展开讨论。

与客户聊天时哪些话不能讲？

如何在倾听中发现客户的需求？

在营销活动中如何说好开场白？

汽车销售人员如何让客户留下电话号码？

2．根据下列产品，运用所学的营销技巧，设计营销对话并进行演练。

一把能识别指纹的密码锁。

一台节能的洗衣机。

素养提升

牢牢抓住科技创新这个"牛鼻子"

（文章来源：中国网 2024-03-25）

习近平总书记在主持中共中央政治局第十一次集体学习时强调："科技创新能够催生新产业、新模式、新动能，是发展新质生产力的核心要素。"这一重要论述深刻阐明了因地制宜发展新质生产力的重要方向，只有牢牢抓住科技创新这个"牛鼻子"，向"新"而行，才能培育高质量发展新动能。

生产力是推动社会进步最活跃、最革命的要素，由劳动者、劳动资料和劳动对象三要素构成。和传统生产力相比，新质生产力由技术革命性突破、生产要素创新性配置、产业深度转型升级而催生，以劳动者、劳动资料、劳动对象及其优化组合的跃升为基本内涵，以全要素生产率大幅提升为核心标志，特点是创新，关键在质优，本质是先进生产力。

科技创新在生产力中的关键地位和作用，已在人类历史上被反复证明。从18世纪第一次工业革命的机械化，到19世纪第二次工业革命的电气化，再到20世纪第三次工业革命的信息化，一次次颠覆性的科技革新，带来社会生产力的大解放和生活水平的大跃升，从根本上改变了人类历史的发展轨迹。

新质生产力对劳动者、劳动资料、劳动对象都提出新的更高要求。比如，人是生产力三要素中最活跃的，没有人力资本的积累和跃升，没有一支与现代科技进步、现代产业发展相适应的高素质劳动者队伍，就无法形成新质生产力。同时，更高科技含量的劳动资料是新质生产力的动力源泉。近年来，新一代信息技术、生物技术、高精尖设备等新型生产工具层出不穷，加速全社会数字化转型，进一步解放了劳动者，大大提升了生产效率。此外，在劳动对象方面，当前科技和产业前沿领域的探索，极大丰富了劳动对象的种类和形态，拓展了生产新边界，创造了生产新空间。比如，我国锂电池、高性能纤维、光伏等新材料、新能源产业发展壮大，成为创造经济新价值的新领域。

由此可见，无论是社会生产力的大解放和生活水平的大跃升，还是构成先进生产力的三要素，都与科技创新密不可分。必须继续做好科技创新这篇大文章，推动新质生产力加快发展。

近年来，在助推经济高质量发展的实践中，科技创新已展现出强大支撑力量。神舟飞天、北斗指路、"蛟龙"遨游，新能源汽车产销量跃居全球首位，国产大飞机C919商业运营稳步推进，"5G+""人工智能+""工业互联网+"与实体经济加速融合……一项项关键技术锚定行业标准、降低行业门槛、助推行业升级。

当前，以人工智能为代表的新一轮科技革命和产业变革正在孕育兴起，带来新的机遇和发展空间，只有坚定不移进行科技创新，加快培育和形成新质生产力，才能占得先机、赢得优势。

加快培育和形成新质生产力，重点在于提升自主创新能力。当今世界正在经历百年未有之大变局，我国经济社会发展和民生改善比过去任何时候都更加需要科学技术解决方案，都更加需要增强创新这个第一动力。因此，必须加强科技创新特别是原创性、颠覆性科技创新，加快实现高水平科技自立自强，打好关键核心技术攻坚战，使原创性、颠覆性科技创新成果竞相涌现，培育发展新质生产力的新动能。

加快培育和形成新质生产力，除了要在高科技领域发力，掌握关键核心技术，还要以系统思维来创新性配置各类要素，创造劳动者、劳动资料与劳动对象高效跃升的优质组合方式，促进各类生产要素实现良性互动，释放更高效能。

牢牢抓住科技创新这个"牛鼻子"，充分发挥科技创新引领作用，加快培育和形成新质生产力，推动高质量发展，一定能为全面建设社会主义现代化国家、全面推进中华民族伟大复兴注入不竭动力。

传统文化相关拓展

可不要小看了古代人的广告营销和商业头脑，简直充满了智慧！

商业广告的历史可以追溯到很早的年代，春秋战国时期便出现了商业广告，《晏子春秋》记载了"犹悬牛首于门，而卖马肉于内也。"可知那时的牛肉店会在店门口挂一个牛头作为广告。我国古代商业广告在发展的过程中形成了多样的广告形式，也留下了许多生动有趣的广告故事。

口头广告

我国古代的行商走街串巷，沿街吆喝，这就是口头广告。口头广告自出现以来，广为流传，成为最简便的商品推销方法。为了进一步吸引顾客的注意，有时还会配合各种音响以增强口头广告的效果，如布贩子用拨浪鼓、担货郎打小铜锣、卖油的敲油梆子等。在叫卖时使用音响，既省力又传播得远，且能克服方言的障碍，后来逐步发展成为各行各业的音响广告。

实物广告

最早的商品交易是以物易物，人们在交易时必然要将交换的东西陈列出来，这些陈列物就是实物广告。

对于实物广告，我国第一部诗歌总集《诗经》中有许多记载，如《卫风·氓》记载了"氓之蚩蚩，抱布贸丝。匪来贸丝，来即我谋。"这里描述的是男主人公氓抱着布来换丝的情景，"抱布贸丝"就是一种实物广告。

到了唐宋时期，商品日趋丰富，实物陈列广告更加普遍，如李嵩的《市担婴戏图》和苏汉臣的《货郎图》，都对货郎的货担上琳琅满目的商品进行了细致的描绘。

招幌广告

在古代，店铺为了吸引顾客的注意，往往在门前悬挂一些布招子，称为幌子。招幌广告一般用生动形象的图案来表现所出售的商品或服务。

招牌广告

招牌是商店门前写明商店名称或货物的牌子，是商店的特定标志。古代的商人常以儒商自居，在经商时讲究诚信，因此招牌在经商中至关重要，例如称经营得好的店铺为"金字招牌"，经营中的欺诈行为称为"砸招牌"。以招牌作为广告大致始于唐代，宋代开始盛行，之后经久不衰。早期的招牌比较简单，但为了在商业竞争中取得广告优势，后来发展为请名人书写牌匾。

名人广告

利用名人的效应来进行广告宣传是我国古代就有的经营策略。早在战国时代，就有一桩伯乐相马的有趣故事。据《战国策》记载，有人在市场上出售骏马，一连三天都无人问津。于是，他请来伯乐，让伯乐在马的身边转悠，看一看，走开后又回过头来瞧一眼。顿时，这匹马就变成人们抢着买的对象，其价格立即被抬高到原来的十倍，这就是请名人进行广告宣传的成功事例。

2.6 商务谈判沟通

商务谈判的沟通技巧

教学目标

【素养目标】
- 养成随机应变的职业素养
- 养成团队合作的素质

【知识目标】
- 了解商务谈判的特点
- 掌握商务谈判的技巧

【能力目标】
- 能在商务谈判活动中熟练运用谈判技巧

模拟情景

刚毕业的小李在一家公司的销售部实习，有一个谈判项目需要他所在的小组去跟合作公司谈，组长要求小李整理谈判要点，做好谈判准备。

任务驱动

请根据情境，帮小李做好谈判前的准备。

教学内容

一、商务谈判的含义

谈判是人们为了协调彼此的关系，满足各自的需要，通过协商争取达成一致意见的行为和过程，例如政治谈判、军事谈判、外交谈判、经济谈判等。

商务谈判是经济谈判的一种，是指不同利益群体之间，以获得经济利益为目的，就双方的商务关系进行的谈判，例如货物买卖、工程承包、技术转让、融资合作等。

二、商务谈判的特点

1．以获得经济利益为目的

商务谈判可能涉及很多因素，但最终目标是获得经济利益；谈判者非常关注所涉及的成本、效率和利益；获得的经济利益的大小是商务谈判成败的标准；不讲经济利益，商务谈判就失去了价值。

2．以价值谈判为核心

价值是所有商务谈判的核心；价格是价值最直接的表现形式；很多利益的得失都要通过价格的升降进行体现；既要以价格为中心，又不能局限于价格。

在商务谈判中，无论是为了赢得尽可能大的利益空间，还是为了尽量降低企业损失，都离不开谈判技巧的运用。

三、商务谈判技巧

1．确定谈判态度

在商业活动中面对的谈判对象多种多样，我们不能用同样的态度对待所有谈判。在具体谈判时需要根据谈判对象与谈判结果来决定谈判时要采取的态度。

如果谈判对象对企业很重要，例如长期合作的客户，而此次谈判结果对公司的影响不大，就可以抱有让步的心态进行谈判，即在企业没有太大损失与影响的情况下满足对方的需求，这样对于以后的合作更加有利。

如果谈判对象对企业很重要，而谈判的结果对企业同样重要，那么就要抱着一种友好合作的心态，尽可能达到双赢。

如果谈判结果对企业非常重要，那么应以积极竞争的态度参与谈判，以最佳谈判结果为导向。

2．充分了解谈判对手

正所谓，知己知彼，百战不殆，在商务谈判中这一点尤为重要。

了解对手时不仅要了解对方的谈判目的、心理底线，还要了解对方公司的经营情况、行业情况、谈判人员的性格、对方公司的文化、谈判对手的习惯与禁忌等，这样可以避免很多文化、生活习惯等方面的矛盾。

3．准备多套谈判方案

谈判开始时，双方各自拿出的方案都是对自己非常有利的，而双方都希望通过谈判获得更多利益，因此，谈判结果肯定不会是双方最初拿出的那套方案，而是经过双方协商、妥协、变通后的结果。

在双方"你推我拉"的过程中，常常容易"忘记"最初的意愿，或被对方带入误区，此时最好的办法就是多准备几套谈判方案。

4．建立融洽的谈判气氛

在谈判之初，最好先找到一些双方观点一致的地方并表述出来，给对方留下一种彼此是合作伙伴的潜意识。这样接下来的谈判就容易朝着达成共识的方向发展，而不是剑拔弩张的对抗。遇到僵持不下的情形时，也可以拿出双方的共识来增强彼此的信心，化解分歧。

5. 设定谈判禁区

谈判是一种很敏感的交流，所以，语言要简练，避免出现不该说的话，但是在长时间的谈判过程中难免出错，最好的方法就是提前设定好哪些是谈判中的禁语，例如哪些话题是危险的、哪些行为是不能做的、谈判的心理底线等，这样就可以最大限度地避免在谈判中落入对方设下的陷阱。

6. 语言表述要简练

在商务谈判中，切忌语言松散或"拉家常"的语言方式，要尽可能让自己的语言变得简练，否则对方可能无法准确理解你想表达的意思。因此，谈判时语言要简练，针对性强，如果要表达的是内容很多的信息，比如合同、计划书等，那么应在讲述或诵读时有语气的变化，例如在重要的地方提高声音、放慢速度，也可以穿插一些问句以引起对方的主动思考，提高注意力。

任务练习

简述商务谈判的沟通技巧。

素养提升

小小菜摊 彰显诚信（民生观）

（文章来源：人民日报 2022-08-23）

营造诚信氛围，建设诚信社会，让诚信成为人们心中的道德自觉和文明自律。

近日，福建龙岩永定区金砂镇的菜摊火了。菜摊不大，却很特别。摊位前，20多个菜篮子码成一排，不称重、不讨价还价，也无人照看，拿菜放钱全凭自觉。每天早上，摊主邱美英从菜地里把菜摘出、洗净、捆好，放进菜摊、标上价格，就去忙别的事了。等到傍晚来点收菜钱，不仅该给的钱不会少给，还经常多出一点来。

这样一种无人值守的自助买菜方式，在当地已延续25年，人们亲切地称之为"诚信菜摊"。"诚信菜摊"背后，是长久以来形成的约定与默契。小小菜摊，彰显出诚信美德。

摊主将菜放好就走，需要对他人有足够的信任度。买菜的人自行取菜，再将钱放进菜篮，也全凭个人自觉。古人云"慎独"，意为一个人在不受他人监督的情况下，仍能坚守自己内心的道德准则。无人值守菜摊，是一次小小的检验；每一次交易的完成，都是对诚信精神的践行。

近年来，"无人商店""无人摊位"在各地并不罕见。从"诚信小店"到诚信考场，从剐蹭后联系不上车主留下的一张张纸条，到各地拾金不昧的新闻……我们看到，诚信之举遍地开花，社会文明水平不断提高。

诚信是中华民族的传统美德，诚信建设也是社会主义精神文明建设的重要内容，而建设诚信社会，离不开社会诚信风尚的培育。去年，金砂镇政府还对10多家菜摊进行统一规整，让其进入农贸市场，并将诚信文化的内容进行展示、上墙。如今，"诚信菜摊"已经被打造为当地一个精神文明建设的窗口。人们来过、听过、看过，无不感到心头一暖。

营造诚信氛围，建设诚信社会，让诚信成为人们心中的道德自觉和文明自律，我们呼吁更多"诚信菜摊"的涌现，让诚信之风吹遍大地，让精神文明之花硕果累累。

传统文化相关拓展

春秋时期的谈判高人，不费一兵一卒，只身退秦师

春秋时期诸侯争锋，战事频发。面对秦晋大军压境，烛之武只身前往秦国游说秦穆公，不费一兵一卒就为郑国化解了亡国危机，可谓智能超群的谈判专家。《左传》中的故事"烛之武退秦师"对今人仍有不少启迪。

鲁僖公三十年（公元前630年），晋文公和秦穆公结盟，一起围攻郑国。郑国如何得罪了晋国？

晋文公重耳即位之前，为避内乱流亡到国外，辗转去了很多国家，受到当地诸侯的礼遇。比如，重耳到了齐国，齐桓公赠予他车马；到了宋国，宋襄公以"国礼"相待。然而，当他途经郑国时，郑国国君没有以礼相待，这是其一。

其二，鲁僖公二十八年（公元前632年），晋、楚两国在城濮交战时，郑国曾出兵援助楚国。尽管楚国有援兵，但仍以失败告终。郑国见楚国失败，顿感情况不妙，于是马上派子人九（姓姬，氏子人，名九）出使晋国，与晋通好。公元前632年5月，晋、郑两国结盟，也没能挽回晋文公的心意。双方结盟两年后，晋文公仍因上述两条原因出兵攻打郑国。

晋文公为何和秦穆公结盟，一起围攻郑国？重耳既是晋国国君，也是秦穆公的女婿。昔日，重耳长期流亡国外，秦穆公将女儿秦嬴嫁给了他，两国有甥舅之好，因此晋文公邀请秦穆公一同出兵围攻郑国。

秦晋两国联军驻扎在郑国附近，随时准备攻打郑国都城。一旦灭掉郑国，就瓜分其土地，秦晋两国都能获得利益，各自壮大实力。

两国大军兵临城下，郑国危在旦夕。郑国大夫佚之狐对郑文公说："郑国正处于危险之中，假如让烛之武去见秦君，秦国军队一定会撤退。"郑文公遂召请烛之武。

烛之武独自去见秦穆公。

"若亡郑而有益于君，敢以烦执事。越国以鄙远，君知其难也。焉用亡郑以陪邻？"烛之武告诉秦穆公，即便真的灭掉了郑国，并且瓜分了它的土地，但由于郑国的位置距离秦国太远，治理起来会有很多不便。

烛之武首先开宗明义，告诉秦穆公，即使灭了郑国也不见得能给秦国带来多少利益。反之，如果不攻打郑国，秦国得到的利益更多。

"若舍郑以为东道主，行李之往来，共其乏困，君亦无所害。"假如秦国不攻打郑国，让郑国在东部尽地主之谊。将来当秦国的使臣途经郑国时，郑国会供给他们所需要的一切物资，这对秦国绝对是没有任何坏处的。

"君尝为晋君赐矣！许君焦、瑕，朝济而夕设版焉！君之所知也。夫晋，何厌之有？既东封郑，又欲肆其西封，若不阙秦，将焉取之？阙秦以利晋，唯君图之！"昔日，秦穆公曾对晋惠公有恩，晋惠公答应要将晋国的"焦""瑕"两座城送给秦国。然而，晋惠公得到秦国的协助后竟然后悔了。早上晋惠公渡过黄河回国后，晚上就派人修筑防御工事。烛之武见微知著，他以这件事为例提醒秦穆公，晋国不会就此满足。今天秦晋两国联军一旦灭了郑国，得到了东边的土地。如果有朝一日，晋国想向西扩张疆域，就会攻打秦国，以削弱秦国的方式增强自身的实力。

烛之武为秦穆公剖析两国局势，秦穆公当场表示退兵，与郑国结盟，派遣杞子、逢孙、杨孙协防郑国。烛之武不费一兵一卒，凭着卓越的谈判技巧，使秦国退兵，使郑国转危

为安。

秦国退出战局，晋国的狐偃（字子犯）请求攻打秦国。晋文公不同意，昔日他在秦穆公的帮助下才回到晋国即位，他不想反过来与秦穆公为敌，那样做是"不仁"；失去自己的盟友，是为"不智"；让本来的和谐一致变成离丧混乱，是为"不武"（没有武德）。于是晋文公也下令撤军回国。

烛之武的这番游说，以高超的智慧劝退了秦国，阻止了晋军，保全了郑国。他不费一兵一卒，只身以言息兵，被后世誉为春秋时代最卓越的谈判专家。

2.7 医患沟通

医患沟通的原则和技巧

教学目标

【素养目标】
● 培养诚实守信、宽容待人的素养

【知识目标】
● 掌握医患沟通的原则
● 掌握医患沟通的技巧

【能力目标】
● 能运用医患沟通的技巧，在医患沟通中达到良好效果

模拟情景

健康管理专业的小李在一家医院实习，做导诊员。一天，一位外地患者来到医院，进入大门，不知道往哪走，小李怎样与他顺利沟通？

任务驱动

请你帮助小李顺利与患者沟通。

教学内容

一、医患沟通的含义

医患沟通，就是为了治疗患者的疾病，满足患者的健康需求，在诊治疾病过程中进行的交流。

医患沟通不同于一般的人际沟通。病人就诊时，特别渴望得到医护人员的关爱和体贴，因而对医护人员的语言、表情、动作、行为方式更关注、更敏感。这就要求医护人员必须以心换心，以情换情，站在病患的立场上思考和处理问题。

二、医患沟通的原则

1．平等和尊重的原则

医护人员必须以平等的态度对待患者，决不能摆出高人一等、居高临下的态度。所谓平等，一是指医患双方是平等的，没有高低贵贱之分；二是指平等对待所有患者，医护人员眼中应只有病人，而不能以地位取人、以财富取人、以相貌取人。

尊重就是尊重病人的人格，尊重病人的感情。尊重病人就会获得病人的尊重，在彼此尊重的基础上双方才能进行友好的沟通。

2．真诚和换位的原则

真诚是医患沟通得以延续和深化的保证。真诚使人在沟通时有明确的可知性和预见性，而不真诚或欺骗会使人产生不安全感和恐惧感。只有抱着真诚的态度，才能使病人放心，才能使病人愿意推心置腹地沟通。同时，医护人员要多进行换位思考，站在病人的角度考虑问题，这样才能使沟通达到应有的效果。

3．依法和守德的原则

医患关系是一种法律关系。在与患者沟通时，医护人员要严格遵守法律法规，切实恪守医疗道德。医护人员既要用好法律法规赋予自己的权利，又要履行好法律法规规定的责任和义务。

同时，医护人员必须清楚患者依法享有的权利和应尽的义务，尊重患者的权利和义务，保持良好的医德医风。

4．适度和距离的原则

体态语言是沟通的一种形式，运用体态语言要适度，要符合场合，切忌感情冲动导致动作夸张。沟通时，双方的距离要适当，太近或太远都不好。可根据患者年龄、性别因人而异，选择合适的沟通距离，例如与老年人、儿童沟通时距离可适当近些，以示尊重和亲密。

5．克制和沉默的原则

医护人员的态度和举止在患者眼里可能会有特定的含义，因此医护人员必须把握好自己的情绪，避免因不恰当的情感流露给患者传递错误的信号。另外，在沟通遇到困难时，也要注意克制自己的情绪，冷静处理，避免矛盾激化。

三、医患沟通的技巧

1．倾听

医护人员必须耐心、专心地倾听病人的诉述，并有所反应，例如变换表情和眼神，或简单地插一句"我听清楚了"等。总之，医护人员不要干扰病人对身体症状和内心痛苦的诉说，尤其不可唐突地打断病人的谈话。

2．接纳

医护人员要无条件地接纳病人，不能有任何拒绝、厌恶、嫌弃和不耐烦的表现。也就是说，医护人员要努力营造一种气氛，使病人感到自在和安全，有充分的发言权。

3．肯定

医护人员要肯定病人感受的真实性，不可妄加否定。医护人员必须承认，时至今日，医学对病人的多种奇异的感受仍然没有令人满意的解释和说明。

4．异议

异议处理就是弄清楚事情的实际情况，以及整个过程中病人的情绪变化。尤其对于病人感到不舒服的事，异议处理十分必要，否则很难有真正的沟通。

5．提问

要善于用"开放式"和"封闭式"提问。

"开放式"提问使病人能主动、自由地表达自己的病情、感受，这既体现了医护人员对病人的尊重，也为全面了解病人的病情和情绪提供了最大的可能性。

"封闭式"提问只允许病人回答"是"或"否"，或者在两三个答案中选一个。这种提问方式的优势在于可以快速获取信息，但也存在一定的局限，容易使病人处入"受审"地位而感到不自在。

6．复述

把病人说的话用不同的措辞和句子加以复述，但不改变病人的表达意图和目的。

7．代述

有些想法和感受，病人不方便说出来，对此，医护人员可以代述。这要求医护人员有足够的敏感性，能揣摩患者的"弦外之音"。

8．对焦

病人的心里可能有多个问题，医护人员一般应该选择一个问题作为"焦点"。选择什么问题作为"焦点"，要求医护人员对病人有比较全面的了解，也许要进行一番思考。

四、范例

医生：您好！请坐，先喝杯水！

患者：我今天来主要是要求退费的，我不想在你们这治疗啦！

医生：能说说具体的原因吗？

患者：你们这的根管治疗费用也太高了，我去问了几家，××医院才收两百多元，你们收四百多元，他们都说你们收得太贵了；反正我才治疗了一次，你把钱退给我吧！或者你看治疗一次扣多少钱合适。

医生：王姐，我能理解您的心情，今天咱就把问题解决！您先喝杯水，在退费之前咱们先交流一下。首先，感谢您对我们工作的信任与支持！我相信您今天来要求退费肯定不是因为在乎这几百块，您只是觉得根管治疗不值这么高的费用，是吗？

患者：是，别的医院很便宜。

医生：相信您是很重视牙齿的，既希望少花钱，又希望把牙齿治疗得更彻底，更希望永远不再疼痛，是吗？

患者：那当然了。

医生：王姐，您清楚根管治疗的原理吗？

患者：这些我都了解得差不多了，我还是想在××医院治疗，你把钱退给我吧！

医生：是这样的，王姐，我也不耽误您的时间了，最后再给您说三个问题，占用您几分钟的时间，如果您还是不满意，那我马上把钱退给您，可以吗？

患者：可以，你说吧！

医生：第一，您相信价值决定价格吗？别处怎么样，我不去评价，我只站在专业的角度跟您讲解标准化的根管治疗是怎么回事，这是对您负责任的一种态度，根管治疗首先要考虑以下几个问题……

第二，您听说过××吗？他爱人的牙齿就是张医生处理的。在当地，我们不敢说是最好的，但是让您最放心的，这一点我们绝对有信心。

患者：我就是听邻居说你们这看牙挺好的，所以才来的。

医生：第三，您对我们张医生的服务和技术感到满意吗？张医生是个不善言谈但工作十分认真和负责的好医生，不知道您是不是认同？发生了今天这样的事，不能怪您，也不是说花这么多钱不值得，关键是张医生没有向您讲清楚，说直接点就是没把我们的技术优势展现出来，导致让您感觉跟别处差不多，还不如少花点钱，对不对？

医生：王姐，我们共同的目标是把牙齿治疗得更彻底，而不是少花钱、多受罪，是吧？不管怎样，是我们没有给您讲解清楚。要不这样吧！我们保证给您治好、治彻底，让您满意，同时送您一张100元的代金券以表心意，下次补牙可用，这是我们的一点心意，也算是一种诚意吧，想和您交个朋友，您看可以吗？

患者：可以。

医生：如果您对张医生不满意的话，我再安排别的医生帮您处理，怎样？

患者：不用了，谢谢！还是让张医生看吧！

五、"病例"诊改

一对情侣到当地卫生院进行婚前体检。接诊的妇科医生唐突地问了一声，"你以前怀过孕吗？"女青年十分纳闷，立即回答说"没有"。该医生又信口开河地冒出了一句，"没怀过孕怎么有妊娠纹呢？"女青年急忙解释说："自己原来比较胖"。

任务练习

简述医患沟通的原则有哪些。

传统文化相关拓展

弘扬道德传统文化　树立优良医德医风

在中华文明发端之初，我们的祖先在开展医疗活动的同时也"催生"了中医的原始医德。从传说中伏羲、神农的"尝百草、制九针"到张仲景的"勤求古训、博采众方"和孙思邈的"精勤不倦，大医精诚"，乃至近现代施今墨的一丝不苟和郭春园的无私奉献，中医医德从久远的古代孕生，经过历代医者的"言传身行"不断传承演进，经久不衰。

1. 不畏艰险、一心赴救的赤诚之心。

我国传统医德强调医乃仁术，爱人为本。唐代孙思邈指出："人命至重，有贵千金，一方济之，德逾于此"。在古代，学医的弟子出师时，教师总是赠予一把雨伞、一盏灯笼，旨在要求弟子在今后的行医中要牢记医者的职责，不分昼夜寒暑，不避风雪，不畏艰苦，闻病而动。

2．不为名利、清廉正直的道德品质。

在古代，具有高尚医德的医者都强调行医不能以营私、贪图名利为目的。许多名医不贪权势，不谋功名，拒绝高官厚禄，甘愿在民间行医。一些医德高尚的医者对于"困厄无告"的病人，还给予适当救济。

3．动须礼节、端庄稳重的严肃作风。

历代医者非常注重自身举止，待病人施之以礼，动之以情。宋代《医工论》要求医者"动须礼节，举乃和柔"。《大医精诚》要求医者给病人看病时"澄神内视，望之俨然"。

4．仔细谨慎、认真负责的服务态度。

《素问·征四失论》指出："精神不专，志意不理，外内相失，故时疑殆"，要求做到"无一病不穷究其因，无一方不洞悉其理，无一药不精通其性"，要"战战兢兢，如临深渊，如履薄冰"。

5．博极医源、精勤不倦的学习作风。

古代医者把精通医理作为实现仁爱救人的一个基本条件。《黄帝内经》提出要"上知天文、下知地理，中和人事"。《医学集成》要求"医之为道，非精不能明其理，非博不能至其约"。孙思邈强调，学医必须"博极医源，精勤不倦"，要求医者对同行不可生轻侮傲慢之心，要谦和谨慎。年迈者恭敬之，有学者师事之，骄傲者逊让之，不及者荐拔之。

杏林春暖

三国时期，吴国侯官有一位叫董奉的人，是一位很高明的医生。相传，董奉住在江西时，给人看病从不收钱，只规定每看好一个小病，病人要给他栽活一棵杏树；看好一个大病，给他栽活五棵杏树，几年之后便长成了一片杏林。待杏林结果时，他又以果换粮，赈济穷人，于是被后人誉为"杏林春暖"。后来"杏林"二字成了医学的代名词。旧时病人为了感谢医生，在给医生的匾额上往往题有"杏林春暖"的字样。

2.8 会议沟通

教学目标

【素养目标】
养成在职场中相互协调的素养
【知识目标】
1．掌握会议沟通的技巧
2．了解会议沟通的准备工作
【能力目标】
掌握会议沟通的技巧，能在会议中进行有效沟通

模拟情景

小王刚大学毕业，在某高校办公室工作，办公室主任拟召开一次各部门的协调会议，让

小王承担会议的组织工作。但小王只有理论，没有实践，在会议组织过程中漏洞百出。如果你是小王，你会如何做呢？

任务驱动

根据所学专业，模拟学生会召开会议的情景，谈一谈准备流程。

教学内容

一、会议沟通的含义

会议沟通是一种常见的沟通方式，是指召集不同的人在特定的时间和地点聚集在一起，讨论、交流和协商共同关心的问题。会议的目的包括达成共识、解决问题、做出决策或者协调各方利益。会议的参与者通常来自不同背景，担任不同的角色，拥有不同的观点，使会议沟通具有多样性和包容性。

会议通常有一个明确的议程和目标，参与者就特定的问题或主题进行讨论。在会议中，参与者可以直接发言、提问和分享观点，这种面对面的交流方式有助于促进理解和建立信任；通常会有记录员记录讨论内容和决策结果，以确保信息的准确性和完整性。会议通常有时间限制，需要在规定的时间内完成讨论和决策。

二、会议前的准备

（一）制定议程安排

1. 充分考虑会议的进程，写出议程安排。
2. 确定会议的召开时间和结束时间并和各部门主管协调。
3. 整理相关议题，并根据重要程度排出讨论顺序。
4. 把议程安排提前交到与会者手中。

（二）挑选与会者

1. 首要原则是少而精。
2. 如果是信息型会议，应该通知所有需要了解该信息的人。
3. 如果是决策型会议，需要邀请能对问题的解决有所贡献的人参加。
4. 需要对某些未在会议邀请之列的关键人士说明未邀请原因。

（三）适宜沟通的会议室布置

1. 现场会议室一般比较方便且费用低廉，因此是首选地点。但如果涉及公司的对外公共关系形象或者与会人数很多，可以考虑租用酒店或展览中心的专用会议室。
2. 不能忽略与会者的身体舒适需求，应注意会议室的空调温度、桌椅舒适度，灯光和通风设备也应和会议的规模和活动相适应。
3. 选用适当的桌椅排列方式。信息型会议的与会者应面向房间的前方，而决策型会议的与会者应面向彼此。

（四）其他准备

1．会议所需材料的准备。
2．准备会议中可能出现的问题。
3．让与会者做准备。

三、会议主持

1．准时开会
不准时召开的会议浪费的是所有与会者的时间，这不仅会加剧与会者的焦躁、抵触情绪，也会令与会者怀疑组织者的工作效率和领导能力。
2．向每个人表示欢迎
用洪亮的声音对每个人表示热烈的欢迎。如果你面对的是新成员，可以让他们向大家做自我介绍，也要确保把客人和新成员介绍给大家。
3．制定或重温会议的基本规则
会议的基本规则是会议中的行为基本准则，你可以设定"不允许跑题""聆听每一个人的发言"以及"每人的发言时间不能超过5分钟"这样的规定。如果准则是由与会者共同制定的而不是由主持人强加给与会者的，效果会更好。

四、会议主持人的沟通技巧

优秀的会议主持人会经常提出简短的意见以指引会议讨论的进程，例如"让我们试试""这是一个好的思路，让我们继续下去。"事实上，如果我们仔细观察，就会发现优秀的会议主持人最常用的引导方式是提问，即针对目前所讨论的问题进行引导性的提问，使与会者的思路迅速集中到一起，提高工作效率。

五、圆满地结束会议

无论是什么类型的会议，在会议结束时要重新回顾目标、取得的成果和已经达成的共识，以及需要执行的行动。
1．总结主要决策和行动方案，以及会议的其他主要结果。
2．回顾会议的议程，表明已经完成的事项以及待完成的事项；说明下次会议的可能议程。
3．就下次会议的日期、时间和地点达成一致。
4．对会议进行评估，在一种积极的气氛中结束会议。你可以对每一位与会者的表现表示祝贺，表达你的赞赏，然后大声地说"谢谢各位"来结束会议。

六、范例

会议策划方案

（一）活动背景

演讲协会迎来了2023级新生，为了使新成员融入演讲协会这个大家庭，帮助同学们消除学习和生活中的迷茫和困惑，我系发起"人际交流座谈会"活动。

（二）活动主题

让梦想飞翔。

（三）活动宗旨

服务同学、团结同学、创先争优、共创和谐校园。

（四）活动目的

经历了高考的磨炼，带着一份期盼、一份新奇，新生们踏入了校园，将在这片土地上迈出他们精彩人生的第一步。然而面对陌生的大学生活，同学们肯定会感到困惑、迷茫。因此，演讲协会策划了此次活动，以达到以下目的。

1．让同学们更深入地了解演讲协会。

2．构建一个不同级别、不同系别的学生能互相交流、展现自我的平台。

3．解答同学们最渴望了解的大学生活中的各类问题。

4．让同学们找到更适合自己的学习方法，让以后的学习更有目标感。

（五）活动对象

演讲协会全体成员。

（六）活动时间

××年××月××日。

（七）活动地点

综合楼报告厅。

（八）活动安排

1．活动筹备期

（1）成立活动小组

A．推选两名组长，主要负责总体工作的进度安排，保持与同学们的联系和沟通。

B．其他成员应该积极配合组长的工作，做好应做的事宜，并处理好和其他小组成员的关系。

C．小组成员要服从组长的调配。

（2）参加座谈会的所有成员分为两组，每组推选一名代表发言，由各部门部长负责进行组队，组长带队。

（3）由各部门负责人员了解本部门新成员在学习和生活中碰到的问题，收集有关问题并对收集的问题进行归类整理，提前把问题告知座谈会嘉宾。

（4）召开各部门代表会议，安排并交代相关事宜，提问和自由交流环节的问题要给予重点解释和交代，确保活动时会场的秩序稳定。

（5）拟定邀请人员。

（6）邀请须到场人员并通知时间、地点及其他相关事宜。

（7）选定主持人（2位）和演唱歌手（2位）。

（8）准备横幅、海报。提前一周挂出横幅，在活动当天收回横幅，并挂在活动现场（横幅内容：人际交流座谈会——让梦想飞翔）。

（9）事先与主持人沟通好，将相关事宜交代清楚。

（10）提前布置好场地。

（11）安排好维持现场秩序的人员，并交代清楚各项事宜。

2．活动开展期间

（1）再次确定各项事宜是否已经布置完毕，出席的嘉宾是否全部到位，设备能否正常使用。

（2）按照活动进程开展活动（工作人员要配合主持人做好现场工作）。

（3）确保现场有负责照相的工作人员。

3．活动结束后

（1）活动结束后，工作人员做好现场秩序维持及善后工作。

（2）就活动的现场情况及会后评价，写出此次活动的总结报告。

（3）对以后的工作进行有针对性的安排。

4．活动预期效果

在比较轻松的氛围中让同学们有所收获。

5．注意事项

（1）工作人员及学生应提前到场。

（2）维持活动现场秩序的稳定（尤其是提问环节），使气氛活跃。

（3）在提问环节，应提前安排好提问顺序，避免混乱。

（4）协调好小组里各部门之间的关系，避免出现矛盾。

（5）关注横幅及海报情况，出现问题时应及时解决。

（6）会前准备好话筒，调试设备。

（7）事先做好现场布置。

6．活动预算

（1）矿泉水（小瓶）：46 元。

（2）横幅、海报：80 元。

（3）其他事宜的预备费用：50 元。

……

（九）主办单位

机电工程系。

（十）承办单位

演讲协会。

七、"病例"诊改

某互联网公司的产品部门要开发一个新功能，需要与技术部门和运营部门进行协调和对接。产品经理小王负责召集相关人员开会，讨论功能需求和实现方案。小王向大家通知了会议召开的时间和地点，但没有提供任何其他信息。

会议开始时，小王没有明确会议的目的和议程，只是简单地说了一句："大家都知道我们要做什么，就是讨论一下新功能怎么实现。"由于没有提前收集和整理需求，小王在会上只能根据自己的想法描述功能的内容和流程，没有具体的文档和原型供参考。

技术部门的小李对功能的可行性和难度提出了疑问，认为小王没有考虑到技术实现的复杂性和成本。小王觉得小李在"刁难"自己，没有给出合理的建议，两人争执起来。运营部门的小张对功能的价值和用户需求表示怀疑，认为小王没有进行足够的市场调研和用户访谈。小王觉得小张在否定自己的工作，没有给出有效的数据支持，两人也发生了争论。

由于没有明确的参会角色，其他人员在会上基本没有发言，只是旁观或低头玩手机，有些人甚至提前离开了会场。由于没有控制好会议的时间和质量，会议拖延了一个多小时，却没有得出任何结论和行动计划。小王感到很沮丧，觉得自己白白花费了时间和精力。

任务练习

简述会议筹备的流程，对小王的错误进行评析。

传统文化相关拓展

论语一则

原文：入公门，鞠躬如也，如不容。立不中门，行不履阈。过位，色勃如也，足躩如也，其言似不足者。摄齐升堂，鞠躬如也，屏气似不息者。出，降一等，逞颜色，怡怡如也；没阶，趋进，翼如也；复其位，踧踖如也。

翻译：孔子走进朝堂的大门，显出小心谨慎的样子，好像没有容身之地。他不站在门的中间，进门时不踩门槛。经过国君的座位时，脸色变得庄重起来，脚步也快起来，说话的声音低微得像气力不足似的。他提起衣服的下摆走上堂去，显得小心谨慎，憋住气，好像不呼吸一样。走出来，下了一级台阶，面色舒展，怡然和乐。走完了台阶，快步向前，姿态好像鸟儿展翅一样。回到自己的位置，又是恭敬而谨慎的样子。

解读：在参加朝会的时候，自从入公门开始，孔子一直保持着恭敬又谨慎的姿态，不敢有任何的懈怠和不敬。从文字记载来看，孔子的动作、行为、语言、姿态，无不严格遵守相关礼制，严肃认真，一丝不苟，充满了庄重敬畏的情感。

古代的朝会制度已经消亡，当然孔子所遵循的这种朝会礼仪也不存在了，那是不是意味着《论语》的这个章节毫无意义了呢？不是的。虽然朝会制度没有了，但是，不论是国家机关、机构组织，还是企事业单位，都要举行一些重要会议。孔子严格遵守相关礼仪的行为提醒我们，在参加比较重要的会议时，必须严格遵守会议制度。

2.9 日常沟通

日常沟通技巧

教学目标

【素养目标】
- 养成文明、优雅、礼貌的沟通方式

【知识目标】
- 掌握日常沟通的原则
- 掌握日常沟通的技巧

【能力目标】
● 能灵活运用日常沟通的基本技巧，提升沟通能力

模拟情景

最近，小林的室友因为家里的一些原因情绪低落，上课的时候也无精打采的，严重影响了学习成绩。面对室友的这种情况，小林很着急，想找他的室友谈一谈。

任务驱动

举例说明在生活中可能遇到的沟通场景，谈一谈怎样运用沟通技巧达到更好的沟通效果。

教学内容

一、日常沟通的原则

1. 倾听与理解

倾听是沟通的基础。要成为一个有效的倾听者，需要关注对方的语言，理解他们的观点、感受和需求；避免打断对方，尽量让对方完整地表达他们的意思；通过反馈你的理解来确认你是否准确把握了对方的意图。

2. 清晰表达

在沟通时，清晰、简洁、有条理地表达自己的观点至关重要。避免使用模糊的语言和复杂的术语，以确保你的信息能够准确无误地传达给对方。同时，注意调整语速和音量，让对方更容易理解你。

3. 非语言沟通

非语言沟通包括面部表情、肢体语言、声调等，这对于建立有效沟通非常重要。在沟通时，要确保你的非语言信号与你的语言信息保持一致，以增强表达力；同时，注意观察对方的非语言信号，以更好地理解他们的情感和态度。

4. 情绪管理

情绪管理对于有效沟通至关重要。在沟通时，要保持冷静和理智，避免在情绪激动时进行沟通。在与人沟通时要展现出同理心，关注对方的感受，这样有助于缓解冲突和增进理解。

5. 尊重与礼貌

尊重对方的观点、感受和人格，是建立良好沟通的关键。在沟通时，要保持礼貌，避免使用攻击性或贬低他人的语言；尊重他人的意见，这样有助于建立互信和共识。

6. 提问技巧

提问是沟通中的一项重要技能。通过提问，你可以深入了解对方的观点、需求和期望。在沟通时，可以提出开放性问题，鼓励对方分享更多信息；同时，注意倾听对方的回答，以便更好地理解他们的立场和感受。

7．倾听反馈

倾听反馈是沟通中的一个重要环节。当对方给出反馈时，要认真倾听并感谢他们的分享。对于负面反馈，要保持开放的心态，虚心接受并尝试改进。通过倾听反馈，你可以不断完善自己的沟通技巧，提高沟通效果。

8．适应不同风格

每个人的沟通风格都是独特的。在沟通中，要尊重并适应对方的沟通风格。了解并适应不同的沟通风格，有助于建立更加和谐的人际关系，增强沟通效果。同时，也要鼓励对方适应你的沟通风格，以实现更有效的双向沟通。

二、日常沟通的技巧

1．从赞美和欣赏开始

心理学家认为，让一个人发挥最大能力的方法是赞赏和鼓励。在日常交际中，恰当的赞美可以取悦对方，使交谈对象心生愉悦，使交谈气氛更融洽。赞美的技巧表现为以下几点。

（1）赞美要有诚意。真诚是人际交往中最重要的原则。心理学中的"镜子原理"认为，通常情况下，人们对自己有基本的"自我认知"，当接收到别人的赞美时，内心会有自我认可。当听到的赞美符合自己的自我认可时，他们会觉得收到的赞美是真诚的，反之会觉得对方不真诚，甚至觉得是对自己的一种"讽刺"。基于人们的这种心理，赞美要符合实际，不要过于夸大，要把握好语言的"火候"。

（2）赞美要讲分寸。古人云，水满则溢，月盈则亏。因此，在人际交往中，赞美的话点到为止即可，不必刻意铺陈。同时，还需要分场所、对象，避免用之过度，过犹不及。

2．"忠言不逆耳"

人们常说"良药苦口，忠言逆耳"。那么，能否做到"良药不苦口、忠言不逆耳"呢？

（1）批评要诚恳。心理学家的研究表明，人往往会对"爱"表现出欢迎和接纳，即使表达这种"爱"的方式是批评和责怪，内心也会倍感温暖，而不至于产生对抗和抵触情绪。在批评别人的时候，不妨说出对对方的担忧，表达出对对方的"爱"和"关怀"，从而达到批评的目的。

（2）批评要具体。赞美可以抽象，但批评一定要具体。批评时要就事论事，切忌抽象概括，延伸扩展，任意拔高。批评的同时要提出建议，指明改进的途径。

（3）批评的方式要灵活多样。

委婉含蓄的批评，以迂回间接的方法启发对方，让对方在思考之后接受批评。

欲扬先抑的批评，给予对方亲切的言辞和赞美，减少对方对批评的抗拒心理。

由己及人的批评，通过自我检讨让他人受到启发，认识到自己的错误和不足。

幽默风趣的批评，以调侃的方式引起对方的反省，促其改正。

3．必要的幽默

幽默是指说话有趣且意味深长，它是智慧与知识的综合体。幽默是评价一个人社交能力的重要标准之一，是语言礼仪的高级形式。恩格斯说："幽默是具有智慧、教养和道德优越感的表现。"在交谈中善于利用幽默，可以活跃气氛，缓解摩擦。

4．适度的沉默

"身无彩凤双飞翼，心有灵犀一点通"，交谈到了一定的境界，不需要任何语言就能达到沟通的目的。在交谈中，适度的沉默是必要的，无须更多语言就能达到心领神会的效果。沉默是话语的留白，是语言的"休止符"。交谈中运用沉默技巧的好处在于：有助于更好地倾听，捕捉更多细节；有助于反思自己语言表达中的疏漏；有助于更快地找到解决问题的途径，形成清晰、完整的结论。

三、范例

观察入微说赞美

第一个方面是身体部位，即说明身体部位的特点，例如眼睛有神、脸部秀气、面带福相等。想象一下，当我们赞美一个女生时，比起空洞地说一句"你真漂亮"，更有诚意的赞美方式是"你的眼睛真好看，水汪汪、亮晶晶的，很有神，但又很温柔。"这样具体地说出对方眼睛的特点，是不是很能打动人呢？

第二个方面是说出具体事实，表达自己的感想。这样可以让对方感觉到我们的赞美是发自肺腑的。例如，当我们想夸赞一个人的毛笔字写得很好时，可以这么说："这个'永远'的'永'字，写得特别好，撇和捺刚劲有力，我很喜欢。"这么说，对方就能感觉到我们的真诚。

第三个方面是指出对方的细微变化，然后大胆地说出来。因为这么做相当于告诉对方，你在我心目中很重要，我时刻在关注你的变化。例如，发现患者换了个新发型时，我们可以这么说："呀，把头发卷起来了，这个发型很衬你的气质哦，看起来特别洋气！"

四、"病例"诊改

林小姐是一家广告公司的总经理。年初，公司与电视台签订了合同，承办了电视台半个小时的栏目。为了办好这个栏目，公司引进了一个合伙人。林小姐与合伙人在工作中产生了一些摩擦，有时会因为一些小事发生争执。一天，因为林小姐修改了合伙人的方案，两个人发生了争执，林小姐随口说出"不行就散伙吧"。合伙人听了没有再说什么，但是，从那天起，两个人的矛盾逐渐加深。

其实林小姐不是真的想"散伙"，只是随口说出，她也没有想到会对合伙人造成这么大的伤害。

任务练习

1. 以"我想对你说"或"我想听你说"为题，给自己的父母、同学、朋友、师长（任选其一）写一封信，讲述自己的心声。

2. 怎么恰到好处地赞美他人呢？如果对方要求你帮忙而自己又力所不能及，怎样拒绝他人的请求又让对方理解你的难处？怎么向你的朋友或同学提出批评并且让对方心平气和地接受？请就以上问题展开讨论。

素养提升

在青春的赛道上奋力奔跑

（文章来源：光明网 2023-05-09）

"希望全国广大青年牢记党的教诲，立志民族复兴，不负韶华，不负时代，不负人民，在青春的赛道上奋力奔跑，争取跑出当代青年的最好成绩！"去年4月，习近平总书记来到中国人民大学考察调研，勉励广大青年踔厉奋发、勇毅前进。习近平总书记的嘱托给青年人指明奋斗方向，让大家充满奋斗热情。

青年强，则国家强。青年是祖国的未来、民族的希望。新时代既是近代以来中华民族发展的最好时代，也是实现中华民族伟大复兴的最关键时代。今天，我们比历史上任何时期都更接近、更有信心和能力实现中华民族伟大复兴的目标，当代中国青年生逢其时。青年的命运从来都与时代紧密相连，民族复兴是当代青年责无旁贷的责任使命，也为青年建功立业提供了广阔空间。

康庄大道并不等于一马平川。中华民族伟大复兴，绝不是轻轻松松、敲锣打鼓就能实现的，我们必须准备付出更为艰巨、更为艰苦的努力。推进中国式现代化，是一项前无古人的开创性事业，必然会遇到各种可以预料和难以预料的风险挑战、艰难险阻甚至惊涛骇浪。当代青年要以主人翁精神、生力军姿态热忱地投入到中国式现代化建设中来，坚定中国特色社会主义道路自信、理论自信、制度自信、文化自信，在全面建设社会主义现代化国家新征程中勇当开路先锋、争当事业闯将，让青春在创新创造中闪光。

时代各有不同，青春一脉相承。奔跑在强国建设、民族复兴的康庄大道上，当代中国青年要有理想，坚定对马克思主义的信仰、对中国特色社会主义的信念、对中华民族伟大复兴中国梦的信心，让对党的真挚信赖、对国家的赤诚热爱、对崇高理想的不懈追求在心中深深扎根；要敢担当，保持初生牛犊不怕虎、越是艰险越向前的刚健勇毅，主动担苦、担难、担重、担险，在党和人民最需要的时刻冲得出来、顶得上去；要能吃苦，继承和发扬吃苦耐劳、自力更生、艰苦奋斗的精神，经风雨、见世面才能壮筋骨、长才干；要肯奋斗，把个人的理想追求融入国家和民族的事业中，让青春在全面建设社会主义现代化国家的火热实践中绽放绚丽之花。

"人生万事须自为，跬步江山即寥廓。"立足新时代新征程，当代中国青年坚定不移跟党走，在奋斗中释放青春激情、追逐青春理想，定能以青春之我、奋斗之我，为民族复兴铺路架桥，为祖国建设添砖加瓦。

传统文化相关拓展

国学的智慧：最美好的关系，是和而不同

在我们的生活中，有一种关系被认为是最美好的，那就是"和而不同"。这句话早已成为中华文化的经典，也是中国国学大师们的智慧结晶。国学，作为中国传统文化的精髓，为我们提供了宝贵的人际关系指南。让我们一同探寻国学大师的理解，了解为何"和而不同"是最美好的关系。

儒家的智慧

儒家思想在中国国学中占有重要地位，他们强调"和而不同"的原则，倡导求同存异、

包容多样。孔子教导我们，要"己所不欲，勿施于人"，即自己不喜欢的事情也不要加诸于他人。这种道德准则鼓励人们在与他人相处时保持礼貌和尊重，无论对方的观点或习惯如何不同。

道家的智慧

与儒家不同，道家更强调自然的平衡和自由。道家认为，万物都有自己的本性，应该随顺自然，不强求。这种思想也反映在他们对待人际关系的态度上。庄子曾言："吾与汝皆是梦中之人，然汝之梦却在吾之梦中，吾之梦却又在汝之梦中，二者皆为梦。"这句话告诉我们，每个人都有自己的世界观和人生观，应该尊重彼此的独特性。

墨家的智慧

墨家强调的是兼爱和公平。他们认为，爱应该不分亲疏，要对所有人一视同仁。这种兼爱的态度也反映在他们对待具有不同观点的人的态度上。墨家的"非攻"思想主张不主动攻击他人，倡导通过讨论和辩论解决争端。这种理念鼓励了不同观点之间的对话和理解。

如何将国学智慧应用于现代生活中，创造"和而不同"的关系呢？

1. 尊重多样性

国学大师们一直教导我们尊重与他人的不同。在现代社会中，这意味着我们应该包容不同的文化、宗教、观点等，尊重多样性是创造和谐社会的关键。

2. 善于倾听

和而不同的关系需要善于倾听和理解对方。国学大师们鼓励我们虚心接受不同的意见和观点，这有助于促进交流和解决冲突。

3. 避免冲突和暴力

国学智慧中的"和而不同"原则也反映在处理冲突和争端的方法上。我们可以学习墨家的"非攻"思想，通过和平手段解决争端，避免暴力和冲突的升级。

4. 培养情感智慧

道家思想强调自然的平衡和自由，这对于培养情感智慧非常重要。我们可以学习如何在情感上保持平衡，不强求对方改变，同时不放弃自己的原则。

5. 共同发展

国学强调兼爱和公平，这意味着我们应该关心社会的公共利益，共同为社会的进步努力。通过合作和共同发展，我们可以创造更好的未来。

在现代社会中，国学智慧仍然具有重要的指导意义。创造"和而不同"的关系，是我们建设和谐社会、促进文明交流的关键。国学大师们的智慧教导我们尊重多样性、倾听他人、避免冲突、培养情感、共同发展，这些原则都有助于我们更好地与他人相处，建立更美好的社会。

在生活中，我们要铭记国学智慧，将"和而不同"的理念付诸实践，共同创造一个更加和谐、包容和进步的社会。只有在相互尊重和理解的基础上，我们才能真正实现最好的关系——和而不同。这正是国学大师留给我们的宝贵遗产，也是我们应该传承和发扬的智慧。

第 3 章　职场沟通与写作

3.1　求职信

求职信

教学目标

【素养目标】
- 养成自我认知及职业规划意识
- 养成诚信求职的意识
- 树立远大的职业理想

【知识目标】
- 了解求职信的概念
- 理解求职信的作用
- 掌握求职信的写作要求

【能力目标】
- 能根据不同的岗位需求写求职信

模拟情景

乔妹是某高职院校的大三学生，马上到毕业季了，她想找一份与自己的专业相关的工作，目标城市也已经确定了。有一天，她看到一则招聘信息，招聘岗位和待遇都令她很满意，她决定按照岗位要求制作一份简历，她就此咨询了老师，老师建议她在制作简历的同时写一封精练的求职信。求职信怎么写？这可让乔妹犯了难……

任务驱动

根据所学专业，在招聘网站上选择心仪的招聘单位及岗位，结合实际，帮乔妹写一篇求职信。

教学内容

一、求职信的概念

求职信是求职者写给用人单位的信，目的是让对方了解自己、相信自己、录用自己。求职信的内容包括自我介绍（毕业院校、专业、性别、年龄等）、自我推荐（亮点）、凸显能力和水平的成绩。

二、求职信的写作方法

1. 标题

"求职信"三字写在首行正中间。

2. 称呼

在第二行顶格写"××公司经理""××厂长"等，也可在称呼前冠以"尊敬的"字样，但不要用"亲爱的"之类的词语。

3. 正文

（1）开头：先写一句介绍自己的话语，接着写有关事项。

（2）主体：主体是求职信的核心内容，要针对用人单位的招聘广告或求职者了解到的信息介绍自己，即善于"自我推销"。写求职信前，要将自己在大学中的学习、工作和生活仔细回想一遍，写下有亮点的事件，然后根据所应聘的岗位和公司进行一定的筛选和修改，针对用人单位的需要扬长避短。

主体部分要详略得到，语言力求简洁；数据最有说服力，把定性的介绍和定量的介绍很好地搭配起来，效果将很不一样。

求职信的内容要简练、明确，切忌模糊、笼统、面面俱到。

第一步：介绍你是谁（姓名+毕业院校+专业）、你应聘的职位。

首先，要清楚交代自己的姓名、年龄、性别、学历等。其次，要开门见山地说明自己从什么渠道获知有关信息及写求职信的原因。例如："我叫朱丽，今年24岁，毕业于××大学××专业。我在××招聘网站上看到了贵公司招聘××人员的消息。我相信以我的经验和能力，可以胜任该职位。"

求职信的开头要简明扼要地介绍自己的相关情况，表明自己的态度。此外，要注意的是，求职信的开头一定要有吸引力，让对方有兴趣继续读下去。

第二步：结合岗位需求，综合介绍自身能力（事实与数据），表明你能胜任所应聘的职位。

这部分内容是求职信的核心内容，要重点介绍自己的有利条件。换句话说，要让对方看到你的优点，让对方想录用你。例如，"我在校期间考取了导游资格证，且寒暑假兼职带过73次团队，去了26个景点。我在网上看到了很多贵公司的相关资料，非常喜欢贵公司的管理理念……"写这部分内容的时候，一定要实事求是、态度诚恳，内容一定要有说服力。

第三步：强调自己能做哪些贡献。

（3）结尾：结尾要给人一个完整鲜明的印象，可以强调求职者的愿望要求，例如"热切盼望贵公司的答复"或"盼望贵公司的录用通知""希望给予面试机会"等。

4. 结语

结语另起一行，写上祝福的惯用语，如"此致，敬礼""祝工作顺利"等。

5. 落款

在右下方写上自己的姓名，例如"求职者×××"。

另起一行,在右下角写上日期。

三、求职信的作用

1. 使招聘单位进一步感受到求职者鲜活的形象。
2. 使招聘单位进一步感受到求职者的诚意。
3. 获取面试机会。

四、求职信的写作注意事项

1. 实事求是,恰如其分地介绍自己的能力和特长,既不吹嘘也不贬低。
2. 重点突出,层次分明。有条理、有针对性,篇幅以1页为宜、500字以内为好。
3. 文笔要流畅,表达要准确,如果你写得一手好字,可以手写,并在署名后注明"亲笔敬上"等字样;如果字写得不好,可以打印,确保工整规范。

五、范例

求职信

尊敬的通达经贸公司领导:

  您好!

  很荣幸您能在百忙之中翻阅我的求职信,谢谢!

  我应聘的职位是汽车销售顾问。这一工作定位是我经过对自身能力和社会需求的衡量之后做出的决定。

  我是汽车技术服务与营销专业即将毕业的一名学生,我在大学三年奠定了扎实的专业理论基础,培养了良好的组织能力、团队协作精神、务实的工作作风。

  大学三年,我多次获得专业奖学金,还积极参加各种校园活动。我在学生会担任文艺部部长一职,在任职期间多次参与篮球比赛、文艺晚会、辩论比赛、十佳歌手比赛等活动的筹办,使我得到了充分的锻炼。同时,我顺利获得全国计算机等级考试一级、二级合格证书,熟练掌握常用的办公软件,顺利获得全国大学英语四级考试合格证书。

  在校期间,我获得国家励志奖学金1次,专业奖学金3次,"校优秀共青团干部""校优秀学生干部"荣誉称号2次,"优秀实习生""院优秀学生干部"荣誉称号各1次;参加省青年大学生演讲比赛并获得第1名的成绩;参加省专业技能大赛并获得二等奖。我并没有因这些奖励就止步不前,它们反而督促我参加更多社会实践来历练自己。

  大学三年,我还利用课余时间参加了多次社会实践,从车展促销员到品牌汽车4S店的销售助理,我从事过汽车售后顾问、汽车品牌策划等职业。相比于其他职位,我更向往汽车销售顾问这个职位所带来的挑战和乐趣,这也是我选择贵公司汽车销售顾问一职的缘由之一。

  现在,我以满腔的热情,准备投身到社会中,虽然存在很多艰难困苦,但我坚信大学生活给我的精神财富能够使我战胜它们。基于浓厚的兴趣和为贵公司效力的意愿,在此十分渴望得到贵公司的面试机会!

最后祝贵公司业绩蒸蒸日上，也祝您身体健康，万事如意！
敬请函告或电话约见，谨候回音。
此致
敬礼

应聘人：李丽
2024 年 3 月 5 日

六、"病例"诊改

"病例"一

天拓公司：

  我的运气真好啊！就在我即将毕业之际，贵公司正式开业投产了，首先我向贵公司表示热烈的祝贺！我是全国闻名的××学院的应届毕业生。在校三年，我德智体全面发展，各学科成绩一贯优异，专业基础知识扎实，动手能力强；除长期担任小组长外，还有多种爱好和特长，能讲善辩，能歌善舞，能写善画，在各项球类运动方面都有一定的水平。

  大家夸我是"全才"，当然我不能因此而骄傲。但是，实事求是地说，我还真有两下子，说、拉、弹、唱、打球、照相，样样精通。到贵公司服务是我梦寐以求的事，我真希望美梦成真！期盼这一天早日到来！

  我有能力胜任各方面的工作，不知贵公司能否答应，恳请立即回复为要，以免误事。致以最崇高的敬意！

李明
2024 年 6 月 10 日

"病例"二

尊敬的领导：

  您好！非常感谢您在百忙之中批阅我的材料，谢谢！

  我是××职业技术学院食品化工系有机化工生产技术专业的应届毕业生。我渴望能在贵公司找到一份合适的工作，为贵公司贡献一份力量。恳请您给我一个加入贵公司的机会。我有信心、有能力成为一名出色的员工。考上大学以后，我"自信、自立、自强"，不但努力学习专业知识，而且主动参与各种社会实践。经过大学三年的学习和锻炼，我具备了以下几方面的能力。

  一、扎实的专业基础知识和先进的思想观念。

  二、丰富的社会实践经验和突出的工作能力。

  三、强烈的品牌理念和团队精神。

  诚实正直、勤劳务实是我的原则，多年的求学生涯使我形成了优良的处事作风和先进的思想观念，并有了独特的思维方式、和谐的人际关系。我设法让自己变得出色，因此，我时刻注意抓住机会锻炼自己，并时刻思索做好工作的方法。我是一个有能力而且有团队精神的人，我能很快地适应一个新的工作环境，并能在新环境中做好工作。

  期望我能符合您的要求，也期望您选择我，您的选择就是我的希望。为了方便您更详细地了解我的情况，请审阅我呈上的简历以及相关材料。给我一个机会，还您一个奇迹，期待您的回复。祝贵公司事业蒸蒸日上、硕果累累！
　　此致
　　敬礼

　　　　　　　　　　　　　　　　　　　　　　　　求职人：柳小军
　　　　　　　　　　　　　　　　　　　　　　　　2024 年 3 月 3 日

任务练习

一、评析下列求职信在写作上的不足。

材料 1：
本人谨以最诚挚的心情，应聘贵公司的工程师一职，因为贵公司一贯尊重人才，所以盼望得到贵公司的考虑和录用。

材料 2：
"贵公司的××总经理让我直接写信给你，希望贵公司能录用我，请多关照"。

材料 3：
本人于 6 月 5 日要放假回家，敬请人事经理务必于 6 月 1 日前复信为盼。

材料 4：
现已有多家公司要聘用我，所以请贵公司从速答复。

二、根据招聘岗位需求，结合自身优势（预想成就），拟写一封求职信。

素养提升

简历"注水"遭开除起诉索赔

（文章来源：重庆法治报 2024-07-24）

　　有的企业为谋求自身高质量发展，设置了较高的入职门槛，导致一些求职者面对心仪企业，只能望洋兴叹。然而，却有个别求职者"剑走偏锋"，在个人简历上动起了歪心思，以伪造工作履历等方式，博取用人单位青睐。近日，渝北区法院审结了一起简历造假引发的劳动争议案件，最终，法院判决驳回了罗某的全部诉讼请求。

　　2021 年初，罗某向甲公司发起求职申请。其提供的个人简历以及离职证明显示，罗某在业内"大厂"乙公司曾有两年半的工作经历。考虑到罗某有"大厂"工作经验，甲公司同意了罗某的入职申请，双方随后签订了劳动合同。入职时，罗某填写了多份文件，均承诺提供的工作履历材料真实有效。

　　2023 年 6 月中旬，甲公司抽取包括罗某在内的部分员工开展了背景调查。经向乙公司调查了解，罗某在乙公司实际仅有不到一年的工作经历。随后，甲公司以履历造假为由，与罗某解除了劳动关系。罗某不服，向法院提起诉讼，要求甲公司支付违法解除劳动合同赔偿金、未休年休假工资等共计 13.4 万余元。

　　渝北区法院经审理认为，《中华人民共和国劳动合同法》第二十六条规定，以欺诈手段，使对方在违背真实意思的情况下订立的劳动合同无效或部分无效。

　　劳动者罗某在乙公司仅有不到一年的工作经历，却在求职时谎称有两年半的工作经验，并在多次签署文件承诺工作履历真实的情况下，仍向甲公司提交信息记载错误的离职证明，已构成欺诈,罗某与甲公司之间签订的劳动合同无效,甲公司据此与罗某解除劳动关系,符合法律规定。此外,罗某作为不诚信一方,其欺诈所得不应得到法律保护,相应损失应由罗某自行承担。

最终,法院依法驳回原告诉讼请求。

法官说法:

为入职心仪的工作岗位,求职者往往会将自己"精心包装",以便在众多竞争对手中脱颖而出。但个人简历过度"包装"甚至造假,不但会给用人单位埋下用工隐患,还可能给自己带来违法风险。

在劳动合同订立及履行的过程中,用人单位有权向劳动者了解与劳动合同直接相关的基本情况,劳动者对此负有如实说明的义务,劳动者在应聘时,应提供真实、准确、有效的履历材料。如果伪造的履历属于用人单位招录的重要条件,那么劳动者的行为就构成了欺诈,将导致双方签订的劳动合同无效或部分无效,劳动者不但面临被解雇的风险,且无法获得经济补偿,因欺诈行为产生的相应损失也将由劳动者自行承担,其今后在行业内的求职之路更会异常艰难。

法官提醒,与其用虚假的简历骗取工作岗位,不如一步一步、脚踏实地,努力提升个人能力、丰富工作经验,才能在职场中站稳脚跟、行稳致远。

传统文化相关拓展

上书自荐

臣朔少失父母,长养兄嫂①。年十三学书,三冬文史足用②。十五学击剑。十六学诗书,诵二十二万言。十九学孙吴兵法,战阵之具,钲鼓之教③,亦诵二十二万言。凡臣朔固已诵四十四万言。又常服子路之言。臣朔年二十二;长九尺三寸④。目若悬珠,齿若编贝⑤;勇若孟贲,捷若庆忌,廉若鲍叔,信若尾生⑥。若此,可以为天子大臣矣。臣朔昧死⑦,再拜以闻。

——《汉书·东方朔传》

赏析

这篇短文是东方朔在汉武帝即位初、下诏征聘天下贤才时的应征自荐书,从严格意义上来说,属于古文文体中"奏议类"中的"表"体文。用今天流行的说法,这是一封成功的求职信。

《文心雕龙·章表》说"表以陈情",作者在这篇以陈情为主的"上书"中对自己22年的经历进行了系统、概括性的陈说,字里行间充满强烈的自信与豪气,并夹带着几分诙谐,这便是他被"录用"的秘诀!

就文章的内容而论,通篇散发着与强烈的自信并存的狂傲之气,作者采用了奇巧的、诙谐的手法,例如文中提到"十六学诗书,诵二十二万言。十九学孙吴兵法……亦诵二十二万言",这里所列的数字如此之大,是不是实数?为什么恰恰都是二十二万言?使人有离奇的不可信之感,然而他却郑重其事地又加上一句"凡臣朔固已诵四十四万言",这便使你无从怀疑,不能不信了。这里显示了作者构思的奇巧,他在不偏离事实的情况下,大胆通过雷同的数字,刻意去追求一个"奇"字,奇而不失其真,这便是真奇巧。

作者采用这种明显夸张的表现手法，显然是在追求"耸皇帝听闻"的效果。此外，文中的排比句几乎占据全篇总句数的六分之一，例如"目若""齿若""勇若""捷若""廉若""信若"之句，或借实物比喻自己形象之美，或借古人之佼佼者自诩品德之高，这些连续出现的排比句使文章生动紧凑，语言概括凝练，一洗公文表章的严肃刻板之气，添了几抹形象色彩。

3.2 职场沟通——条据

3.2.1 说明性条据

教学目标

【素养目标】
- 提高驾驭文字的能力

【知识目标】
- 掌握说明性条据的格式
- 了解说明性条据的写作注意事项

【能力目标】
- 能条理清晰地书写说明性条据

模拟情景

一天早晨，沈梦竹因家中有急事，把去启航审计事务所取审计报告的事委托给同事曾蓉（曾蓉恰巧去了其他部门送报表），并写了请假条给人事处张经理，当即离开了公司。

任务驱动

沈梦竹应该给曾蓉和公司人事处写什么样的条据呢？

教学内容

一、说明性条据的概念和特点

说明性条据是在日常生活中，如果我们有什么事情要告诉另一方，或委托他人办什么事，在不面谈的情况下书写的一种条据，是一种简单的书信。其内容简单，大多是临时性的询问、留言、通知、要求、请示等，往往只用一两句话来表示。说明性条据一般不用信封，可以托人转交或临时放在特定的位置，有时甚至写在公共场所的留言板上。说明性条据的特点是方便、灵活、用途广泛；形式多样，内容单一；篇幅短小，文字简约。

二、说明性条据的书写格式

（一）称呼

先写收条人的姓名，顶格写，后面加上冒号。

（二）正文

正文另起一行，开头空两格。

留言条：用书面语留下要说的话。约会、通知、请求等都可用留言条留下口信。

请假条：由于生病或特殊情况不能当面请假，用请假条的形式告假。所以，请假条大多是病假条，可以自己写，也可请他人代写。写请假条最重要的两点是说明原因和请假期限。

（三）结尾

结尾另起一行或紧跟正文，写法根据用途和对象而定，请假条的结尾一般写"请予批准"；

托人办事的留言条一般要在结尾表示谢意；

约对方面谈的留言条则应提醒对方注意，例如"请勿失约"。

（四）署名

在右下角写上姓名，另起一行写上日期。

三、说明性条据的写作注意事项

说明性条据的语言要尽量通俗、口语化、简单扼要，无须使用客套语言。

说明性条据虽然简单，但中心内容务必突出，更要注明活动的时间及地点。同时要注意，说明性条据不等于书信，二者是有区别的。

四、范文

留言条

张茜茜同学：

　　特地上门拜访，但是没见到你。本来想约你去探望刚退休的李老师，你交际能力强，有你在场气氛也好。明早8点我再来找你，能不能咱们一起去，请回复。

朋友：杨琳琳
2024 年 6 月 8 日

留言条

新阳物业管理处：

　　家属楼 33 号楼 4 单元楼道里的照明设备至今仍未安装，影响了住户的生活和安全，希望尽快予以解决。

住户：余刚
2024 年 12 月 5 日

五、"病例"诊断

"病例"一

我因身体不适,不能坚持上课,请假一天,请批准。

学生:李兰兰
2024 年 2 月 28 日

"病例"二

李老师,没见到你,我晚上再来。

徐伟

任务练习

王力海同学因本周五至周日需要参加××集团组织的招聘会,导致周五无法按时上课。假设你是王力海,请写一张请假条。

素养提升

21 张"请假条"何以令人感动?

(文章来源:中国江苏网 2019-01-28,编者有改动)

近日,21 张"请假条"在网上热传。这是列车长薛峰写给 6 岁儿子壮壮的"请假条"。她向儿子请假,是因为缺席亲情的陪伴,是因为在万家团圆的假期里,她只能一次次启程,踏上与亲人的"小离别"之旅。

哪个孩子不想要父母的陪伴?1 月 25 日新华每日电讯《21 张"请假条"背后的春运》,让我看到一位铁路职工孩子的梦想。6 岁壮壮最大的梦想是成为一个发明家,他希望发明一种时空机器,让人可以一下子从这里变到那里。为什么?因为他觉得,这样妈妈就不用在春节去上班了。

如果真有这种时空机器,该有多好!然而,事实上,2019 年高达 29.9 亿人次的"迁徙"仍在路上。壮壮的梦想仍然只能是梦想,他的妈妈仍然得把"小别离"留给 6 岁的他,再用一趟趟行程,把团聚的梦想送给更多家庭、送给更多需要亲情陪伴的孩子。

"迁徙"是一条条被拉长的思念线。奔赴其中的人们满载着乡愁,满载着对团圆的向往。这一路,离不开交通护航。列车能不能正常运行?车上有没有开水?怎样维持好站台秩序?怎么确保旅客更快更好地买到票?怎么有序组织旅客进出站?在铁路部门的各岗位上,在春潮里,涌动着一个个平凡的身影,正是这一个个平凡身影汇成了千家万户的团聚。

如果可以,哪位母亲愿意缺席孩子的陪伴?就如微视频《春运一分钟》所讲述的,在一分钟内,铁路线路工巡查线路 50 米,地勤机械师检查零部件 325 个,大型养路机械打磨钢轨 300 米,卸污工为复兴号吸污 12 升,机械工清洗复兴号 50 米……铁路人用心的每一分,汇成旅客安全有序出行的每一分;也正是铁路人离别的每一分,成就了更多家庭团圆的每一分。

此时年味渐浓,归家的脚步匆匆。陪伴是最长情的告白,心安之处即是家。聚聚散散的站台上，承载着多少团聚的向往，寄托着多少"说走就走"的思念，又有多少望眼欲穿的等待和期盼？在人来人往的春运里，每一个脚步都蕴含浓浓的思念，奏响的是爱的乐章。如果说最大的长情是陪伴，那些为了成全陪伴而离别的脚步里，又何尝没有最大的长情？

21张"请假条"，是220万铁路职工奋战春运的常态，也是各行各业坚守岗位的缩影。这缺席陪伴的"请假条"，让我们读懂爱，读懂了责任与担当。

传统文化相关拓展

我国古代休假制度

（文章来源：中华人民共和国人力资源和社会保障部官网）

每星期上班5天，休息2天，叫作"双休日"。除此之外，还有元旦、五一、国庆以及春节等法定假日和带薪年休假，这就是我国当今的休息休假制度。

我国休假制度可谓历史悠久，源远流长。据《汉律》记载，早在西汉时就有明文规定："吏员五日一休沐。"意思是公务人员上了4天班，第5天则放假洗澡更衣，修发刮脸。到了东汉，这个制度又放宽了。《史记·百万君传》记载："官员每五日洗沐归谒亲。"当时的公务人员除高官外，一般都集中在官衙膳宿，平时不能回家。这个规定不但可以洗澡更衣、修理形象，还可以回家看望老小、探亲访友，夫妇团聚。

到了唐代，休假制度从5日一天改为10日一天，即在每月的上旬、中旬、下旬的最末一天休息。唐朝诗人韦应物就有"九日驱驰一日闲"之句。除每旬一天的法定假外，每年的"清明""冬至"还放1～3天假，回家祭祀祖宗，称为"至日"。

宋朝公务人员的休假制度更加宽松。据《文昌杂》记载："官吏休假，元旦、寒食、冬至各七日；上元、中元、夏至各三日；立春、清明各一日，每月例假三日，岁共六十八日。"宋朝还有一个特殊规定，各级官署，每年十二月二十日"封印"停止公务，公务人员回家过年省亲，要到次年正月二十日才返回衙门"开印"办公。这样，他们全年的实际休假达到98天。明朝的休假制度较之宋元有所改变，月假仍是3天，加上元旦、元宵、中元、冬至等节日共可放假18天，每年休假只有50多天。

清朝的休假制度前期基本上沿袭明朝，后期开始变化。鸦片战争以后，西方人大量进入中国，他们仍按本国的习惯，每星期休假一天，时间一长，国人产生了认同感。上海《申报》就此发表评论说："西洋诸国礼拜休息之日，亦人生之不可少而世事之宜行者也。"

在中国，最先实行星期天休假的是福州船政学堂，继之如清政府的学部、农工商部和外务部。这些部门本来就是在西风东渐的大背景下开设的，公务又多与外国人交往，为了有利工作，这3个部门便于1906年正式实行星期天休假，成了"开风气之先"的官衙。到了1910年，清朝政府不得不顺应潮流，在上层基本上实行了星期天为公休日制度。

除公休日外，各个朝代还有一些不同的请假制度，类似如急、告、宁。南北朝时规定，公务人员奔丧、救灾，可以请"急假"，一年可准60天，千里之外者还加路程假20天；回家完婚、双亲生病可以请"告假"，时间一般为20天至一个月；家贫需要回家安排生产或因病难以坚持工作者可以请"宁假"。《南史》记载了："襄阳府将敬，家贫休假，辄赁自给。"《蔡邕传》也有"属吏张宛体病，长休百日"之说。

3.2.2　凭证性条据

教学目标

【素养目标】
- 提高精练表述的能力

【知识目标】
- 熟悉凭证性条据的格式
- 掌握写作注意事项

【能力目标】
- 能书写合格的凭证性条据

模拟情景

2024年3月9日早晨，××公司财务部助理王宝发于早上8:30准时到公司上班。他先到行政部领取了10本18栏明细账本和两个印台，又回到财务部接收下属营业部的年度财务报表，这时他接到妈妈的电话，说爸爸突然中风入院了，妈妈正在医院等他拿钱去办入院手续。因情况紧急，王宝发当即赶去医院。

任务驱动

王宝发在处理领取物品、接收财务报表等事项时，应使用什么应用文文种？请你帮他写出来。

教学内容

一、凭证性条据的写法

（一）标题

标题应写在正上方，居中，字号稍大，写明"领条""借条""收条""欠条"等，以表示条据的性质。

（二）正文

正文写在标题下面一行，开头空两格，用"今领到""今收到""今借到"等开头。后面写所收到的财物、财物的种类、数量或金额。数量和金额要用大写汉字表示，后面加"整"字，以防被涂改。如果是借条和欠条，还要写明归还的时间。

正文写完后，另起一行，开头空两格写"此据"二字。

（三）署名

署名写在正文右下方，写明所在单位的名称和经手人姓名（盖章）。

另起一行写日期，写在署名下方。

二、凭证性条据的写作要求

1．文字要简明（写明事实）。

2．数字要大写，用汉字壹、贰、叁、肆、伍、陆、柒、捌、玖、拾、佰、仟、万。一般不用阿拉伯数字或汉字一、二、三、四、五、六、七、八、九、十。数字后面要用"整"或"正"字表示到此为止，以防被篡改或添加。

3．结尾用"此据"结束。

4．署名应是亲笔签的真实姓名。慎重的条据，在姓名前要写单位或地址，签名之后还要盖章或按手印，以示负责。

5．要写明日期，包括年、月、日。

6．书写时要用黑色钢笔或签字笔，字迹要端正、清楚。

三、范文

领条

今领到公司行政部发的 18 栏明细账本拾本、印台贰个。
此据。

经手人：陈小刚
2024 年 3 月 6 日

借条

今借到××公司人民币壹万元整，半年内归还。
此据。

立据人：陈小刚
2024 年 3 月 9 日

四、"病例"诊断

借条

今借到张晓刚 650 元，3 天后归还。
此据。

李晓华

借条

借到梁秀梅 500 元，此据。

借款人：叶言

任务练习

假设你急需购买笔记本电脑,向同学借了1000元,准备在明年6月归还,请给同学写一份借条。

素养提升

34张借条背后的诚信与担当:男子7年还清数十万借款

(文章来源:光明网2021-09-05)

7年多的诚实勤劳与省吃俭用,共计34张借条,浙江省湖州市长兴县煤山镇访贤村村民桂国胜终于靠自己的双手,还清了曾因重疾高额借款的50万元(人民币,下同)欠款。

2010年,年仅29岁的桂国胜被诊断出身患尿毒症。一次数千元的血透治疗费用,让本不富裕的家庭倍感压力。辗转其他医院求诊后,唯一能解救他的只有换肾。

面对手中的一堆费用清单,桂国胜千方百计借款,好不容易凑齐第一笔钱进行了换肾手术。可惜好景不长,没过多久,他的身体就出现了排异现象,人又变得虚弱起来。

无奈之下,他只好一边联系医院寻找新肾源,一边再次借钱进行第二次换肾手术。同时,桂国胜的父母也通过好心人、村干部发动捐款,还有爱心人士提供了肾源信息。

桂国胜的第二次手术非常成功,但也让整个家庭负债累累。尽管努力减轻费用,但每次儿子进行血透之前,桂国胜的父母都只能去走亲访友凑钱。

看着越来越厚的借条与父母为了自己不放弃任何希望的样子,桂国胜的内心变得前所未有的坚定与强大,"我一定要活下去,不仅为了我自己,更为了年迈的父母。"

为了让债主们吃上"定心丸",桂国胜回家后,对照前后共计50万元的34张借条,挨家挨户走访和打电话,耐心与他们沟通协商,并以自己的名义重新写了借条,向他们承诺在5到7年内一定还清欠款。

为了能早日还清债务,2014年,桂国胜在亲朋好友的支持下创业做起了电商,起早贪黑进货、发货,用心经营店铺。每月,他除了留下几百元生活费,剩下的钱全拿去还债。

每到夜里,桂国胜常常辗转难眠,眼前总是浮现出那一张张借条。"愁也是一天,喜也是一天。放心,我们一起努力,总能把钱还完。"每次,桂国胜一家人都这么互相鼓励打气。

后来,在朋友的帮助下,桂国胜还扩大店铺营业范围,增加了茶叶、笋干、土鸡蛋等土特产代购生意。尽管手头非常缺钱,但他从来不弄虚作假,"货真价实"的产品为他赢得了良好的生意口碑,新老顾客络绎不绝。

诚信经营,让桂国胜的钱袋子渐渐鼓了起来,只要有节余,他就先把一笔笔利息还上,再按急缓程度归还本金。2020年,桂国胜终于将生病欠下的债务全部还清。

"我的父母亲都是厚道人,从小就教育我做人一定要讲诚信。那些钱都是向亲戚、朋友、同学借的,都是他们的血汗钱。当时我就发誓,一定要还清这笔债,绝不能辜负亲朋好友与邻里的信任。"桂国胜说。

在他看来,人无信不立,业无信不兴。诚实守信不仅是道德要求,也是法律约束,更是维持人与人之间良好关系的必要条件。

"诚信无价,人活在世上,诚实守信是基本道德。虽然我现在双手空空,但我活得堂堂正正，接下来还有无数个 7 年可以继续奋斗。相信未来，我们的日子一定会越过越好。"桂国胜说。

传统文化相关拓展

借条上的书法，看古人怎么借钱

如图 3-2-1 所示，这份借条叫《乞米帖》，是大书法家颜真卿的传世墨宝，该帖的大意是：

我不擅长谋求生计，全家人已经吃粥吃了好几个月。现在，粮食又吃完了，我心里更加忧愁，想到了我们往日的深厚情谊，因而写信向你求助。希望你能借我一点粮食来让我渡过难关。麻烦你了，对此我再一次请求原谅。

这一传世墨宝写于公元 765 年，那年正值关中大旱，江南水灾，农作物收成不好，以致颜真卿到了"举家食粥来以数月，今又罄竭"的地步，不得不向李太保求告"惠及少米，实济艰勤"。

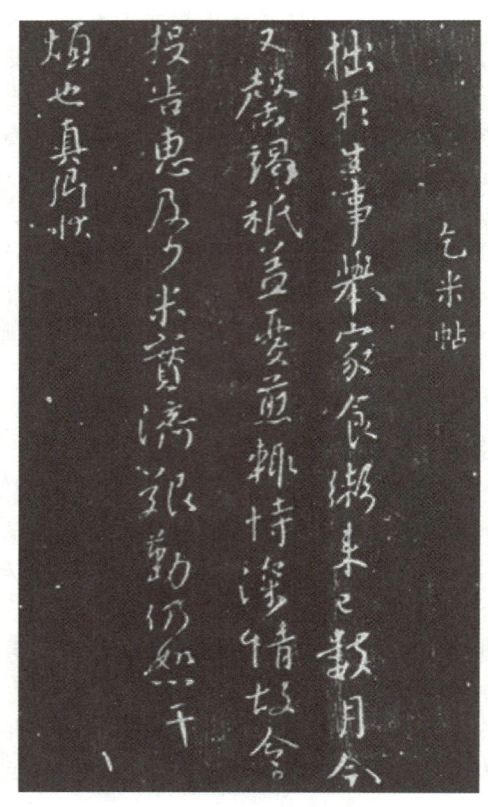

图 3-2-1　乞米帖

3.4 职场沟通——启事

3.4.1 寻找类启事

教学目标

【素养目标】
- 提高灵活思辨的能力

【知识目标】
- 了解寻找类启事的特点
- 掌握启事的写作方法和语言表述方式

【能力目标】
- 能根据寻找类启事的要素书写启事

模拟情景

机电系的吴启明中午在篮球场参加"阳光杯"三人篮球比赛，比赛完毕后回到班级上课，下午放学时他才发现钥匙串不见了，却又想不起来落在了哪里，钥匙串上挂着存有实习报告的U盘，急得他团团转。

任务驱动

为吴启明书写一份寻物启事。

教学内容

一、启事的概念和特点

我们要区别"启事"和"启示"。

启示：动词，意思是启发指示，使有所领悟。

启事：名词，指为了公开声明某事而登在报刊或贴在公告栏上的文字，用于机关、企事业单位或个人因事要提请公众注意，希望大家给予帮助和响应的情况，是一种常用的告知性文体。

启事的特点如下。

1. 公开性，是指它可以知照公众，不具有约束力。
2. 广泛性，是指几乎任何事都可以用启事向公众陈述。

3．实用性，是指相对于其他文种来说，启事的使用方式比较方便、灵活。
4．随意性，是指启事的样式灵活，不具有法律效力。

二、寻找类启事的分类

寻找类启事可以分为寻物启事和寻人启事。

寻物启事可以按照失主的身份分为两种，一种是由于个人遗忘或不慎将东西遗失而写的寻物启事，另一种是由于单位遗失了东西而发布的寻物启事。

寻人启事是指亲人、同事等走失或下落不明，希望公众帮助寻找而发布的应用文书。

寻找类启事可以贴在失物地点、单位门口、大街上，也可刊登在报纸上，或者通过电视台、电台播发。

三、寻找类启事的写作

（一）标题

1．由缘由和文种组成，例如《寻物启事》。
2．由文种和丢失物品名称组成，例如《寻手机启事》《寻钥匙启事》《寻公文包启事》等。

（二）正文

1．寻物启事应包含以下内容。
（1）写清丢失物品的名称、数量、形状、质地和丢失的时间、地点等。
（2）写清寻物者的单位、姓名、住址、电话号码、邮政编码等。
（3）如有必要，可以写明给予酬劳之类的话语。
2．寻人启事应包含的内容如下。
（1）交代走失人的相关信息，包括走失人的姓名、性别、年龄、外貌、衣着、口音等体貌特征。这是鉴别走失人的主要依据，一般要写得非常详细，要指出体貌上的显著特征。
（2）交代走失的时间、地点、原因；说明走失人在何时、何地走失，同时还需要说明走失的具体原因。

（三）落款

落款包括发文者的名称、联系方式等，并署上发文日期。

四、写作注意事项

1．有些内容特别简单的启事，一句话就能表达清楚，在结构上自然不必赘述，应根据实际需要调整结构、安排文字。
2．要遵循实事求是的原则，将各项内容如实写出，既不可夸大也不可缩小。
3．对于启事的各项内容，可标项分条列出，使之醒目，也可用不同的字体列出以求区别。
4．启事的语言要简练得体、庄重严肃、礼貌热情。

五、范文

寻人启事

蒋达莱，女，65 岁，身高 1.6 米左右，会讲四川话，上穿黑白格子夹克，下穿深蓝色长裤，脚穿棕色平跟皮鞋，短发，戴近视眼镜，精神稍有失常，于 2023 年 9 月 15 日上午在火车站走失，至今下落不明。如有发现或知情者，请打电话××联系，也可直接送回我处，当面酬谢 2000 元。

联系人：××希望路 22 号
2023 年 9 月 16 日

寻物启事

本人不慎于 2023 年 6 月 17 日上午 9 时在学校操场上遗失黑色××手机一部，手机壳是红色的，有 Hello Kitty 图案，其中一个角有缺口，望拾到者速与本人联系，不胜感激。联系电话：××。

××系××班：李萌萌
2023 年 6 月 17 日

六、"病例"诊断

本人是××集团会计，于 5 月 15 日骑车经过××大学教学楼附近时不小心丢失皮包一只。若有拾到者请交给本人，我愿意付出重金表示感谢。此致敬礼！

××集团全体职工
2023 年 5 月 16 日

任务练习

蒋先生（化名）养了很久的柯尔鸭走失了，请你以蒋先生的名义书写一则寻鸭启事。

素养提升

20 万网友点赞！一私家车贴满寻亲启事，车主：我被他感动

（文章来源：新重庆客户端 2024-07-25）

近日，上海一位网友在浦东街头偶遇一辆贴满寻亲启事的比亚迪私家车，感觉车后的"Build your dreams"在那一刻具象化，他拍下视频发到网上，引来二十多万网友点赞。

7 月 24 日，车主庄女士告诉记者，这样做是因为被孙海洋寻子故事感动，刚开始她还有些害羞，是女儿鼓励了她。

现场视频显示，一辆停在路边的私家车后侧几乎贴满了寻亲启事，包括失踪人员的姓名、性别、失踪时间和失踪地点以及家属的联系方式，视频发布者配文称："Build your dreams 具象化了"。

7 月 24 日，视频发布者刘先生告诉记者，21 日，他在上海市浦东新区一小区内偶然看

到了这辆贴着众多寻亲启事的私家车,看着车后面的英文"Build your dreams",感觉车主把这句话具象化了。记者注意到,刘先生发布的视频已经有二十多万网友点赞。

"就是举手之劳,不是什么很大的事情。"24日,将寻亲启事贴在车上的庄女士向记者介绍,2021年12月,她看到寻亲家长孙海洋的故事后很受感动,第一次知道寻亲家长这样一个特殊的群体,就想为寻亲家长们做点什么,但直到2023年9月左右,她才开始将寻亲启事贴在车上。

庄女士还向记者介绍,她平时是一个很"社恐"的人,刚在车上贴寻亲启事时还有点害羞,开车时总戴着口罩,后来是她女儿鼓励她,告诉她这是一件好事,不用害羞。但她现在还是有点拘谨,只在车身后侧贴了寻人启事,以后会贴满车身。

至于寻亲启事信息,庄女士介绍,她是从寻亲志愿者那里拿到的,她因为要全职带两个孩子,只能做这个力所能及的事。一年多来,寻亲启事因为日晒雨淋已经换了两次。这几年,她车上贴过的寻亲启事中有5个孩子最终被亲人找到了。"虽然是警察找到的,但每少一张寻人启事,就多了一个团聚的家庭。"庄女士说。

传统文化相关拓展

古代文体——告示

告示是古代官府昭示民众的一种下行公文文种。这种文体自古有之,称为"诰""告""谕"。《尚书》中有《汤诰》,这大概是我国历史上最早的告示了,但在当时是用口头形式宣述的。明清时期,官府为了将某些旨意和重要事件广泛且快速地告诉民众,将告示文书张贴在要道旁,以昭示民众。

"告示"的写作,要求"凡诸晓谕宜明白简切,勿以词华是炫,所谓妇人童竖可知之也。"也就是说,"告示"要写得简洁、明白,用语朴实,能让人一目了然。

3.4.2 招领启事

教学目标

【素养目标】
- 提高灵活思辨的能力

【知识目标】
- 了解招领启事的特点
- 熟记招领启事的写作方法和语言表述方式

【能力目标】
- 能书写招领启事

模拟情景

旅游系的英红在操场上跑步时捡到一个钥匙包,上面挂着几把钥匙和一个U盘,她猜测可能是本校学生丢的,想找到失主,物归原主。

任务驱动

为英红书写招领启事。

教学内容

一、招领启事的含义

招领启事是指捡到或遇到不属于自己的物品时，希望失主前来认领的一种文书。

二、招领启事的格式

（一）标题

在第一行中央写上"招领启事""招领皮包"等字样，字体稍大于正文，标明启事的属性。

（二）正文

一般来说，在招领启事中只需要写所拾到的物品的名称，以及失主到何地、找何人认领，所拾物品的时间、地点、数量、特征等具体情况应在失主认领时核实，以防止被他人冒领。

（三）落款

写明发布招领启事的单位名称或个人姓名，并在其下方标明发布日期。

三、写作注意事项

1．写招领启事时，不必一一说出所拾之物，也不必说出其详细数目，以免被他人冒领。

2．拾者的详细地址和联系方式要写清楚，以便失主前来认领。

四、范文

招领启事

　　昨日下午，本商场清洁服务员在三楼休息区拾到真皮公文包一个，包内有手机一部、老花眼镜一副、现金若干、信用卡数张及其他杂物。请失主尽快来三楼经理办公室认领。

××百货商场
2024 年 3 月 12 日

五、"病例"诊断

招领启事

2024年10月5日上午8时左右，本人在朝阳公园拾到棕色公文包一只，内有身份证、驾驶证、工作证等证件以及带有瑞士小军刀的钥匙一串。请失主速与本人联系。

张义军

任务练习

假设你在火车站打车时发现后座上有一个黑色皮包，内有3万元现金和一份合同，请拟一则招领启事寻找失主。

素养提升

捡到东西归还时可以索要报酬吗？

（文章来源：甘肃经济日报 2022-05-10）

面对乘客遗忘在车上的7900元现金，兰州"的姐"盛正梅拾金不昧，将全部现金送还原主。

5月4日下午3时左右，兰州海洋出租有限责任公司驾驶员盛正梅驾驶车牌号为甘A·80393的出租车，行驶至七里河桥水岸天城小区附近时，搭载两名男性乘客前往洄水湾锦绣半岛小区北门。两名乘客到达目的地后，其中一名乘客将随身携带的黑色男士手包遗留在后排座位靠背的缝隙处，当时盛正梅并未发现后排座位上遗留的手包。之后，她便开车掉头行驶了大约700米，准备接下一名乘客上车时，乘车的女乘客才提醒了盛正梅，后排座位上有一个黑色男士手包。

盛正梅打开手包，发现里面有一沓现金。她立马将手包拉链拉上，原封不动地放在储物仓内。

当日下午5时左右，正在交接班的盛正梅接到了失主王先生的认领电话，称自己有一个黑色手包落在了出租车上，里面装有7900元现金以及银行卡、身份证等。与失主认真核对好包内的财物信息后，盛正梅与王先生约定次日一早前往公司进行交接认领。

5月5日上午9时左右，盛正梅驾车早早来到车行，等待失主王先生的到来。

"真是太感谢你了……"10时30分左右，失主王先生急匆匆赶来，在车行清点了包内分文未少的7900元现金和证件后，拿出现金准备答谢盛正梅时，被她婉言谢绝了。

传统文化相关拓展

畏斋拾银

节选自《金陵琐事》

秀才何岳，号畏斋。曾夜行拾得银贰百余两，不敢与家人言之，恐劝令留金也。次早携至拾银处，见一人寻至，问其银数与封识皆合，遂以还之。其人欲分数金为谢，畏斋曰：

"拾金而人不知，皆我物也，何利此数金乎？"其人感谢而去。又尝教书于宦官家，宦官有事入京，寄一箱于畏斋，中有数百金，曰："俟他日来取。"去数年，绝无音信，闻其侄以他事南来，非取箱也。因托以寄去。夫畏斋一穷秀才也，拾金而还，暂犹可勉；寄金数年，略不动心，此其过人也远矣。

译文

秀才何岳，自号畏斋，曾经在夜晚走路时捡到200余两白银，但是不敢和家人说起这件事，担心家人劝他留下这笔钱。第二天早晨，他带着银子来到他捡到钱的地方，看到有一个人正在寻找，便上前问他，回答的数目与封存的标记都与他捡到的相符合。

那人想从中取出一部分银子作为酬谢，何岳说："捡到钱而没有人知道，就可以算都是我的东西了，我连这些都不要，又怎么会贪图这些钱呢？"那人拜谢而走。

何岳曾经在做官的人家中教书，官吏有事要去京城，将一个箱子寄放在何岳那里，里面有黄金数百两，官吏说："等到他日我回来再来取"。官吏去了许多年，没有一点音信，后来何岳听说官吏的侄子为了他的事情南下，但并非为了取回箱子。何岳托官吏的侄子把箱子带回了官吏那儿。

秀才何岳，只是一个穷书生，捡到钱财却会归还，还可以勉励自己不起贪心；金钱寄放在他那数年却一点也不动心，凭这一点就可以看出他远超常人。

3.5　职场公务——通知

通知

教学目标

【素养目标】
- 提高语言文字的运用能力

【知识目标】
- 了解通知的特点和用途
- 了解通知的类型
- 掌握通知的写作方法

【能力目标】
- 能够独立拟写各类通知
- 能运用通知准确传递工作安排

模拟情景

根据上级文件要求，为确保校园安全与稳定，结合学院实际情况，学院要成立安全生产组织机构委员会，要求以通知的形式下发给全院教职工。如果你是该学院的办公室文员，领导把起草相关文件的任务交给你，你能否顺利完成任务？

任务驱动

根据模拟情景中的相关内容，拟写一份通知。

教学内容

一、通知的特点

1．应用广泛、使用频率高。一切机关、单位、团体都可以用通知来告知、传达某种意向或事项。

2．有一定的权威性。大多数通知对受文对象有所要求，会提出需要执行或办理的事项，有一定的指挥、指导作用。

3．有明显的时效性。

二、通知的分类

1．发布性通知，用于发布行政规章制度等。

2．批转性通知，适用于上级机关对下级机关的指示和安排，具有上对下的特点。

3．转发性通知，用于将某一事项从上级机关转发给下级机关，或者用于平行机关之间的信息传递。

4．指示性通知，用于上级机关对下级机关的某项工作做出的具体指示和安排。

5．任免性通知，用于任免和聘用干部。

三、通知的结构、内容和写法

（一）标题

标题由"制发机关+事由+通知"组成。

（二）正文

1．前言：制发通知的理由、目的、依据，例如"为了解决××问题，经××批准，现将××具体规定通知如下"。

2．主体：写出通知事项，应分条列项、条目分明。

（三）结尾

结尾主要有以下三种写法。

1．意尽言止，不另写结束语。

2．结尾可用"特此通知"结尾。

3．再次明确主题。

四、范文

（一）批转、发布规章制度的通知

关于印发《××职业学院教职工校外兼职管理办法》的通知

各部门：

　　现将《××职业学院教职工校外兼职管理办法》印发给你们，请认真遵照执行。

××职业学院（公章）
2024 年 3 月 9 日

（二）任免通知

关于张明等两位同志职务聘任的通知

各位员工：

　　为了改善目前公司的经营状况，经公司董事会研究决议，决定对以下同志进行新的人事任命，现予以公布。

　　免除××股份有限公司董事长兼副总经理张明的职务，任命李强为××股份有限公司副总经理，具体负责公司的财务、人事工作。本任命自 2023 年 7 月 5 日起生效。

　　特此通知。

××股份有限公司
2023 年 7 月 5 日

五、"病例"诊断

关于转发《财政部关于调整××等有关问题的通知》的温馨提示

各学院（部），机关各部、处、室，学校各直属单位：

　　根据《财政部关于调整××等有关问题的通知》（财行〔××〕××号），我校已执行新的差旅住宿费标准，为方便广大师生出差及报销，现将《××标准调整表》转发各单位。请认真学习，遵照执行。

××大学财务处
2023 年 5 月 9 日

任务练习

　　××医疗器械有限公司因人事变动，拟任命林强为公司副总经理，免去王华的业务部经理职务，请你起草一则任免通知。

3.6　职场公务——请示

【教学目标】

【素养目标】
- 提高综合分析能力

【知识目标】
- 了解请示的概念
- 明确请示和报告的区别
- 掌握请示的写作方法

【能力目标】
- 能够独立拟写各类请示

【模拟情景】

××公司因业务发展迅猛，公司职员不断增加，而办公设施相对滞后，尤其是计算机极为紧缺，平均 2 人共用 1 台，致使工作效率低下。为提高效率，公司决定全面实现办公自动化，特向总公司申请购买 30 台笔记本电脑。

【任务驱动】

根据模拟情景拟写一则请示。

请示-1

【教学内容】

一、请示的特点

1. 针对性。只有在本单位权限范围内无法决定的重大事项，以及在工作中遇到的新问题、新情况或克服不了的困难，才可用"请示"行文。例如请示上级给予指示、决断或答复、批准等，因而"请示"具有很强的针对性。

2. 呈批性。请示是有针对性的行文，上级领导对于呈报的请示事项，无论同意与否，都必须给予明确的"批复"回文。

3. 单一性。请示应"一文一事"，一般只写一个受文领导，即使需要同时呈送其他领导，也只能采用抄送的形式。

4. 时效性。请示是针对本单位当前工作中出现的情况和问题，求得上级单位指示、批准的公文，如果能及时发出，就会使问题及时解决，一般在事前行文。

二、请示的写作方法

（一）写作格式

请示一般由标题、主送机关、正文、发文机关和日期组成。

（二）写作方法

1. 标题

请示的标题一般有两种形式，一种由发文机关名称、事由和文种构成，如《黑龙江商业职业学院关于新建普通话水平测试站的请示》；另一种由事由和文种构成，如《关于开展春节拥军优属工作的请示》。

2. 主送机关

请示的主送机关是指负责受理和答复该文件的上级机关。

3. 正文

（1）开头。主要交代请示的缘由。它是请示事项能否成立的前提条件，也是上级机关批复的根据。原因讲得客观、具体，理由讲得合理、充分，上级机关才能及时决断，予以有针对性的批复。

（2）主体。主要说明请求事项，它是向上级机关提出的具体请求，也是陈述缘由的目的所在。这部分内容要单一，只请求一件事。请示事项要写得具体、明确、条项清楚，以便上级机关给予明确批复。

（3）结语。结语应另起段，习惯用语一般有"当否，请批示""妥否，请批复""以上请示，请予审批"或"以上请示如无不妥，请批转各地区、各部门研究执行"等。

4. 发文机关和日期

在正文右下方落款处写明发文机关名称；另起一行，在右下角写明日期。

三、范文

黑龙江商业职业学院关于新建普通话水平测试站的请示

省教育厅：

为全面加强新时代语言文字工作，2021年11月27日，教育部发布了《普通话水平测试管理规定》（中华人民共和国教育部令第51号），2021年11月30日，国务院办公厅发布了《关于全面加强新时代语言文字工作的意见》，意见指出，到2025年，普通话在全国普及率达到85%，到2035年，国家通用语言文字在全国范围内的普及更全面、更充分，普通话在民族地区、农村地区的普及率显著提高，国家语言文字事业取得长足发展，基本实现新时代语言文字工作治理体系和治理能力现代化。

省教育厅历来高度重视普通话水平普及工作，在国家大力推广普通话的新形势下，结合新时代语言文字工作的新要求，学院现申请新建普通话水平测试站，具体如下：

一、学院为公办高职院校，成立于1958年，隶属黑龙江省商务厅，具有事业单位收费上缴财政渠道。

二、学院校址目前在牡丹江市，全日制在籍学生近万人（含扩招学生近七千人），培训及成人教育学员一千余人，中职合作学校43所，具有稳定的普通话测试考生数量。2023年学院将搬迁至大庆市办学，开启跨越发展新篇章，在确保本校测试考生数量的基础上有效辐射周边区域。

三、学院建立了语言文字工作机构。2021年3月15日学院发布了《关于成立黑龙江商业职业学院语言文字工作领导小组的通知》（黑商职院政发〔2021〕6号），设立了由院长孙万良为组长的学院语言文字工作领导小组和语言文字工作办公室，拥有3名专职、10名兼职工作人员（包含省级普通话水平测试员），工作人员均有普通话二级甲等以上证书，在学院长期从事语言文字相关工作，能够胜任普通话水平测试工作。

四、具有普通话水平测试机房和场地。学院能够提供不少于20个、距离不少于1.5米的机位，能够保证内外网络的自由切换，能够保证按照省普通话水平测试的要求采购"普通话智能测试信息采集系统（含软硬件）"，确保承担普通话水平测试工作。

希望在省教育厅的支持下，我院能够为黑龙江推广普及和应用国家通用语言文字贡献一份力量。

专此请示，望批复。

黑龙江商业职业学院
2022年12月20日

四、"病例"诊断

请示

市教育局：

为丰富学生的业余文化生活，我校申请修建现代化的体育馆一座。

同时，我校尚缺专业技术人员3名，请在制定明年的人员编制时一并考虑。

第三中学（公章）
2023年3月4日

关于重建××大学图书馆的请示

省教育厅、住房和城乡建设厅：

我校图书馆因地震影响，墙壁出现裂痕，经建筑专家鉴定，已成危房。为确保馆藏图书资料和师生借书、阅览的安全，申请重建我校图书馆。

××大学（公章）2022年4月5日

五、请示与报告的辨析

1. 请示用于向上级机关请求指导、批准，上级机关接文后一定要给予批复。报告则用于向上级机关汇报工作，反映情况、提出建议，供上级了解情况；为上级机关提供信息和经验，上级机关接文后，不一定要给予批复。

2. 请示的内容具体单一，要求一文一事，必须提出明确的请求事项。报告的内容较广泛，可一文一事，也可反映多方面情况，但不能在报告中写入请示事项，也不能请求上级批复。

3. 请示涉及的事项是没有进行的，上级机关批复后才能处理，必须事前行文，不能

"先斩后奏"。报告涉及的事项一般已进行或正在进行中，可以事后行文，也可以事中行文。请示的时间性要求强，报告的时间性要求一般较差。

4．对于批准性请示，在上级机关答复前，成文单位无权安排和办理；对于批准性报告，在上级机关答复前，成文单位可进行安排和部署。

3.7 职场公务——报告

教学目标

【素养目标】
- 养成实事求是地分析问题的能力

【知识目标】
- 了解报告的定义
- 掌握报告的特点
- 掌握报告的基本写法

【能力目标】
- 能够结合特定情境独立拟写报告

模拟情景

黑龙江商业职业学院接到上级部门的通知，要求对校园安全隐患问题进行整改。学院按照上级指示完成整改工作后，需要向上级汇报整改情况，如果把起草整改报告的任务交给你，你能顺利完成吗？

任务驱动

根据模拟情景中的相关情况，拟写整改报告。

教学内容

一、报告的定义

报告是下级向上级汇报工作、反映情况、提出意见或建议、答复询问的陈述性上行公文。

"报告"是陈述性文体，写作时要以真实材料为主要内容，以概括叙述为主要表达方式。撰写报告的目的是让上级单位掌握本单位的情况，了解本单位的工作状况及要求，"下情上达"是制发报告的目的。所以报告要以摆事实为主，要客观地反映具体情况，不要过多地议论和说明，语气要委婉、谦和、不宜用指令性语言。

二、报告的特点

1. 内容的汇报性

报告适用于向上级机关或业务主管部门汇报工作，让上级机关掌握基本情况并及时对自己的工作进行指导，所以，汇报性是报告的一大特点。

2. 语言的陈述性

报告具有汇报性，向上级机关讲述做了什么工作，或工作是怎样做的，有什么情况、经验、体会，存在什么问题，今后有什么打算，所以行文上一般使用叙述方法。

3. 行文的单向性

报告是下级机关向所属上级机关报送的公文，为上级机关进行宏观领导提供依据，一般不需要受文机关的批复，属于单向行文。

4. 成文的事后性

多数报告是在事情做完或发生后向上级机关做出的汇报，是事后或事中行文。

5. 双向的沟通性

虽然报告不需要批复，但却是下级机关取得上级机关的支持、指导的桥梁，同时上级机关也能通过报告获得信息。报告是上级机关决策、指导和协调工作的依据。

三、报告的种类

报告从种类与内容上可以分为汇报性报告、答复性报告、呈报性报告、例行工作报告。

四、报告的写作方法

（一）写作格式

报告一般由标题、主送机关、正文、发文机关、发文日期组成。

（二）标题和主送机关

1. 标题包括事由和公文名称。
2. 主送机关是发文单位的直属上级领导机关。

（三）正文

1. 开头

开头概括说明全文主旨，开门见山，将一定时间内各方面工作的情况，如依据、目的，对工作的估计、评价等进行概述，点明主旨。

2. 主体

主体内容要丰富充实；作为正文的核心，要将工作的主要情况、主要做法，取得的经验、效果等分段加以表述，要用数据和材料说话，力求既翔实又有概括性。

3. 结尾

结尾要具体、切实；写工作上存在的问题，提出下一步工作的具体意见。结尾可写"特此报告""专此报告"，后面不用加任何标点符号，或"以上报告如无不妥，请批转各地、各部门执行""以上报告，请指示"等。

（四）发文机关和发文日期

在正文右下方落款处写明发文机关名称；另起一行，在右下角写发文日期。

五、范文

关于治理水质污染问题的报告

××市人民政府：

前接××号函，询问我县水质污染原因及治理问题，现将有关情况报告如下：

我县水质污染较为严重，其主要原因有三：一是公众环境保护意识差，一些居民随意向河道坑塘倾倒垃圾；二是我县市政基础设施薄弱，无污水处理厂，居民生活污水直接排入大环境；三是近几年我县"三业"发展较快，其废水杂物直接排入护城河及坑塘，造成水质严重污染。

解决水质污染问题的根本途径：其一，建设污水处理厂，目前，县政府正在积极筹备之中；其二，加大宣传力度，提高全民环保意识，减少污水无序排放；其三，加大环保监督检查力度，确保排污企业的治污设施正常运行，达标排放，促进水质好转；其四，环保部门依法行政，严格执法，从源头把关，减少各种污染。

专此报告。

××县人民政府（公章）
2024 年 4 月 29 日

六、"病例"诊断

关于××高速公路塌方事故的报告

××市住房和城乡建设委员会：

2021 年 4 月 5 日，××高速公路××路段发生塌方事故，造成一定的伤亡。事故发生前，桥面上分散有二三十名工人，已浇筑了近 200 立方的混凝土，而且违章施工，按照施工程序应分两次浇筑的混凝土却一次浇筑完成。估计事故发生的主要原因是桥面负荷过重。事故发生后，近 200 名消防队员、工地工人、公安干警赶到现场紧急抢救，抢救时间持续近 28 小时。据查，该工程承建商是××市市政工程总公司第一分公司。

特此报告。

××市市政工程总公司
2022 年 4 月 6 日

任务练习

请根据以下材料，以××市商务局的名义拟写一份情况报告。

2022 年 2 月 20 日上午 9 点 20 分，××市百货大楼发生重大火灾事故。

事故后果：未造成人员伤亡，但烧毁了一幢三层楼房及大部分商品，直接经济损失达 792 万元。

施救情况：事故发生后，市消防队出动 15 辆消防车，经过 4 个小时的奋力扑救，火灾才被扑灭。

事故原因：直接原因是电焊工张××违章作业，在一楼铁窗架进行电焊时，火花溅到易燃货品上引起火灾；但也与××百货公司管理层及员工安全思想模糊、公司安全制度不落实、许多安全隐患长期得不到解决有关。

善后处理：市商务局副局长带领有关人员赶到现场进行调查处理；市政府召开紧急防火电话会议；市委、市政府对有关人员视情节轻重做了相应处理。

3.8 职场公务——会议纪要

教学目标

【素养目标】
- 提高归纳重点的能力

【知识目标】
- 了解会议纪要的定义
- 掌握会议纪要的特点
- 掌握会议纪要的基本写法

【能力目标】
- 能熟练拟写会议纪要

模拟情景

为了丰富校园文化生活，提高学生艺术素养，2024 年 3 月 2 日，学院学生会召开了"第一届校园艺术节"筹备工作会议。宣传部部长刘艳就举办艺术节的目的、筹备工作内容等做了专题介绍。与会人员经过充分讨论，对相关工作内容做出了决定。假设你是院学生会的干事，需要拟写会议纪要。

任务驱动

根据模拟情景，拟写会议纪要。

教学内容

一、会议纪要的定义

会议纪要是记载和传达会议情况和议定事项时使用的一种法定公文，是下行文。会议纪要与会议记录不同，会议记录只是一种客观的纪实材料，用于记录每个人的发言，而会议纪要则用于集中、综合地反映会议的主要议定事项，起指导和规范作用。

二、会议纪要的特点

1．内容的纪实性。会议纪要应如实地反映会议内容，不能脱离会议实际，否则就会失去其内容的客观性和真实性。

2．表达的提要性。会议纪要是根据会议情况综合而成的，因此，撰写会议纪要时应围绕会议主旨及主要成果来整理、提炼和概括，重点应放在介绍会议成果而不是叙述会议过程上。

3．称谓的特殊性。会议纪要一般采用第三人称写法。由于会议纪要反映的是与会人员的集体意志和意向，常以"会议"作为表述主体，使用"会议认为""会议指出""会议决定""会议要求""会议号召"等惯用语。

三、会议纪要的写作方法

（一）写作格式

会议纪要由标题、文号、正文、结语、发文机关和日期构成。

（二）写作方法

1．标题

标题有两种格式，一是"会议名称+纪要"，例如《财贸工作会议纪要》，会议名称可以写简称，也可以用开会地点作为会议名称；二是把会议的主要内容在标题里揭示出来，类似于文件标题，例如《纪检工作座谈会纪要》。

2．文号

文号写在标题的正下方，由年份、序号组成，并用"〔〕"括入，例如"〔2021〕67号"。

3．正文

（1）开头

开头简要介绍会议概况，包括：会议召开的形势和背景，会议的指导思想和要求，会议的名称、时间、地点、与会人员、主持者，会议的主要议题，对会议的评价等。

（2）主体

会议纪要的主体要对会议的主要内容、主要精神、主要原则以及基本结论、今后任务等进行具体阐述。

①要从会议的客观实际和具体内容出发，抓中心、抓要点。抓中心就是抓住会议的中心思想、中心问题、中心工作；所谓要点，就是会议的主要内容。

②会议纪要是以整个会议的名义表述的，因此，必须概括会议的共同决定，反映会议的全貌。凡是没有形成一致意见的问题，要分别论述并写明分歧所在。

③为了叙述方便，常用"会议认为""会议指出""会议强调""与会人员一致表示"等词语作为段落的开头语；也有用在段落中间的，起强调作用。

④会议纪要属于介绍性文字，笔者可以灵活叙述，但必须忠于发言原意，不能篡改，也不可强加于人。

⑤小型会议的会议纪要侧重于综合会议发言和讨论情况，并列出决议事项。大型会议

的内容较多，会议纪要正文可以分几部分来写，常见的有三种，一是概括叙述式，二是分列标题式，三是发言记录式。

4．结语

结语的一般写法是提出号召和希望，但要根据会议内容和会议纪要的要求来写，有的以会议名义向本地区或本系统发出号召；有的突出强调贯彻落实会议精神，指出核心问题；有的对会议做出简要评价，提出要求。

5．发文机关和日期

在正文右下方落款处写明发文机关名称；另起一行，在右下角写日期。

四、会议纪要的写作注意事项

1．要突出中心。
2．注意吸收正确意见。
3．要条理化、理论化。
4．要忠于会议的实际内容。
5．要认真做好会议记录，并且要认真研究会议精神，以便对材料进行正确取舍，合理删减。

五、范文

××学院行政办公会会议纪要

会议时间：2023年10月19日上午9点。

会议地点：二校区会议室。

参加人员：彭海涛、蒋明、田应伟、任大成、屈经甫、杨亭、谭小林、杨杨、余川洪、熊素琼、庞学武、苟思、王庆。

主持人：彭海涛。

记录人：王庆。

内容：2023年10月19日上午，院长彭海涛在二校区会议室主持召开行政办公会。党委书记蒋明传达了××工作紧急会议精神。总务科科长屈经甫对××工作做了补充发言。与会人员就××工作进行了认真分析，会议形成如下决定。

一、高度重视××工作，认真做好学校清洁工作及市区创卫的协助工作。

二、学校要做好迎接创卫检查的准备工作，各部门要明确各自职责，并保持良好协作关系。

三、合理安排时间，做好迎检的展板和横幅，同时保证10月20日之前将所有资料装订成册。

四、根据市卫生局的安排，学校决定由蒋明书记担任××工作的负责人，派谭小林和余川洪于10月20日到10月26日到市卫生局协助做好××工作。

五、做好禁烟工作，聘用禁烟劝导员。

××学院
2023年10月19日

六、"病例"诊断

演讲学会会议纪要

时间：2023 年 5 月 6 日。

参加人员：常务副会长王明，副会长张强、李丽、周旋，办公室主任王一、副主任孙露，活动中心主任吴磊。

会议内容：

一、确定了学会的办公地点。根据 2023 年 4 月 5 日会议决定，王明、张强同志对学会的办公地点进行了考察，经比较，认为××大学办公条件优越，适合作为学会的办公地点。会议决定，即日起演讲学会迁到××大学，挂牌办公。通信地址：××。联系电话：××。

二、学会与××大学商定，由××大学给学会提供办公室、办公桌椅、电话和必要的办公费用；利用××大学的教学条件，双方共同组织举办××培训班等。

三、增补了学会副会长。为便于开展工作，建议增补周旋为学会副会长，负责学会的后勤保障和日常管理工作，目前先开展工作，后期提请常务理事会确认。

四、制定了今年的活动计划（略）。

演讲学会

任务练习

根据材料，拟写会议纪要。

2022 年 3 月 15 日上午，××学院院长李林组织召开了院学术委员会扩大会议，与会人员是学院领导和学术委员会全体成员。

会议中心议题是制定学院 2021 年—2025 年中长期发展规划。会上，李院长说："我们学院发展到今天，是历任院长、专家与教师共同努力的结果，他们的努力为学院的进步发展奠定了良好的基础。"

李院长在分析了学院的当前形势之后指出，我们的发展目标是加快内涵发展，提高自身的竞争力，争创全国示范性高职院校；我院目前正处于高职专科院校向高职本科院校转型的关键时期，为此，我们需要为学院的未来做出前瞻性的发展规划，为学院升格做好充分的准备；我们要加强内涵建设，提高办学软实力；加快新校址的建设；强化办学特色，提高办学质量。

学院中长期发展规划包括三方面内容：科技教育发展规划、学校新校址建设规划及制度建设规划。会上，学术委员会成员结合各自的工作畅谈了对学院、科室发展的设想和建议，副院长杨红、徐将、张含和纪检书记关范双分别对学校的发展规划提出了自己的见解。与会人员满怀激情地为学院的发展献计献策，体现了高度责任感，并对学院的未来充满信心。

3.9 职场社交——介绍信

教学目标

【素养目标】
- 养成严谨的态度
- 形成细致的作风

【知识目标】
- 了解介绍信的重要作用
- 掌握介绍信的格式和写法
- 熟悉介绍信的使用规范

【能力目标】
- 能根据需要书写介绍信

模拟情景

乔妹作为新入职员工,在人民医院的办公室工作,今天,急诊科的王主任需要带实习医生到第二医院进行急救实务观摩,所以来到办公室开具介绍信,乔妹结合之前学习过的应用文写作知识,准确、快速地为王主任开好了介绍信。

任务驱动

如果你是乔妹,你应该怎样为王主任开具介绍信?

教学内容

一、介绍信的概念

介绍信是用来介绍、联系、接洽事宜的一种应用文体,是社交活动的重要组成部分。一般情况下,介绍信是企业派人到其他单位联系工作、了解相关情况或者参加各种社会活动时会用到的信函。

二、介绍信的类型

从印刷方式上分,介绍信可分为三种,第一种是手写的介绍信,第二种是打印的介绍信,第三种是打印好格式的介绍信,使用时只需要按照格式填写内容即可。

三、介绍信的写法

第一种和第二种介绍信由标题、称谓、正文、结尾、落款、附注组成。

1．标题

介绍信的标题很简单，直接在第一行居中写"介绍信"三个字即可。

2．称谓

在标题下方另起一行，顶格写收信人的名称或单位名称，称谓后要加冒号。

3．正文

正文是介绍信的核心，主要由三个部分组成：派遣人员的姓名、人数、身份、职务等；要联系的工作或接洽的事项；对收信单位或个人的希望、要求等，例如在文末写上"请接洽"等。

4．结尾

介绍信的结尾可以写祝福语，也可以写"此致，敬礼"等礼貌用语。

5．落款

落款包括单位名称和日期，在介绍信全文的右下角写单位或个人名称以及开具介绍信的日期。

6．附注

在介绍信全文的左下角写介绍信的有效期限，用汉字写具体天数。

第三种介绍信有固定的格式，一般由存根、间缝和文本组成。

1．存根

存根由标题、介绍信编号、称谓、正文、开具时间等组成。存根由出具单位留存备查。

2．间缝

间缝部分写介绍信编号，应与存根上的编号一致，且要加盖出具单位的公章。

3．文本

第三种介绍信的正文内容与其他两种相同。

四、介绍信的作用

介绍信具有介绍和证明的双重作用。介绍信可以让对方了解你的身份和目的，以便更好地得到对方的信任和支持。

1．证明性

介绍信是具有介绍、证明作用的书信。持介绍信的人，可以凭借此信同有关单位或个人联系，洽谈一些具体事宜，而接收介绍信的一方则可以从对方的介绍信中了解来者的职业、身份、要办的事情、要见的人、有什么希望和要求等。介绍信是连接双方关系的桥梁，其目的是证明来者的身份。

2．时效性

介绍信相当于一个一定时间内的有效证件，它可以帮助对方了解你的身份、来历，同时也赋予了你一定的责任和权利，所以介绍信一般会列出一定的期限，这是一种在期限内才具备可用性的专用文书。

五、介绍信的写作注意事项

1. 要填写被介绍人的真实姓名、身份，不得虚假编造、冒名顶替。
2. 要写清楚所接洽、办理的事项，不要写与此无关的事项。介绍信要简明扼要，不可太长。
3. 介绍信上务必加盖公章，查看介绍信时也要核对公章和介绍信的有效期限。
4. 对于重要的介绍信，一定要留存根，以留存备查。
5. 介绍信不得涂改，要书写工整。有涂改的地方，可加盖公章，否则此介绍信将被视为无效。

六、范文

介绍信

××市税务局：

兹有我单位张兰等两位同志，前往贵处办理出口退税业务，请接洽。

此致

敬礼

××进出口贸易公司（盖章）

2023 年 2 月 10 日

七、"病例"诊断

介绍信

兹有我单位领导李申科长前往你处，请务必好好接待。

××市国土资源局（盖章）

2023 年 1 月 8 日

介绍信

兹介绍我校毕业生李海前往贵处，请务必接收。

××职业学院

2023 年 12 月 10 日

任务练习

实习是职业院校教学的重要环节，请你从学院的角度，为自己开具一封介绍信，到学校合作的企业去实习。

传统文化相关拓展

小小介绍信 书写大变迁

（文章来源：河南日报 2019-09-29，编者有改动）

一张纸能承载多少历史变迁？答案就在开封市文史学者刘海永收藏的1500多张介绍信中。

9月28日，记者翻阅这些历经20多年收集的介绍信，发现大多由开封市各单位出具，时间跨度从上世纪50年代至今，几乎涵盖了新中国成立以来的70年。

"1984年我国实施居民身份证制度之前，百姓出行办事，介绍信是必备的。"刘海永说，那时候，介绍信就是一个人的"通行证"。

从形式上看，介绍信是一张16开纸，左面或者上面是存根，约占五分之一，其余五分之四是介绍信正文；正文上列有介绍信编号、出具单位、事项、日期等。公章分两处盖，一处盖在存根与正文之间的虚线上，另一处盖在正文下方。

介绍信通常分为两种。一种是普通型，用于到外地探亲、联系工作、购买车票、住宿等；另一种专用于政审调查。

在刘海永的藏品中，有购买凳子、自行车等家庭用品的，有购买活性炭、布匹、角铁等生产资料的，还有介绍住院等日常生活事宜的。

比如这样一张。"开封市第一木器厂：兹有我厂职工徐治勤同志结婚需购置三斗桌一张，椅子两把，请给予购买是荷。此致敬礼。开封化肥厂革命委员会办事组。1971年12月13日。"

这张介绍信所附购买发票存根显示，一张三斗桌31.60元，两把椅子15.68元，共计47.28元。

刘海永恰好收藏有开封市第一木器厂1971年10月21日至1972年3月13日的销售情况报表。表内统计产品有床头、三斗桌、大立柜、盆架、小饭桌等22种，共销售2085件，折合木材130.53立方米。其中销售三斗桌276张，包括结婚用159张、个人用13张、公用96张、本厂职工用8张。

"一纸小小的介绍信，忠实记录了各个年代的计划生产和经营情况。几十年前，要买一些特殊商品一定要通过单位介绍信的一对一方式。现在，通过手机，百姓可以随时和成千上万个商家交易。"刘海永说。

介绍信的盛行，是国家建设初期生产落后与商品匮乏的写照。随着时代进步，这种状况已彻底改变。

资料显示，1949年，开封全市百人以上工业企业仅有4家，经营消费场所少得可怜；2018年，该市各类市场主体已达26.7万户，市场交易活跃，仅当年"双11"一天，线上消费总额就近5亿元。

"介绍信淡出衣食住行领域，恰恰是我们美好生活的最好体现。"开封市发改委主任薛志勇表示，"百姓生活越来越去计划化，商品化、市场化、信息化日益成为社会发展主流，市场主体自然会越来越活跃。"

3.10 职场社交——证明信

教学目标

【素养目标】
- 养成逻辑写作思维
- 增强法律意识
- 提高沟通协调能力

【知识目标】
- 了解证明信的概念和特点
- 熟悉常见证明信的种类
- 掌握证明信的写作格式

【能力目标】
- 能够熟练书写及运用各类证明信

模拟情景

李麦想利用假期找一份兼职工作锻炼自己,他看到某银行正在招聘短期实习生,要求学生在校期间必须具有学生会工作经历。李麦正好是系学生会的主席,他需要出具一份能证明自己身份的文字材料,恰好他学过证明信的写作方法,这对他来说不是什么难事……

任务驱动

请你根据模拟情景,帮助李麦同学写一份证明信。

教学内容

一、证明信的概念

证明信是以社会组织、企业或个人的名义,凭借确凿的证据证明某人的身份、经历及某件事情的真实情况时所使用的一种专用书信。

二、证明信的类型

证明信可分为两类:个人证明信和组织证明信。

个人证明信:证明信的内容完全由个人负责。所以,写这类证明信的时候要求个人要严肃、认真。

组织证明信：以组织名义写的证明信。这类证明信多数是为了证明某人曾在或正在该单位工作，可以证明这个人的身份、职务及其他真实情况。这类证明信一般源于该单位的档案，或者来自真实的调查研究。

三、证明信的特点

1．凭证作用

证明信的作用在于证明，是用以证明身份、经历或某事真实性的一种凭证，所以证明信的第一个特点就是它的凭证作用。

2．书信体的格式

证明信是一种专用书信，尽管证明信有多种表现形式，但它的写法同书信的写法基本一致，大部分采用书信体的格式。

四、证明信的写作要求

1．标题

证明信的标题有两种形式，一种是直接在第一行居中写"证明"两个字；另一种是在"证明"前面加上事由，例如"有关××问题的证明"。

2．称谓

在标题下方空1～2行写称谓，如"××公司""尊敬的领导"，称谓后加冒号。证明信的受信人一方，可以写单位名称，也可以写单位负责人的称谓。当然，有些证明信并没有明确的受信对象，那么称谓就可以直接省略。

3．正文

在称谓写完后另起一行，空两格写正文；要针对对方所要求的要点写，要清楚、明确地交代被证明的事情。

4．结尾

证明信的结尾应写上"特此证明"四个字。

5．落款

在证明信全文的右下方写出具证明信的单位或个人的名称及开具证明信的日期。如果是单位名称，一定要写全称。如果是个人，要在名字前面加上"证明人"字样。之后由证明单位或证明人加盖公章或签名，否则证明信是无效的。

五、证明信的写作注意事项

1．对所证明的事情的描述一定要真实、具体、客观。
2．证明信的语言要十分准确，不可含糊其词。态度一定要鲜明，不能模棱两可。
3．不能掺杂个人主观情感，证明信的书写要负一定的法律责任。
4．对于随身携带的证明信，一般要求在证明信的结尾注明有效时间。
5．证明信不能用铅笔、红笔书写，若有涂改，必须在涂改处加盖公章。

六、"病例"诊断

证明

刘光明,于 2010 年在我校读书。

××学校

证明

××办事处:
张三 2008 年 10 月 20 日至今在我公司从事财务管理工作。

××公司(盖章)

2022 年 2 月 3 日

任务练习

××贸易公司的职员王鹏要贷款买房,需要公司开具收入证明,请你以公司名义为其开具收入证明。

素养提升

单位给员工开购房收入证明,她却拿来告单位,要求赔偿 3.6 万

(文章来源:每日经济新闻 2021-05-15,编者有改动)

中国裁判文书网披露的一则民事判决书显示,方女士(化名)于 2016 年 11 月在××医院入职,岗位是 B 超心电图医生。

不过,2018 年 12 月 18 日开始,××医院全面停业整顿,除留守人员之外,其他员工(含本案方女士)都离开岗位并解除劳动合同。××医院自 2018 年 12 月 18 日停业整顿至 2019 年 6 月 10 日本案庭审时,尚未恢复营业。

2019 年 2 月 18 日,方女士申请仲裁,要求医院支付违法解除劳动合同赔偿金 36000 元(9000 元/月×2 个月×2)。方女士主张其月薪为 9000 元,并提供了一份公司出具的收入证明,收入证明上记载了月薪为 9000 元。

遂溪县劳动人事争议仲裁委员会于 2019 年 3 月 26 日出具《仲裁裁决书》[遂劳人仲案非终字(2019)32 号],裁决被申请人××医院一次性支付给申请人方女士经济补偿金 22500 元(9000 元/月×2.5 个月)。××医院认为该裁决是错误的,遂依法提起诉讼。

医院认为,方女士提供的收入证明中的内容(含月收入)都是其为了方便办理购房贷款而自行填写的,其中方女士月收入 9000 元是不真实的,其月收入应以工资表中的收入为准。故遂溪县劳动人事争议仲裁委员会在[遂劳人仲案非终字(2019)32 号]《仲裁裁决书》中,依据方女士提供的收入证明来确认方女士的工资是 9000 元/月并计算给方女士的经济补偿金是不当的。

一审判决:收入证明与实际收入差距较大,不能作为认定工资标准的证据。

一审法院认为,方女士在××医院工作 2 年 2 个月,××医院应支付 2.5 个月工资的经济补偿金给方女士,平均工资收入为 5157.67 元。据此,××医院应支付给方女士经济补偿金 12894.18 元(5157.67 元/月×2.5 个月=12894.18 元)。

方女士不服一审判决，提起上诉称，自 2016 年 11 月至 2018 年 12 月每月工资收入为 9000 元（底薪+绩效工资）。自己提供的收入证明上有××医院的公章，一审判决认定不能作为自己的工资收入依据是错误的。

二审判决：仅凭收入证明不能证明每月实际领取工资为 9000 元。

二审法院认为，焦点问题是：××医院应向方女士支付的经济补偿金是多少。

方女士以其 2016 年 11 月至 2018 年 12 月期间每月工资总收入是 9000 元为由，上诉主张××医院应向其支付经济补偿金 22500 元，主要证据是其提交的收入证明以及 2018 年 11 月、12 月的工资单。因收入证明是开具给南宁住房公积金管理中心铁路分中心的，××医院抗辩称该收入是方女士为了买房请求单位开具的收入证明，不是其实际领取的工资，理由较为合理，仅凭收入证明不能证明方女士每月实际领取的工资为 9000 元。

根据《中华人民共和国劳动合同法》第四十七条第三款的规定，计算经济补偿金的月工资是指劳动者在劳动合同解除或终止前 12 个月的平均工资。方女士于 2018 年 12 月 18 日离职，故应以方女士 2017 年 12 月至 2018 年 11 月的平均工资作为计算其经济补偿金的月工资。但因××医院未能提供方女士于 2018 年 2 月的工资收入，导致无法准确计算出方女士在劳动合同解除前 12 个月的平均工资，故一审判决从举证责任的承担及有利于保护劳动者合法权益的原则出发，按××医院在起诉状中确认的月工资 5157.67 元作为计算方女士经济补偿金的月工资，并无不当，予以维持。

传统文化相关拓展

现在的人都有身份证，那古人是如何证明自己的身份的？

最早的身份证件是秦国的"照身帖"，上面仅仅记载着名字和职业，外加一幅人物画像。这种经过打磨、外表光滑的竹板，就是中国最早的身份证件。

隋唐时期，官员证明身份的标志是"鱼符"，根据官阶高低用不同材料制成。亲王和三品以上官员为黄金铸制，三品至五品为银质，六品以下官员为铜质，再往后是木质。"鱼符"上刻有官员姓名、任职部门和官位等级，执行公务及出入官门时必须出示。

宋朝时，官员直接使用"鱼袋"，以"鱼袋"及其上面的金、银饰品和颜色来区分官级。宋朝时期还启用了官吏重要的身份牌——"腰牌"，其功能主要是用来通行并证明身份。

明朝的"牙牌"有象牙、兽骨、金属、木质等多种质地，视身份和地位、功能的不同而有别。

清代的"身份证"多为"腰牌"，牌子上不仅要写清楚姓名、年龄、职业、官衔等，还会特别注明"身份证"的用途。

3.11 职场社交——贺词

教学目标

【素养目标】
- 提高表达情感的能力

【知识目标】
- 了解贺词的特点及分类
- 掌握贺词的写作方法

【能力目标】
- 能根据场合写贺词

模拟情景

今年的 5 月 22 日是王东的母校育英中学成立 60 周年校庆。该校自成立以来，树蕙滋兰，桃李芬芳，为国家培养了数以万计的人才。王东得知此事后，心情格外激动，为表达自己的心意，他写了一份贺词作为送给母校的礼物。

任务驱动

根据上述材料，请你以王东的名义给母校写一份 60 周年校庆的贺词。

教学内容

一、贺词的概念

贺词是行政机关、企事业单位、社会团体或个人在喜庆场合对某人或某项即将开展的工作、事业表示祝福的言辞或文章。

二、贺词的特点

1. 喜庆性
贺词的措辞喜悦、美好。
2. 体裁多样
贺词的体裁可以是应用文、诗词、对联等。
3. 真实性
贺词是对所祝福对象的美好祝愿，所涉及的人和事应该是真实的，表达的情感也应该是真实的。

4．目的性

贺词能表达对所祝福对象的祝福、期盼等美好愿望，能增进感情、交流思想、促进事业发展。

三、贺词的分类

（一）按祝贺事项的状态划分

1．祝词（"祝愿"是祝词的本质特征）

祝词主要用于将要进行但尚未进行，或刚刚开始进行，或正在进行但尚未取得可喜结果的事情，作者出于美好的心愿表达希望和祝愿。

2．贺词（"庆贺"是贺词的本质特征）

贺词主要用于为他人的成绩感到高兴、为他人的喜事感到欢乐、为他人的事业感到欣慰、为亲朋好友的幸福感到高兴的事情。

（二）按祝贺对象和场合划分

1．寿诞贺词。
2．婚嫁贺词。
3．会议贺词。
4．事业贺词。
5．节日贺词。
6．酒宴贺词。

四、祝词和贺词的异同

（一）相同点

1．祝词与贺词有时被合称为祝贺词，二者都泛指对人、对事表示祝贺的言辞或文章，有强烈的感情色彩，针对性、场合性也较强。

2．祝词和贺词在某些场合可以互用，如"祝寿"也可以说"贺寿"。

（二）不同点

虽然祝词与贺词有时可以互用，但二者的含义并不相同，严格地说二者是有区别的。

祝词：行政机关、企事业单位、社会团体或个人在喜庆场合对某人或某项即将开始的工作、事业表示祝福的言辞或文章，多用于事前。

贺词：行政机关、企事业单位、社会团体或个人在喜庆场合对某人或某项已经取得成功的工作、事业表示祝贺的言辞或文章，多写于事后。

贺词的使用范围比较广，贺信、贺电等也属于贺词。

五、写作格式

1. 标题

可以直接以"祝词""贺词"为题,或加上致贺场合、致贺对象,如"××在2019年春节团拜会上的贺词"。

2. 称谓

贺词的称谓要视不同的对象而定。祝贺个人的,按一般书信的称谓书写;祝贺集体的,常用泛称,如"各位来宾、各位同志""各位女士、各位先生""同志们、朋友们"。

3. 正文

(1) 引言。简要地说明祝贺的对象、祝贺的原因。

(2) 主体。具体陈述祝贺的内容,分若干层表达,言简意赅。

(3) 结尾。书写表示祝愿、希望的言词。

4. 落款

署上致以祝贺的单位名称或个人姓名,写明日期。

六、撰写贺词应注意的事项

1. 称谓应礼貌、妥帖。
2. 表示祝贺时感情要饱满、热烈、充沛,多以抒情、议论为主要表达方式,并运用丰富的修辞手法,给人鼓舞、力量。
3. 贺词的内容要实事求是,言之有物,评价成绩时要恰如其分,表示决心时要切实可行,不可言过其实。
4. 语言要精练、庄重、明快、通俗、流畅,篇幅要短小,文字要简洁。
5. 文体可以多种多样,只要写出特色、表达诚挚的祝愿即可。

七、范文

在××家电商场开业典礼上的贺词

各位领导、各位来宾、女士们、先生们:

大家好!今天,在这美好的时刻,××家电商场隆重开业了!这是一件可喜可贺的大事,在此,我谨代表××向商场的开业表示热烈的祝贺!向今天出席开业典礼的各位领导、来宾表示衷心的感谢!

随着改革开放和招商引资工作的深入开展,我们××镇已经成了众多商家的投资热土,较好的经济基础、便利的交通、完善的配套、旺盛的人气使这里成为理想的创业场所。今天刚刚开业的××家电商场就是其中的优秀代表。

××家电商场立足于这片沃土,可谓眼光长远,占天时、地利、人和之势,必将得到蓬勃发展,必将做大、做强。商场的建设落成必将推动××镇招商引资和第三产业的深入发展,必将为我镇第三产业的发展注入更多活力,必将带动整个镇的经济繁荣和兴旺!

今天,我们欣喜地看到××家电商场开业!希望商场秉承"诚信经营,造福家乡"的创业宗旨,坚持"精益求精,开拓创新"的开发理念,与时俱进,开拓创新,发展成为我镇的商业排头兵。

我们坚信，在不久的将来，××家电商场必定欣欣向荣、蓬勃发展、生意兴盛！

最后，热烈欢迎各位领导、各位来宾来××镇投资兴业，共商发展大计！祝大家万事顺心，事事如意！

谢谢大家！

××
2022 年 10 月 2 日

八、"病例"诊断

在开学典礼上的贺词

尊敬的各位同学们：

你们好！在此，我真诚地祝贺你们的到来！

同学们，你们奋斗了三年，为的就是今天的这一刻；你们锻炼了三年，有苦有甜，为的也是以后的成功；你们整装待发，为的是在以后大展你们的拳脚。

同学们，"一朵成功的花是由有许多苦雨、雪泥和强烈的暴风雨的环境培养的。不是一朝成功的人，他的事业也不是一朝可以破坏或失败的。"这是冼星海给我们的箴言。岁月如梭，人生短短几十年，你们要借鉴前人失败和成功的经验，不因几次小小的失败气馁、灰心。要知道，成功与失败的区别就在于成功者能从错误中获益，并通过不同的方式再尝试。

愿同学们在人生的战场上不但有跌倒后再爬起来的毅力、拾起武器再战的勇气，也有从被击败的一刻就准备开始下一场的奋斗精神，希望同学们在人生路途上清醒、决然地走下去。

最后，祝同学们不畏艰难，越走越远、越飞越高。

刘福强
2023 年 9 月 1 日

任务练习

你的同学王美玲自主创业，开了一家饰品店，你决定撰写一篇贺词，在她开业当天为其致辞。

素养提升

火爆全网的毕业寄语，都说了些什么？

（来源："共青团中央"微信公众号 2024-06-29）

又是一年毕业季，各大高校毕业典礼正在陆续进行。各高校校长和教师都说了什么，又有哪些有趣、温馨的瞬间？一起来看！

西安交通大学外籍教师讲陕西话：要自己把控住的就是你们的人品、素质

在西安交通大学的毕业典礼上，哈萨克斯坦籍教授索菲娅操着一口流利的陕西话，为同学们送上毕业祝福，十分接地气，发言可爱又亲切。不少陕西 IP 的网友评论："这陕西话比我说的都标准"。

据了解，13年前，为了完成博士后论文，索菲娅教授来到陕西西安，由此收获了爱情与婚姻，并定居西安。

现在，她不仅致力于丝绸之路相关法律和文化的研究工作，也在尽力当好中哈两国友好的使者。

中国科学技术大学校长用"神器"演讲：以前辈为榜样，永葆科大人的创新创业豪情

近日，中国科学技术大学毕业典礼，校长包信和院士使用博士毕业生研制的"空中成像提词器"实现"潇洒脱稿"演讲。"我校光学专业的本届博士毕业生研制出空中成像的'神器'，能将演讲稿在空气中清晰成像。"

据了解，该设备搭载"无介质空中悬浮成像"技术，可将常规提词器的提词界面在空中直接成像，不依赖其他实体显示介质，仅正面使用者可见，具有较强的私密性。

毕业永葆初心，不忘来时路

离别之际，除了许多有趣和温馨的瞬间，各大高校校长、教师精心准备演讲内容，道出了一些人生感悟，讲述了许多肺腑之言，感动了无数网友。

西南政法大学校长林维：不要对普通民众的疾苦视而不见

毕业典礼上，林维校长送给各位毕业生"六大锦囊"：

"无论是律师还是检察官或法官，不要对普通民众的疾苦视而不见，不要漠视他人的权益，不要忽略自己的权力行使可能造成的对他人的影响，不要因为一个案件小而忽视它对法治进步的打击，不要让自己所裁决的案件成为师弟师妹的笑柄，更不要让自己成为自己在学生时代曾经痛斥过的那种人。"

中国人民大学教师朱锐：让天空因为你而灿烂，因为你而闪烁

人民大学哲学院教授朱锐是一名癌症晚期患者。在生命的最后阶段，朱锐教授选择继续上课。他希望把时光奉献给学生，更多地传递哲学的思想力量，带领学生思考生命与死亡的意义。

朱锐教授寄语毕业生："希望大家无论以后发现自己在哪里，你都可以找到属于自己的一片天空。并且凭借你的善良、智慧和'人大人'该有的坚韧不拔，使那片天空因为你而灿烂，因为你而闪烁。"

兰州大学教师郑炳林：不要让负面情绪常常占据你们的心灵

历史文化学院教授郑炳林分享了自己四十多年来深耕敦煌学研究的心路历程："人生一世是一场旅行。我们在向前进的同时，不要忘记两边的美好风景。"

希望同学们保持谦虚学习、勤奋求实的人生本色，培植胸怀广阔、乐观向上的人生修为，静静等待属于自己的季节。

最后，郑炳林教授鼓励同学们放心去飞，"母校永远是你们的家"。

亲爱的同学们，开启人生的新篇章。祝大家一切顺利，勇敢面对崭新的生活！

传统文化相关拓展

古人书信里的贺词有多美？

01
遥叩芳辰，生辰吉乐。

这句话大意是说,我知道不久就是你的生日,提前祝你生日快乐。

02
仙寿恒昌,芳龄永继。
出自《红楼梦》,前半句出自贾宝玉佩戴的通灵宝玉上的字"莫失莫忘,仙寿恒昌";后半句出自薛宝钗项圈上的字"不离不弃,芳龄永继"。

03
为此春酒,以介眉寿。
出自《诗经》,大意是,用各种谷物酿了春酒来喝,祈愿健康长寿。

04
今日何日兮共此良辰。
大意是,今天是什么好日子啊,我与你一起共享这美好的时光。

05
与天地兮同寿,与日月兮同光。
大意是,祝你如同天地一般长寿,像日月一般光彩耀人。

06
如月之恒,如日之升,如南山之寿,如松柏之茂。
大意是,您像新月渐盈,像旭日东升,像南山高寿,像松柏常青。

07
朱颜长似,头上花枝,岁岁年年。
大意是,祝你容颜常驻,就像头上的花枝一样,岁岁年年花开不败。

08
岁岁春无事,相逢总玉颜。
大意是,希望你永远无病无灾、平平安安,每次相见都容颜不老,依旧美丽。

09
愿君千万岁,无岁不逢春。
大意是,愿你在往后的所有时间里,都与春相逢(过得很好)。

10
山色既无尽,公寿亦如山。
大意是,祝你像山一样长寿。

11
况是好时节,风日生光辉。
但愿身老健,长与花继期。
大意是,多好的时光啊!日子都在闪光,我只愿你身体健康,像花一样年年开放。

12
今年见,明年重见,春色如人面。
大意是,今年见了面,明年还要再见,面色就和春光一样美好和煦。

13
愿从今后八千年,长似今年,长似今年。
大意是,祝愿你像松椿一样长寿,往后的每一年都能像今年一样相聚。

14
与君发三愿。一愿世清平，二愿身强健。三愿临老头，数与君相见。

大意是，我有三个心愿，一是天下太平，二是你身体康健，三是等到老了也能与你常相见。

15
且舞且歌行且拜，愿君长寿等南山。

大意是，向神明祈愿，希望你可以长寿平安。

16
从今把定春风笑，且作人间长寿仙。

大意是，希望你从今往后，春风得意，笑口常开，当一个世间逍遥的"长寿仙"。

17
万户春风为子寿，坐看沧海起扬尘。

大意是，万户春风都一起祝贺你的生日。

18
余生事事无心绪，直向清凉度岁年。

大意是，希望你往后余生事事如意，无忧无虑，幸福万年。

19
愿尔康强好眠食，百年欢乐未渠央。

大意是，希望你吃得好睡得好，健健康康，欢乐无穷。

20
富贵功名任运，佳辰乐事随缘。
白头相守愿年年，只恁尊前长健。

大意是，富贵功名全看命运，佳辰乐事要随缘而定，能健康长寿、年年相扶相守直到白头就足够了。

3.12　职场社交——感谢信

感谢信

> **教学目标** ⬇
>
> 【素养目标】
> - 提高表达情感的能力
>
> 【知识目标】
> - 明确感谢信的写作格式和特点
> - 掌握感谢信的写作方法
>
> 【能力目标】
> - 能根据感谢信的特点书写感谢信

模拟情景

学院官方微信公众号准备出一期"献给母校"专题。主编邀请你以大一学生的名义为"感恩"栏目写一段话,向入校以来在学习和生活中帮助和关爱过你的人表示感谢。请你从班主任、任课教师、校医、保安、图书管理员中任选一个角色,表达感谢。

任务驱动

根据模拟情景,从大一学生的角度写一封感谢信。

教学内容

一、感谢信的概念

感谢信是重要的礼仪文书,是向帮助、关心和支持过自己的集体(党政机关、企事业单位、社会团体等)或个人表示感谢的专业书信,有感谢和表扬的双重意思。

二、感谢信的格式

1. 标题

在第一行的正中间用较大的字体写"感谢信"三个字。如果写给个人,这三个字可以不写。有的在"感谢信"前加上一个定语,用来说明是因为什么事情写感谢信、是写给谁的感谢信。

2. 称谓

在第二行顶格写对方单位名称或个人姓名,姓名后面可以加适当的称呼,如"同志""女士""先生"等,称呼后加冒号。如果感谢对象比较多,可以把感谢对象放在正文中。

3. 正文

在第三行开头空两格写正文。这一部分要写清楚对方在什么时间、什么地点、由于什么原因、做了什么事、对自己或单位有什么支持和帮助、事情有什么好的结果和影响;还要写清楚体现了对方哪些好思想、好品德、好风格;最后表示自己或所在单位向对方学习的态度和决心。

正文写完后,另起一行,空两格写"此致",在下一行顶格写"敬礼"。

4. 落款

在正文后空两行,在右下角写单位名称或个人姓名,在署名正下方写日期。

三、注意事项

1. 内容要真实,评誉要恰当。感谢信的内容必须真实,确有其事,不可夸大。感谢信以感谢为主,兼有表扬,所以表达谢意时要真诚、实事求是。评誉对方时要恰当,不能过于拔高,以免给人一种失真的印象。

2. 用语要适度,叙事要精练。感谢信的内容以主要事迹为主,详略得当,篇幅不能太长，所谓"话不在多，点到为止"。

四、范文

感谢信

××大学：

  我公司员工于 10 月 25 日中午在兰州的东北菜馆里吃饭时，不慎将手提包遗落在饭桌上，包里有近万元现金、钱包、信用卡、公司印章、材料等。事后我们很焦急，往返几次，都没有找到。下午 4 点左右，公司接到电话，得知手提包被贵校的一名学生捡到，该学生通过公司材料中的电话号码联系到我公司。经核实后，我公司员工和该同学取得联系并拿回失物，包里的东西一样不少。为表谢意，公司拿出 1000 元现金表示感谢，但被这名同学拒绝了，说这是应该做的。在我们再三追问下，得知这名同学叫陈实，是××大学设计艺术学院的大一学生。

  在此，我公司对陈实同学拾金不昧的崇高风尚深表敬意和感谢。同时，我们也对贵校表示衷心的感谢，感谢贵校对学生综合素质的培养，相信贵校培养出来的学生一定德智双全，必将成为国家的栋梁之材。

  最后，我公司全体员工对贵校和陈实同学表示真心的感谢！

××有限公司
2023 年 10 月 28 日

五、"病例"诊断

感谢信

尊敬的学校领导：

  你们好！

  我是贵校大一学生李明的母亲，我来信代表我们全家感谢贵校对我孩子在生病住院期间的关心和资助，特别要感谢班主任唐老师。

  在我儿子住院期间，唐老师把他当作自己的孩子一样细心照顾，几乎每天都要到医院去看他，经常和医生沟通，了解孩子的病情，还为孩子买了很多营养品。

  我很感谢唐老师以及所有关心过我孩子的老师和同学们，并祝愿所有好心人一生平安！

  此致

  敬礼

李明的母亲：王燕
2023 年 4 月 8 日

任务练习

  在你成长的过程中，是不是有很多曾经帮助过你、爱护过你的人呢？仔细回想一下，请选取一位，给他（她）写一封感谢信。

素养提升

独居老人表感谢，德技双馨暖人心——兰大二院眼科医生收到感谢信

（文章来源：兰州大学第二医院微信公众号 2024-07-29）

近日，兰大二院收到一封感谢信，在废旧的纸张上，独居老人一笔一划，字里行间透露出对兰大二院医生的感激之情。她说，兰大二院的医生医术精湛、医德高尚，对待患者如亲人，和蔼可亲，还为有困难的患者排忧解难。她更说道，如果不是兰大二院的医生，她将毫无生存意志。

患者是一位退休老人，左眼本就无法视物，可有一天，她突然发现自己的右眼也看不太清了，心中非常恐慌，犹豫20余天，最终决定来兰大二院寻求医治，眼科杨义主任接诊后，进一步完善了相关检查，发现她左眼陈旧性视网膜脱离加晶体脱位，由于没有得到及时治疗，左眼已完全失明，并无光感。右眼只能看到眼前的手指，视网膜脱离，有严重的老年性白内障，需要进行手术治疗。但手术前需要签署手术知情同意书等相关文件，这可难倒了患者，她无儿无女，孤身一人，自己无法视物，此时"该找谁签字"这个问题困扰了她。在无助之际，她找到主管大夫周然医生，并向她说明情况。周医生经多方沟通，向医院相关部门报备后，最终患者自己签字完成了手术。

据了解，杨义主任为患者做了右眼白内障超声乳化+人工晶体植入+复杂视网膜脱离复位手术，术程很顺利。患者描述，整个过程仅仅3天，她便重见光明。期间，医护人员无微不至地照顾她的生活起居，给予极大的心理安慰和关心关怀。当纱布取下来能看清的那一刻，她激动地哽咽道："杨大夫、周大夫，谢谢你们，是你们救了我的命啊！你们真的很伟大，你们是人民的好大夫，把温暖送给了千千万万的人。"

当问到杨义主任"您当时同意她自己签字手术的时候有没有考虑过，万一患者出现什么突发情况却没有人负责该怎么办"时，杨义主任淡淡地说："没有办法，她75岁了，也没有家属，如果不做手术她就完全看不见了，导致将来生活不能自理。我当时也没想那么多，就想着做了手术至少她可以自己吃饭、上厕所，可以自己照顾自己，生活也有质量。所以我们向医院相关部门报备以后，就给患者做了手术。有时去治愈，常常去帮助，总是去安慰。这是医者的担当和责任，要站在患者的角度多考虑，有问题可以沟通解决，规矩也是有温度的。"

向周然医生了解情况时，虽然事情已过半年，但她记忆犹新，"患者找到我时，倍感同情，就想尽自己最大的努力去帮助她。我们为她做的不仅是手术，更是挽救她的精神世界。"

患者的术后视力是0.1，术前仅存的右眼视力太差，需要社区工作人员搀扶走路。术后，她终于可以一个人走路、一个人做自己想做的事，独自生活，不需要陪护。她说："医生不是神，却是救人于困境、为我创造奇迹的天使。"

传统文化相关拓展

有关感恩的典故

- 投桃报李

出自《诗经》：投我以桃，报之以李。从"桃"到"李"，连接的是一份心意。

- 慈母之恩

唐代诗人孟郊曾写下《游子吟》一诗：慈母手中线，游子身上衣。临行密密缝，意恐迟迟归。谁言寸草心，报得三春晖。

- 羊有跪乳之恩，鸦有反哺之义

出自《增广贤文》一书，意思是：小羊跪着吃奶，小乌鸦成年后能反过来喂养老乌鸦，以报答父母的养育之恩。

- 衔环结草，以报恩德

结草与衔环都是古代报恩的传说，出自《左传》和《后汉书》。后将两典故合成一句，比喻受人恩惠，定当厚报，生死不渝。明朝时冯梦龙在《醒世恒言》中写道：大恩未报，刻刻于怀。衔环结草，生死不负。

- 漂母的一饭之恩

韩信少年时家中贫寒，父母双亡。他虽然用功读书、拼命习武，却仍然无以为生，迫不得已，他只好到别人家吃"白食"，为此常遭别人冷眼。韩信咽不下这口气，就来到淮水边垂钓，用鱼换饭吃，经常饥一顿饱一顿。淮水边有个为人漂洗纱絮的老妇人，人称"漂母"，见韩信可怜，就把自己的饭菜分给他吃。天天如此，从未间断，韩信深受感动。韩信被封为淮阴侯后始终没忘漂母的一饭之恩，派人四处寻找，最后以千金相赠。

- 知遇之恩，伯牙绝弦

春秋时期，俞伯牙擅长弹奏琴弦，钟子期擅长听音辨意。有一次，俞伯牙来到泰山北面游览时突遇暴雨，滞留岩下，寂寞之余便拿出古琴弹了起来。正在附近躲雨的樵夫钟子期听到后，忍不住叫道："好曲！真是好曲！"随后，俞伯牙每奏一支琴曲，钟子期都能听出它的意旨和情趣，这使俞伯牙惊喜异常。二人因此结为知音，并约好来年再相会论琴。可第二年俞伯牙来会钟子期时，得知钟子期不久前因病去世。俞伯牙痛惜伤感，摔破了古琴，从此不再抚弦弹奏，以谢平生难得的知音。

- 子路借米孝敬父母

子路，春秋末期鲁国人。子路小的时候家里很穷，长年靠吃粗粮野菜等度日。有一次，年老的父母想吃米饭，可是家里一点米也没有，怎么办？子路想到，要是翻过几道山到亲戚家借点米，不就可以满足父母的要求了吗？于是，小小的子路翻山越岭走了十几里路，从亲戚家背回了一小袋米。看到父母吃上了香喷喷的米饭，子路忘记了疲劳，邻居们都夸子路是一个勇敢、孝顺的好孩子。

- 黄香为父温席

东汉时的黄香是历史上公认的"孝亲"典范。黄香小时候家境困难，父亲多病，他九岁时又失去了母亲。在闷热的夏天，他在睡前用扇子驱赶蚊子，扇凉父亲睡觉的床和枕头，以便让父亲早一点入睡；在寒冷的冬夜，他先钻进冰冷的被窝，用自己的身体暖热被窝后才让父亲睡下；冬天，他穿不起棉袄，为了不让父亲伤心，他从不叫冷，表现出欢呼雀跃的样子，努力在家中造成一种欢乐的气氛，好让父亲宽心，早日康复。

3.13 职场日常——计划概述

教学目标

【素养目标】
- 培养事前谋划意识
- 养成科学规划的能力

【知识目标】
- 了解计划的概念及作用
- 了解计划的种类与特点
- 掌握计划的写作三要素

【能力目标】
- 能根据三要素搭建计划的结构

模拟情景

无论处于什么阶段，我们都需要做好规划，规划会随着环境的变化而变化，俗话说"人无远虑，必有近忧"。经过十几年的寒窗苦读，田梦顺利考入了理想的大学，面对全新的大学生活，田梦感到迷茫，不知道如何将自己的大学生活过得充实且精彩，老师建议她做一份大学生涯规划。

任务驱动

什么是生涯规划呢？生涯规划与我们熟悉的计划、方案有什么关系呢？做生涯规划的作用是什么呢？请你帮助田梦一起解决这些问题。

教学内容

一、计划的概念

计划是指党政机关、企事业单位、社会团体和个人，根据一定时期内的方针和任务，结合实际情况，对未来一定时期内的工作目标、任务、措施和实现步骤等做出预测和设想，并把这些设想写成系统化、条理化的书面材料。

大到国家，小到一个乡村、车间、商店、学校，都需要做计划。如果做工作事先没有计划、安排，"东一榔头，西一棒子"，就等于"没头的苍蝇乱撞"。正可谓"凡事预则立，不预则废"，只有具备明确的目标和周密的安排，才能有条不紊地开展工作，从而消除盲目性，提高工作效率。

二、计划三要素

目标是计划的前提，是计划的出发点和归宿。目标不仅告诉人们要"做什么"，而且本身就隐含着"为什么"。

措施是目标的引申和具体化，是达到目标的条件和手段，是计划实施的过程，也就是"怎么做"的过程。

步骤体现了计划进程，每个计划都可以按其内部关系划分为若干阶段。

三、计划的作用

1．计划具有指导和约束作用

计划是为指导实际工作而制定的，既体现政策要求，又结合实际情况，往往还经过充分的论证和领导层的决策，因而具有指导和约束作用。

2．计划具有激励和推动作用

切实可行的计划是开展工作的行动纲领和目标，不仅能使决策具体化，还能充分调动、发挥全员的工作积极性和主动性，而且可以理顺多方面的关系，实现高效管理，推动各项工作的开展。

3．计划起监督和检查作用

计划是实际工作中的重要环节，是检查工作进度和考核工作质量的依据，人们可以按其提出的任务、步骤和要求等工作，这样既便于掌握工作进度，又便于开展监督和检查工作。

4．计划使方针政策和上级工作部署得以更好地贯彻落实

计划可以通过对本单位的工作提出安排或打算，具体地反映方针政策、任务要求等。

四、计划的特点

1．科学的预见性

所谓预见性就是指计划具有前导性，是对将来一定时期内各类因素和可能性的估计和推断，如果缺乏预见性，计划就不可能成立。但这种估计和推断不是盲目的空想，而是按照上级部门的规定和指示，结合本单位的实际条件，以过去的成绩和问题为依据，在对今后的发展趋势做出科学预测之后形成的。

2．明确的目的性

目的性是指计划有明确的目的，是为达到某个目标、完成某项任务而制定的，即在一定的时间内完成什么任务、获得什么效益、达到什么标准。没有明确的目的，就谈不上计划，有预期目的才有努力的方向。

3．措施的可行性

可行性是指为了实现预期目标，计划必须有切实可行的措施与方法。计划不仅是具体执行的文书，也是进行具体活动的准则和纲领。因此，计划中的措施、步骤和方法等必须切实可行，一个不可行的计划等于一纸空文，它的可行性必须体现在目标的确定上，必须以主客观条件为基本依据，对各种有利因素和不利因素进行探究和论证，既要充分发挥人的主观能动性，也要考虑客观可能性。

4．指导性和约束性

计划是配合实际工作而提出的前瞻性方案，可以指导人们有目标、有秩序、有步骤地进行工作，而且计划一经上级机关审批就具有权威性，是行动的方向，也是指导工作的依据，没有重大变化就应遵照执行。

5．创新性

不论是中、长期计划，还是近期计划，其内容都要有新意。如果每年的计划都是"老套路"，那么这个计划可以不要。

6．客观性

计划虽然是人们对未来进行的主观设想，但这种设想并不是幻想或胡思乱想，而是有依据、有实现可能的设想，符合客观事物的发展规律。一般来说，在写计划前，要深入调查、充分了解各种因素，在此基础上进行综合分析，提出切实可行的任务、指标和措施。

7．针对性和全面性

计划是针对实际情况，结合工作需要和主客观条件制定的，目的是解决问题或达到特定目标，因此既具体又有可操作性。

8．时间性

时间是计划的一个重要因素，不但要在计划前对任务和时间进行全面考虑，更要在计划实施时强调阶段性的工作成果，这样才能掌控任务的进度，确保按时完成任务。

五、计划的类别

1．按计划的时限分类

计划按时限可分为长期计划、中期计划和短期计划。长期计划，一般指十年以上的远景规划，因此又叫远景规划或战略规划。中期计划一般指五年计划。中期计划是介于长期计划和短期计划之间的一种"发展计划"，在长期计划和短期计划之间，起着承上启下的作用。短期计划一般指年度计划、季度计划、月份计划、学年计划、学期计划等。

2．按计划的性质分类

按计划的性质分类，有综合计划和专项计划。综合计划，是指一个机关、单位的全面工作计划。专项计划是指某一方面的工作计划或某一重点工作、中心工作的计划。综合计划和专项计划是整体与局部的关系。综合计划的特点是从整体出发，强调综合性，目的是促进各部门、各环节的协调发展。专项计划则是综合计划中某些重要项目的特殊安排，所以，制定专项计划时必须以综合计划为指导。

3．按计划范围分类

范围是指计划使用的界限。按计划的范围分类，可分为国家计划、地区计划、单位计划、部门计划、科室计划、班组计划、个人计划等。

4．按计划的内容分类

内容是指计划涉及的方向。按计划的内容分类，可分为生产计划、工作计划、学习计划、科研计划等。

5．按计划执行的严格程度分类

按计划执行的严格程度分类，计划可分为指令性计划、指导性计划。

6. 按计划的外观形式分类

按计划的外观形式分类，计划可分为文件式计划、表格式计划、文表结合式计划。

文件式计划用文字形式来叙述，常常分为若干条款或若干部分来阐述。这类计划又称为"公文式计划"，一般由标题、前言、主体、结尾、落款组成。

表格式计划主要用表格形式来反映有关项目和内容，常常用数字和数据来表述，其项目、内容基本是固定的，数据则用表格填写。这种计划适用于时间较短、范围较小、方式变化不大、内容较单一的具体安排，如销售计划、值班计划等。

文表结合式计划既有文字叙述，又有表格体现，一般以表格为主，辅以简要的文字说明。

六、范例

全面加强和改进新时代学生心理健康工作专项行动计划（2023—2025年）

促进学生身心健康、全面发展，是党中央关心、人民群众关切、社会关注的重大课题。随着经济社会快速发展，学生成长环境不断变化，叠加新冠疫情影响，学生心理健康问题更加凸显。为认真贯彻党的二十大精神，贯彻落实《中国教育现代化2035》《国务院关于实施健康中国行动的意见》，全面加强和改进新时代学生心理健康工作，提升学生心理健康素养，制定本行动计划。

一、总体要求

（一）指导思想

以习近平新时代中国特色社会主义思想为指导，全面贯彻党的教育方针，坚持为党育人、为国育才，落实立德树人根本任务，坚持健康第一的教育理念，切实把心理健康工作摆在更加突出位置，统筹政策与制度、学科与人才、技术与环境，贯通大中小学各学段，贯穿学校、家庭、社会各方面，培育学生热爱生活、珍视生命、自尊自信、理性平和、乐观向上的心理品质和不懈奋斗、荣辱不惊、百折不挠的意志品质，促进学生思想道德素质、科学文化素质和身心健康素质协调发展，培养担当民族复兴大任的时代新人。

（二）基本原则

——坚持全面发展。完善全面培养的教育体系，推进教育评价改革，坚持学习知识与提高全面素质相统一，培养德智体美劳全面发展的社会主义建设者和接班人。

——坚持健康第一。把健康作为学生全面发展的前提和基础，遵循学生成长成才规律，把解决学生心理问题与解决学生成才发展的实际问题相结合，把心理健康工作质量作为衡量教育发展水平、办学治校能力和人才培养质量的重要指标，促进学生身心健康。

——坚持提升能力。统筹教师、教材、课程、学科、专业等建设，加强学生心理健康工作体系建设，全方位强化学生心理健康教育，健全心理问题预防和监测机制，主动干预，增强学生心理健康工作科学性、针对性和有效性。

——坚持系统治理。健全多部门联动和学校、家庭、社会协同育人机制，聚焦影响学生心理健康的核心要素、关键领域和重点环节，补短板、强弱项，系统强化学生心理健康工作。

（三）工作目标

健康教育、监测预警、咨询服务、干预处置"四位一体"的学生心理健康工作体系更加健全，学校、家庭、社会和相关部门协同联动的学生心理健康工作格局更加完善。2025年，配备专（兼）职心理健康教育教师的学校比例达到95%，开展心理健康教育的家庭教育指导服务站点比例达到60%。

二、主要任务

（一）五育并举促进心理健康

1. 以德育心。将学生心理健康教育贯穿德育思政工作全过程，融入教育教学、管理服务和学生成长各环节，纳入"三全育人"大格局，坚定理想信念，厚植爱国情怀，引导学生扣好人生第一粒扣子，树立正确的世界观、人生观、价值观。

2. 以智慧心。优化教育教学内容和方式，有效减轻义务教育阶段学生作业负担和校外培训负担。教师要注重学习掌握心理学知识，在学科教学中注重维护学生心理健康，既教书，又育人。

3. 以体强心。发挥体育调节情绪、疏解压力作用，实施学校体育固本行动，开齐开足上好体育与健康课，支持学校全覆盖、高质量开展体育课后服务，着力保障学生每天校内、校外各1个小时体育活动时间，熟练掌握1—2项运动技能，在体育锻炼中享受乐趣、增强体质、健全人格、锤炼意志。

4. 以美润心。发挥美育丰富精神、温润心灵作用，实施学校美育浸润行动，广泛开展普及性强、形式多样、内容丰富、积极向上的美育实践活动，教会学生认识美、欣赏美、创造美。

5. 以劳健心。丰富、拓展劳动教育实施途径，让学生动手实践、出力流汗，磨炼意志品质，养成劳动习惯，珍惜劳动成果和幸福生活。

（二）加强心理健康教育

6. 开设心理健康相关课程。中小学校要结合相关课程开展心理健康教育。中等职业学校按规定开足思想政治课"心理健康与职业生涯"模块学时。高等职业学校按规定将心理健康教育等课程列为公共基础必修或限定选修课。普通高校要开设心理健康必修课，原则上应设置2个学分（32—36学时），有条件的高校可开设更多样、更有针对性的心理健康选修课。举办高等学历继续教育的高校要按规定开设适合成人特点的心理健康课程。托幼机构应遵循儿童生理、心理特点，创设活动场景，培养积极心理品质。

7. 发挥课堂教学作用。结合大中小学生发展需要，分层分类开展心理健康教学，关注学生个体差异，帮助学生掌握心理健康知识和技能，树立自助、求助意识，学会理性面对困难和挫折，增强心理健康素质。

8. 全方位开展心理健康教育。组织编写大中小学生心理健康读本，扎实推进心理健康教育普及。向家长、校长、班主任和辅导员等群体提供学生常见心理问题操作指南等心理健康"服务包"。依托"师生健康 中国健康"主题教育、"全国大中学生心理健康日"、职业院校"文明风采"活动、中考和高考等重要活动和时间节点，多渠道、多形式开展心理健康教育。发挥共青团、少先队、学生会（研究生会）、学生社团、学校聘请的社会工作者等作用，增强同伴支持，融洽师生同学关系。

（三）规范心理健康监测

9. 加强心理健康监测。组织研制符合中国儿童青少年特点的心理健康测评工具，规范量表选用、监测实施和结果运用。依托有关单位组建面向大中小学的国家级学生心理健康教育研究与监测专业机构，构建完整的学生心理健康状况监测体系，加强数据分析、案例研究，强化风险预判和条件保障。国家义务教育质量监测每年监测学生心理健康状况。地方教育部门和学校要积极开展学生心理健康监测工作。

10. 开展心理健康测评。坚持预防为主、关口前移，定期开展学生心理健康测评。县级教育部门要组织区域内中小学开展心理健康测评，用好开学重要时段，每学年面向小学高年级、初中、高中、中等职业学校等学生至少开展一次心理健康测评，指导学校科学规范运用测评结果，建立"一生一策"心理健康档案。高校每年应在新生入校后适时开展心理健康测评，鼓励有条件的高校合理增加测评频次和范围，科学分析、合理应用测评结果，分类制定心理健康教育方案。建立健全测评数据安全保护机制，防止信息泄露。

（四）完善心理预警干预

11. 健全预警体系。县级教育部门要依托有关单位建设区域性中小学生心理辅导中心，规范心理咨询辅导服务，定期面向区域内中小学提供业务指导、技能培训。中小学校要加强心理辅导室建设，开展预警和干预工作。鼓励高中、高校班级探索设置心理委员。高校要强化心理咨询服务平台建设，完善"学校—院系—班级—宿舍/个人"四级预警网络，辅导员、班主任定期走访学生宿舍，院系定期研判学生心理状况。重点关注面临学业就业压力、经济困难、情感危机、家庭变故、校园欺凌等风险因素以及校外实习、社会实践等学习生活环境变化的学生。发挥心理援助热线作用，面向因自然灾害、事故灾难、公共卫生事件、社会安全事件等重大突发事件受影响学生人群，强化应急心理援助，有效安抚、疏导和干预。

12. 优化协作机制。教育、卫生健康、网信、公安等部门指导学校与家庭、精神卫生医疗机构、妇幼保健机构等建立健全协同机制，共同开展学生心理健康宣传教育，加强物防、技防建设，及早发现学生严重心理健康问题，网上网下监测预警学生自伤或伤人等危险行为，畅通预防转介干预就医通道，及时转介、诊断、治疗。教育部门会同卫生健康等部门健全精神或心理健康问题学生复学机制。

（五）建强心理人才队伍

13. 提升人才培养质量。完善《心理学类教学质量国家标准》。加强心理学、应用心理学、社会工作等相关学科专业和心理学类拔尖学生培养基地建设。支持高校辅导员攻读心理学、社会工作等相关学科专业硕士学位，适当增加高校思想政治工作骨干在职攻读博士学位专项计划心理学相关专业名额。

14. 配齐心理健康教师。高校按师生比例不低于1:4000配备专职心理健康教育教师，且每校至少配备2名。中小学每校至少配备1名专（兼）职心理健康教育教师，鼓励配备具有心理学专业背景的专职心理健康教育教师。建立心理健康教育教师教研制度，县级教研机构配备心理教研员。

15. 畅通教师发展渠道。组织研制心理健康教育教师专业标准，形成与心理健康教育教师资格制度、教师职称制度相互衔接的教师专业发展制度体系。心理健康教育教师职称评审可纳入思政、德育教师系列或单独评审。面向中小学校班主任和少先队辅导员、高校辅导员、研究生导师等开展个体心理发展、健康教育基本知识和技能全覆盖培训，定期对心理健康教育教师开展职业技能培训。多措并举加强教师心理健康工作，支持社会力量、专业医疗机构参与教师心理健康教育能力提升行动，用好家校社协同心理关爱平台，推进教师心理健康教育学习资源开发和培训，提升教师发现并有效处置心理健康问题的能力。

（六）支持心理健康科研

16. 开展科学研究。针对学生常见的心理问题和心理障碍，汇聚心理科学、脑科学、人工智能等学科资源，支持全国和地方相关重点实验室开展学生心理健康基础性、前沿性和国际性研究。鼓励有条件的高校、科研院所等设置学生心理健康实验室，开展学生心理健康研究。

17. 推动成果应用。鼓励支持将心理健康科研成果应用到学生心理健康教育、监测预警、咨询服务、干预处置等领域，提升学生心理健康工作水平。

（七）优化社会心理服务

18. 提升社会心理服务能力。卫生健康部门加强儿童医院、精神专科医院和妇幼保健机构儿童心理咨询及专科门诊建设，完善医疗卫生机构儿童青少年心理健康服务标准规范，加强综合监管。民政、卫生健康、共青团和少先队、妇联等部门协同搭建社区心理服务平台，支持专业社工、志愿者等开展儿童青少年心理健康服务。对已建有热线的精神卫生医疗机构及12345政务服务便民热线（含12320公共卫生热线）、共青团12355青少年服务热线等工作人员开展儿童青少年心理健康知识培训，提供专业化服务，向儿童青少年广泛宣传热线电话，鼓励有需要时拨打求助。

19. 加强家庭教育指导服务。妇联、教育、关工委等部门组织办好家长学校或网上家庭教育指导平台，推动社区家庭教育指导服务站点建设，引导家长关注孩子心理健康，树立科学养育观念，尊重孩子心理发展规律，理性确定孩子成长预期，积极开展亲子活动，保障孩子充足睡眠，防止沉迷网络或游戏。家长学校或家庭教育指导服务站点每年面向家长至少开展一次心理健康教育。

20. 加强未成年人保护。文明办指导推动地方加强未成年人心理健康成长辅导中心建设，拓展服务内容，增强服务能力。检察机关推动建立集取证、心理疏导、身体检查等功能于一体的未成年被害人"一站式"办案区，在涉未成年人案件办理中全面推行"督促监护令"，会同有关部门全面开展家庭教育指导工作。关工委组织发挥广大"五老"优势作用，推动"五老"工作室建设，关注未成年人心理健康教育。

（八）营造健康成长环境

21. 规范开展科普宣传。科协、教育、卫生健康等部门充分利用广播、电视、网络等媒体平台和渠道，广泛开展学生心理健康知识和预防心理问题科普。教育、卫生健康、宣传部门推广学生心理健康工作经验做法，稳妥把握心理健康和精神卫生信息发布、新闻报道和舆情处置。

22. 加强日常监督管理。网信、广播电视、公安等部门加大监管力度，及时发现、清理、查处与学生有关的非法有害信息及出版物，重点清查问题较多的网络游戏、直播、短视频等，广泛汇聚向真、向善、向美、向上的力量，以时代新风塑造和净化网络空间，共建网上美好精神家园。全面治理校园及周边、网络平台等面向未成年人无底线营销危害身心健康的食品、玩具等。

三、保障措施

（一）加强组织领导。将学生心理健康工作纳入对省级人民政府履行教育职责的评价，纳入学校改革发展整体规划，纳入人才培养体系和督导评估指标体系，作为各级各类学校办学水平评估和领导班子年度考核重要内容。成立全国学生心理健康工作咨询委员会。各地要探索建立省级统筹、市为中心、县为基地、学校布点的学生心理健康分级管理体系，健全部门协作、社会动员、全民参与的学生心理健康工作机制。

（二）落实经费投入。各地要加大统筹力度，优化支出结构，切实加强学生心理健康工作经费保障。学校应将所需经费纳入预算,满足学生心理健康工作需要。要健全多渠道投入机制,鼓励社会力量支持开展学生心理健康服务。

(三)培育推广经验。建设学生心理健康教育名师、名校长工作室,开展学生心理健康教育交流,遴选优秀案例。支持有条件的地区和学校创新学生心理健康工作模式,探索积累经验,发挥引领和带动作用。

七、"病例"诊断

寒假计划

不知不觉中,快到寒假了,这提示我们应对这一年的学习做一个总结。在学习英语方面,我们到底掌握了多少英语?再想想在这一年里我们是如何度过的?我们应该好好把握这个寒假,努力学习英语。我觉得我们在这学期学到的知识实在太少了,所以除了书本上学到的,我们可以到书店汲取更多知识,使我们的知识面更广。

张华
××年××月××日

任务练习

结合自己的专业,写一份本学期学习计划。

素养提升

用时间成就更好的自己

(文章来源:"人民日报"公众号)

少迷茫,多读书

生活如同一场旅行,在旅途中,我们难免遇到岔路口,在选择面前感到迷茫。对有阅读习惯的人而言,拿起书,就是跨越迷茫最好的方式。书本所带来的不仅是知识和经验,更是对自我、对世界的认知。

有句话说得好,世上没有白走的路,更没有白读的书。你在读书上花的每一分钟都会在未来的某个时刻得到回报,你读过的每一页书都在默默塑造一个更好的你。

在日积月累的阅读中,我们得以不断保持思考,更新自我认知,直至越来越笃定从容。愿你迷茫时多读书,用文字更新自己,用智慧装点生活。

少拖延,多规划

拖延是最容易压垮一个人斗志的东西。与其总想着逃避,总是被事情推着走,不如主动出击,找回对生活的掌控感。

打败拖延最好的方法,就是遇事提前规划。不妨试着每天睡前花上几分钟,列下明日要做的事,按重要程度、难易程度排个序,给每项任务分配合理的时间。

如此一来,当新的一天开始,就能做到心中有数,知道先做什么、后做什么,有条不紊地朝着目标前行,让生活过得充实而有意义,向着更好的自己持续蜕变。

少空想，多行动

再美好的梦想与目标，再完美的计划和方案，如果不能在行动中落实，最终只能是纸上谈兵，沦为空想。

很多时候，想得再好的人，都不如踏踏实实去尝试、去行动的人，更有机会成功。

我们与目标之间的距离，往往取决于执行力有多强大。无论目标看起来多么遥不可及，现在就开始往前走，才有可能最终抵达。

从现在开始，提升学识、磨炼意志，成为一个既有清晰目标也有高度执行力的人。在日复一日的探索中，锚定自己的天赋和激情所在，在具体的行动中，体验"向目标逐步靠近"的满足感。

传统文化相关拓展

锐始者必图其终，成功者先计于始。——（明）张居正《答中丞孙槐溪》

注释

1．锐：本意是急速，此处指着急，急于做某事。
2．图：图谋。
3．终：结局。
4．计：设计、计划。
5．始：开始。

释义

急于开局的人一定要考虑好其结局，成功的人一定会事先谋划好开端。

3.14　职场日常——计划的结构安排

计划的结构安排

教学目标

【素养目标】
- 培养事前谋划意识
- 养成科学规划的能力

【知识目标】
- 了解计划的标题类型
- 了解计划的正文组成
- 掌握计划的结构

【能力目标】
- 能根据计划的结构准确书写各类计划

模拟情景

新的一年到了，田梦在生活、学习、工作上给自己设定了许多目标，怎样做才能实现这些目标呢？田梦在心里想着，该制定一个切实可行的计划，按照计划，一步一个脚印，到了年底逐项对标，可是，计划该怎么写呢？

任务驱动

田梦新的一年在生活方面的一个目标是减重20斤，让自己变得更加健康。请你帮她制定一份关于健康生活的计划。

教学内容

一、标题

标题即计划名称，以简洁、明晰为原则，不宜过长，不宜用复杂句，应该反映出文章的主要内容。计划的标题一般有两种写作模式。

1. 公文式标题

公文式标题的完整形式是四项式，即制定机关（或适用范围）、适用时限、计划内容和文种，如"××局2021年工作计划"，这种标题还有两种变形写法。

（1）适用时限与计划内容互换位置，如"2020年××局工作计划"。

（2）在标题中加入"关于……的"的介词结构，如"××局关于开展××的学习计划"。

（3）如果是基层单位制定的适用范围很窄的计划，其标题可省略制定机关或单位名称，如"2022年业务学习计划"。

2. 双行标题（又称为新闻式标题）

双行标题由主标题和副标题构成，如"迈向新世纪 进行新选择——××市开展××的战略构想"。有时也可以省略单位名称，但要在落款处写明单位名称。

这里应该注意，如果是"征求意见稿""草案"或"讨论稿"，则应在标题下方用括号加以标注，以表明计划内容的成熟程度。

二、正文

1. 引言（或指导思想）

引言是计划全文的总起，也是正文的前言部分，一般表明制定计划的背景、指导思想、目的和依据等，并以"特制定本计划"等字样过渡到下一部分。引言要写得简明扼要，一般应交代制定计划的背景、依据、总体目标和指导思想。

2. 现状分析（或背景情况）

这部分对现状或当前形势进行简要的分析，进一步阐明计划的意义或动因。对背景情况的介绍应着重对前段工作进行总结，包括取得的成绩和经验、存在的问题等，文字要简洁，不可使用过多笔墨，以免冲淡主题。

3．目的和要求

作为计划的主要部分，明确指出计划要达到什么目的、完成什么任务、完成任务的具体要求有哪些，也就是回答"做什么""做到什么程度""什么时候做完"的问题。

4．措施和步骤

措施和步骤是正文的主体部分，这部分内容是计划的重点和核心，也是计划执行和如期实现的保证，主要包括落实计划的策略、方法、手段和步骤，包括完成任务的阶段、人力、物力、财力安排情况，以及采取的各项措施。

在一些较大规模的计划里，通常要制定原则性措施，再由实施者根据实际情况制定具体实施步骤。

这个部分篇幅较长，应该分层次、分条款写作。因此，撰写措施时应当紧紧围绕计划的目标进行阐述，做到明确、具体、条理清晰，既要写明"做什么"（措施），又要交代清楚"怎样做"（步骤），既有明确的方向，又有具体的操作规程，这样才能确保计划的顺利实施。

其中"做什么"部分一定要特别明确，包括具体的指标、任务、数量、质量方面的规定以及时限要求等，否则势必造成执行过程中的困难，影响计划的实现。在"怎么做"部分中，一定要将应采取的方法和步骤逐一写明，以便于理解和执行。

在此部分的结构安排上，一般采用分条列项的方式，用序号标明层次，或依计划内容的主次排序，或依工作进程的时间排序，将计划的措施与步骤有条不紊地加以阐述。切忌轻重倒置、主次不分，或者前后内容交叉重叠，这些都会直接影响计划的实现，给工作造成不必要的麻烦，甚至造成损失。

5．执行要求

执行要求是正文的结语，它是为确保计划的实施而向有关单位和人员提出的具有号召性的希望和要求，以激励人们为实现目标而努力奋斗。这一环节要特别注意有针对性，即必须依据计划内容提出执行要求，不要空喊口号，或写些无用的"套话"，给人画蛇添足之感。

三、结尾和落款

结尾既可以重申计划的总目标及重大意义，也可以补充注意事项和检查是否执行了计划的方法，还可以表明态度和决心，或发出号召、鼓舞士气。

落款是计划的重要组成部分，一般应有两项内容，一是制定计划的机关或单位名称，要写全称，并加盖公章，以示郑重、严肃；二是制定计划的日期，要具体写明××年××月××日，用汉字或数字书写。

任务练习

围绕提升一项技能，写一份计划。

素养提升

中医药标准化行动计划发布！"中华瑰宝"向未来

（文章来源：新华社 2024-07-31）

我国已有3000多项中医药标准。2024年7月31日，国家中医药管理局发布《中医药标准化行动计划（2024—2026年）》，部署20项具体任务及25项专栏任务，对现有标准体系再"升级"，为推进中医药现代化和产业化、促进中医药高质量发展提供有力支撑（见图3-14-1）。

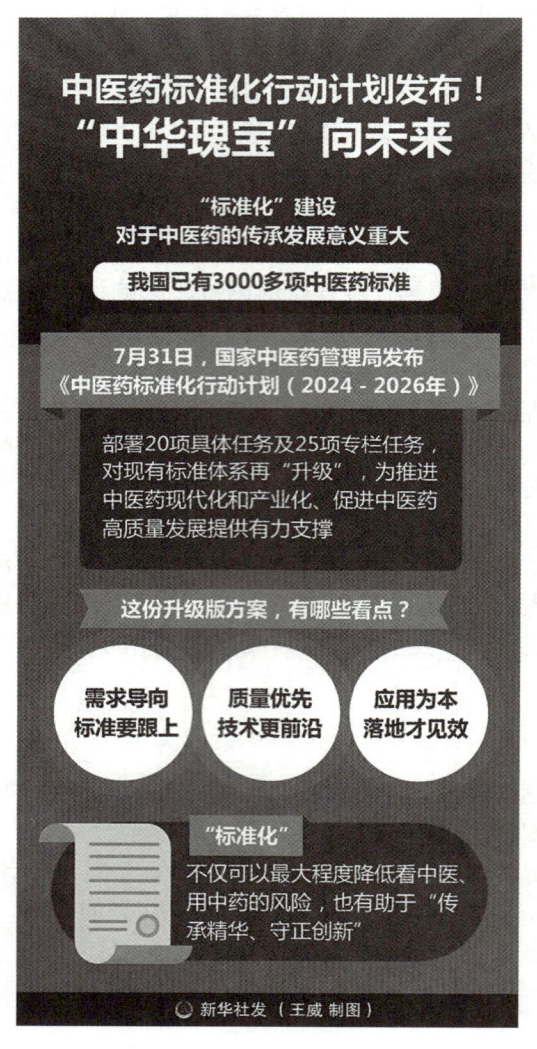

图3-14-1 中医药标准化行动计划（2024—2026年）简介

传统文化相关拓展

凡事预（豫）则立，不预（豫）则废。言前定，则不跲；事前定，则不困；行前定，则不疚；道前定，则不穷。

——《礼记·中庸》

注释

1. 预：事先有准备，预先。
2. 凡事：无论什么事情。
3. 跲：本意是绊倒，这里是理屈词穷的意思。
4. 困：困难，阻碍。
5. 疚：后悔。
6. 穷：这里指穷途末路。

释义

无论什么事情，事先有准备就可以成功，没有准备就会失败；说话前有准备，就不会理屈词穷、站不住脚；做事前有准备，就不会遇到困难挫折；行事前有计划，就不会做后悔的事；行路前预先选定（道路或方向），就不会走投无路，陷入困境。

3.15　职场日常——总结

总结

教学目标

【素养目标】
- 培养事后反思的意识
- 养成整体结构搭建思路

【知识目标】
- 了解总结的概念
- 了解总结的特点
- 掌握总结的结构

【能力目标】
- 能根据不同需求进行总结

模拟情景

田梦所在的学生会文艺部按照既定的方案开展了"建校 100 周年合唱比赛"，活动结束后，为了总结经验，老师安排田梦写一篇活动总结。

任务驱动

请你根据模拟情景，帮田梦写一篇活动总结。

教学内容

一、总结的概念

总结是单位或个人对过去一段时期的实践活动进行系统的回望与归纳、分析及评价,并从中概括出规律性认识,用以指导今后工作的事务性文书。它是各级机关、人民团体以及企事业单位经常使用的一种文体,通过总结可以找出具体的经验或教训,有利于工作的进一步规划与发展。

总结与计划是一前一后、相辅相成的一对文种。今年的"总结"是对去年的"计划"的检验,因此,写总结时必须以去年的"计划"为前提,今年的"总结"势必又成为制定明年"计划"的基础。

二、总结的类别

从不同角度划分,总结可以分为多种类型。
根据内容划分:思想工作总结、经济工作总结等;
根据总结的对象划分:学习总结、工作总结、思想总结、会议总结、生产总结等;
根据范围划分:地区工作总结、单位工作总结、部门工作总结、个人工作总结等;
根据时间划分:三年以上工作总结、年度工作总结、季度工作总结、月份工作总结等;
根据总结的主体划分:单位总结、个人总结等。
其实,上述分法在实际应用中多数是相互交叉的。

三、总结的结构安排

(一)宏观结构

总结一般涉及两方面内容。

一是基本情况。它包括工作所包含的范围、工作的时间、参加的人员、工作的内容、工作进程和取得的成效等。这部分材料必须用概括性的文字较全面地反映情况。在写作上,可以把它写成前言,也可单独作为一个部分。

二是主要的工作做法和经验。做法可以单独写,也可以和经验结合起来写,还可以和工作进程结合起来写。总之,工作做法和经验是总结的核心部分,包括存在的问题和教训。存在的问题包括工作中遇到的、暂时没有条件解决的问题和解决不彻底的问题,可以针对这些问题提出一些改进意见。

根据总结的内容,常见的布局方式有以下三种。

1. 开头概述基本情况与取得的成绩,主体部分集中写经验。这种写法突出经验,很多典型经验总结都采取这种写法。

2. 开头概述基本情况,主体写几个重要方面,每个方面分别写出成绩、经验、不足、教训,结尾写今后的打算。这种写法需要注意两点,一是不能让成绩"遮盖"经验,或只见成绩不见经验;二是主体中所写的几个方面的工作一定是前一段的主要工作,同时也是今后会遇到的问题,这样指导性才强。

3．开头写基本情况，主体分为成绩、经验、不足与教训，结尾写今后的打算。

谋篇布局是一篇总结成功的关键，因此它具有一定的基本要求。

一是完整连贯、首尾圆合。所谓完整是指文章的结构布局有头有尾、首尾圆合，通篇一体、连贯；要求文章的部分与部分之间、片段与片段之间、前言与后语紧密连接，一以贯之，结构严谨。

二是详略得当、错落有致。我们在安排层次和段落时，长短要适当搭配，要根据主题表达的需要，使全篇布局疏密相间，错落有致。总之，要合理安排，有的放矢，才能给人一种抑扬顿挫、节奏铿锵之感。

三是波澜起伏、曲折变化。正如"文似看山不喜平"，文章布局应该"崇曲忌直"。谋篇布局的波澜起伏和曲折变化，反映了客观事物的错综复杂和发展变化，同时也能满足读者、听者的审美要求。但是，必须合理、合度，既要在意料之外，又要在情理之中，要使开合、起落、曲直、伸缩等恰到好处。

那么我们该如何做好总结的谋篇布局呢？

首先，要锻炼思路。谋篇布局是思路的表现形式，所以，要提高谋篇布局的能力，根本是要努力锻炼思路，提高逻辑性、条理性。

其次，要有清晰的逻辑顺序。只有对内容经过精心思考，对文章的谋篇布局做到胸有成竹，再动笔写作，才能写出结构严谨，逻辑性、条理性强的文章。

最后，要列好提纲或打好腹稿，这是起草总结的重要工序。

（二）微观结构

1．标题

标题即总结的名称，主要标明总结的单位、时间和性质。总结的标题一般根据中心内容、目的要求和总结方向来拟定，总结的方向和侧重点不同，标题也就不同。

（1）单标题，通常由单位名称、时间、事由、文种组成，如《××2019年思想政治工作总结》《××2019年普法工作总结》《××研究所2020年工作总结》。

有的总结标题中不出现单位名称，如《创先评优活动总结》《2020年教学工作总结》，有的只写"工作总结"。有的标题只概括主要内容或基本观点，不出现"总结"二字，也省略了时间，但对总结内容起到了提示作用，例如《数字化改造是振兴企业之路》《我们是如何实行教学与科研相结合的》。

（2）双标题，即分别以文章式标题和文件式标题为正、副标题，正标题点明文章的主旨或中心，副标题标明单位、时间、性质和总结种类，例如《知名教授上讲台，教书育人放异彩——××大学德育工作总结》《加强医德修养，树立医疗新风——××医院精神文明建设经验总结》。

2．正文

（1）正文的内容。工作情况不同，正文的内容也不同。总的来说，正文一般写四部分。

一是概述某一阶段的工作情况，包括工作背景、基础、成绩等；

二是经验和体会，包括具体的做法、事例、数据等；

三是存在的问题与不足，分析产生问题的原因；

四是今后的设想和努力方向。

第二部分应写得最详尽，有时第三、四部分可合在一起写。

成绩和经验是总结的目的，是正文的关键部分，一般有以下两种写法。

一是写出做法、成绩之后再写经验，即表述成绩、做法之后，从分析成功的原因、主客观条件中得出经验教训。

二是在写做法、成绩的同时写出经验，"寓经验于做法之中"，也有在做法、成绩之后用"心得体会"的方式来介绍经验的。

（2）正文的结构。

① 前言。前言即写在前面的话，力求简洁，开宗明义。前言一般交代总结的目的和总结的主要内容，或介绍工作的基本情况，或简明扼要地写出取得的成绩，或概括说明指导思想以及是在什么形势下写的总结。其目的是让读者对总结的全貌一目了然，为阅读、理解全篇打好基础。因此，不管以何种方式开头，都应做到简单凝练，文字不可过多。

② 主体。这是总结的核心部分，要求在全面回顾工作情况的基础上，深刻、透彻地分析取得成绩的原因、条件、方法以及存在的问题和教训。由于主体的篇幅大、内容多，要特别注意层次分明、条理清晰。

主体部分常见的结构有以下三种。

一是纵式结构，就是按照事物或实践活动的过程安排内容。写作时把总结所包括的时间划分为几个阶段，按时间顺序分别叙述每个阶段的成绩、做法、经验、体会、教训。这种写法的好处是能够将事物发展或社会活动的全过程清楚明白地展现出来。

二是横式结构，就是按事实性质和规律的不同，分门别类地依次展开内容，使各层之间呈现相互并列的态势。这种写法的优点是各层次的内容鲜明集中。

三是纵横式结构，就是安排内容时既考虑时间的先后顺序，体现事物的发展过程，又注意内容的内在逻辑联系，从几个方面总结经验教训。这种写法多数先采用纵式结构，写事物发展时各个阶段的情况或问题，然后用横式结构总结经验或教训。

③ 结尾。作为总结的最后一部分，结尾对全文进行归纳、总结，或突出成绩，或表明今后的打算和努力的方向，或指出工作中的缺点和存在的问题，或总结经验，或提出改进意见。这段内容要与开头呼应，篇幅不宜过长，要求简短。

3．落款

落款包括署名和时间。如果总结的作者和日期已经在标题中或标题下方标明了，则不需要再写落款。如果为了突出单位，把单位名称写在了标题下方，则结尾只写日期即可。如果总结的标题中没有写明作者，就要在正文结尾的右下方写明作者，还要在署名的下方标出日期。

四、范例

政府工作报告（节选）

2024年1月24日在黑龙江省第十四届人民代表大会第二次会议上

省长 梁惠玲

（来源：中国政府网）

各位代表：

现在，我代表省人民政府向大会报告工作，请予审议，并请各位政协委员提出意见。

一、2023 年工作回顾

2023 年是黑龙江发展历程中具有重大里程碑意义的一年，习近平总书记再次亲临龙江视察，为我省高质量发展、可持续振兴明确战略定位、擘画宏伟蓝图、注入强大动力。在省委坚强领导下，全省上下坚持以习近平新时代中国特色社会主义思想为指导，全面贯彻落实党的二十大和二十届二中全会精神，深入学习贯彻习近平总书记视察我省期间重要讲话重要指示精神，坚持稳中求进工作总基调，完整准确全面贯彻新发展理念，积极服务和融入构建新发展格局，全力克服经济发展面临的困难和挑战，坚决扛起维护国家"五大安全"政治责任，着力建设"六个龙江"、加快推进"八个振兴"，高质量发展、可持续振兴扎实推进，各项事业发展取得新成效。全省地区生产总值同比增长 2.6%，一般公共预算收入增长 8.2%，城乡居民人均可支配收入分别增长 4.1%和 6.3%。

一是现代化产业体系加快构建。深入实施产业振兴计划，加快建设"4567"现代产业体系，规上制造业增加值占规上工业比重同比提高 1.4 个百分点，高技术制造业增加值同比增长 12.3%，高于全国 9.6 个百分点。经济发展新引擎亮点纷呈，集成电路碳化硅衬底等实现量产，达到国内领先水平，博实股份炉前操作机器人等关键技术实现突破，思哲睿手术机器人实现国产化替代，哈兽研和石药集团联合研制新型疫苗填补国内空白，创意设计产业加快发展，我省获批国家标准化创新发展试点和全国首批数字化转型贯标试点省。战略性新兴产业加速提升，电子信息制造、高端智能农机装备产业产值分别增长 11.7%和 14.1%，五矿石墨全球领先的球形项目试车投产，"龙江三号"试验卫星成功发射，绥化天有为汽车数字仪表国内市场占有率达到 20%，成为全国最大生产基地。传统产业数字化网络化智能化改造加快推进，中航哈轴高端轴承等 120 个项目投产。

二是农业现代化水平持续提升。坚持把多种粮、种好粮作为头等大事，全面完成稳粮稳豆任务，有效应对局地洪涝灾害，粮食生产实现"二十连丰"，总产量为 1557.6 亿斤，占全国 11.2%，连续 14 年居全国第一。大力发展科技农业、绿色农业、质量农业、品牌农业，常规粳稻和大豆自主选育品种达到 100%，农业科技进步贡献率达到 70.3%，获批国家大型大马力高端智能农机装备研发制造推广应用先导区；绿色有机食品认证面积 9400 万亩、保持全国第一，建成高标准农田 868.6 万亩，累计建成面积达 1.08 亿亩，规模全国最大；"黑土优品""九珍十八品"品牌走向全国，"北大荒"居中国农业类品牌前列。制定实施农产品加工业高质量发展三年行动计划和配套政策，规上农产品加工企业增加 261 家、总数达到 2190 家。开展大食物观供给保障攻坚行动，肉蛋奶和水产品产量创历史新高，奶粉和婴幼儿配方奶粉产量均保持全国第一。扎实推进巩固拓展脱贫攻坚成果同乡村振兴有效衔接，"三保障"和饮水安全问题始终动态清零，脱贫人口人均收入稳步增长。实施"百村精品、千村示范、万村创建"行动，创建国家乡村振兴示范县 4 个，打造全国休闲农业重点县 2 个、全国乡村治理示范乡镇示范村 33 个。

三是内需潜力有效激发。开展产业项目建设年活动，建设产业项目 2312 个，其中亿元以上项目 859 个，龙江化工聚碳酸酯等 901 个项目建成。基础设施建设加快推进，粮食产能提升重大水利工程开工建设，综合交通基础设施投资同比增长 10.6%，哈绥铁伊高铁全线开工建设，高速公路里程突破 5000 公里，哈尔滨机场二期扩建工程加速推进，国际客运航线数量居东北地区首位。招商引资力度持续加大，出台产业招商扶持政策 96 项，成功举办哈洽会、中俄博览会、新博会、绿博会、深化央地合作座谈会等活动，累计签约项目 510 个，签约总额 4865.9 亿元。千万元及以上项目利用内资 3603.3 亿元，同比增长 21.1%。消费市场加快恢复，社会消费品零售总额增长8.1%，全年各月累计增速均高于全国。交通运输总周转量增速连续12个月高于全国。快递业务量增长30%，增速高于全国10个百分点。

开展促消费活动500多场，发放政府消费券6亿元，带动消费120亿元。出台旅游业高质量发展规划、特色文化旅游实施方案，制定实施释放旅游消费潜力50条、加快发展边境特色旅游20条等措施，成功举办第五届旅发大会、第36届中国·哈尔滨之夏音乐会等重大文旅活动，开展旅游业治理专项行动，夏季避暑和冬季冰雪旅游两个"百日行动"成效显著。哈尔滨冰雪旅游火爆出圈，哈尔滨机场旅客年吞吐量2080.5万人次，创历史新高、居东北地区之首，我省成为最热门冰雪旅游目的地，全年接待游客数量、旅游收入分别增长85.1%和213.8%。

四是科技创新活力持续释放。出台创新龙江建设意见和创新发展60条政策，省级科技专项资金投入同比增长20%。支持揭榜挂帅项目榜单32个，哈工大空间环境地面模拟装置试运行。创新平台建设加快推进，全国重点实验室由7家增加到12家，5个国家级企业技术中心获批，新增3个国家级科技企业孵化器，哈大齐国家自主创新示范区、佳木斯国家农业高新技术产业示范区建设稳步推进。实施科技成果产业化专项行动，创建哈工大先进技术研究院，哈尔滨科技大市场投入运营，开展科技成果路演推介对接活动202场，转化重大科技成果589项。深入实施新一轮科技型企业三年行动计划，净增高新技术企业825家，增长22.9%。新当选两院院士2人，高校高级职称人才由净流出转为净流入，全省高校毕业生留省就业人数为近5年最好水平。实施"技能龙江行动"，开展职业技能培训30.4万人次，培养重点产业技能人才6万多人。

五是重点领域改革不断深化。启动国有企业改革深化提升行动，地方国有企业营业收入和利润稳步增长。制定《黑龙江省民营经济发展促进条例》，落实促进民营经济发展壮大政策措施，在全国首批开展个转企登记改革试点，落实减税降费等助企纾困政策，全省新增减税降费及退税缓费超过260亿元，新登记企业增长14%。外商投资环境不断优化，投资经营便利化水平持续提升。深入实施优化营商环境三年专项行动，营商环境进一步改善，对标全国先进水平，一级指标实现零的突破、达到11个，二级指标增加45个、达到61个，政务服务效能提升典型案例全国推广。数字政府建成46个应用平台，形成28项共性支撑能力，汇聚数据超过1700亿条，高效智慧便捷服务能力显著提升。实施省以下财政体制改革，深化税收征管改革，在东北地区实现跨省异地电子缴税。推进中小金融机构改革化险，稳妥处置化解地方政府债务、房地产等领域风险，牢牢守住不发生区域性系统性风险底线。省征信服务平台上线运行，入驻金融机构26家。启动实施集体林权制度改革。深化国防动员体制改革。

六是外贸外资较快增长。实施新时代促进高水平开放发展意见，外贸进出口总额同比增长12.3%，其中出口增长39.4%，增速分别位居全国第6位和第3位。出台"买全俄卖全国、买全国卖全俄"实施方案，对俄进出口总额增长13.5%，其中对俄出口增长67.1%。稳步推进自由贸易试验区、综合保税区等开放平台建设。实施绥芬河口岸运力提升、黑河口岸大桥畅通、同江口岸设施升级行动，全省口岸货运量、进出境旅客人数分别增长17.5%和709.2%。黑瞎子岛公路口岸设置方案获批。跨境电商贸易额增长144.2%。实际利用外资增长11.8%，增速高于全国平均水平25.4个百分点，新设立外商投资企业241家、增长68.5%。

七是绿色发展优势持续巩固。聚焦打造"绿水青山就是金山银山，冰天雪地也是金山银山"实践地,打好污染防治攻坚战,空气质量优良天数比例优于全国平均水平;国控断面优良水体比例再创历史新高,松花江流域优良水体比例首次超过80%,全面完成中央环保督察年度整改任务,在国务院最严格水资源管理制度考核中被评为优秀等次,河湖长制工作连续4年获得国务院激励;全省土壤信息平台上线运行,农业面源污染有效控制。全省营造林129.45万亩,修复治理草原36.1万亩、退化湿地1万亩。推进绿色低碳转型,碳达峰碳中和工作稳步推进,黑河市、哈尔滨经济技术开发区入选全国首批碳达峰试点,小兴安岭—三江平原山水林田湖草保护修复工程试点建设全面完成;新能源和可再生能源建成装机历史性超过煤电,占电力总装机52.4%。

八是民生保障扎实有力。财政民生支出占一般公共预算支出85.6%。实施稳就业促发展惠民生21条举措,城镇新增就业35.7万人,完成年度计划119.1%,城镇调查失业率均值为有调查记录以来最好水平。基本医保待遇水平稳步提升,退休人员基本养老金持续提高并按时足额发放。工伤保险、失业保险实现省级统筹,提前完成"十四五"规划目标。城乡低保保障水平持续提升。小学、初中学校年生均公用经费基准定额补助标准分别由650元、850元提高到720元、940元,城乡中小学校生均取暖费补助标准由260元提高到370元,支持省属高校"双一流"建设,职业教育改革获国务院表彰激励。国家呼吸区域医疗中心、国家中医(肿瘤)区域医疗中心等项目开工建设。基本养老服务体系进一步完善,3岁以下婴幼儿托位总数同比增长47.7%。开工改造棚户区、老旧小区、农村危房36.8万户(套),更新改造供热老旧管网549公里、燃气老化管网1305公里、供水管网670公里、污水管网1545公里。军民合力夺取抗洪抢险胜利,制定实施"1+32"灾后恢复重建方案,受灾地区电力、通信等服务功能恢复到灾前水平,损毁房屋、道路、水利恢复重建年度任务全部完成,确保群众温暖过冬。积极推进中国—上海合作组织冰雪体育示范区建设,哈尔滨成功申办第九届亚冬会。生产安全事故起数、死亡人数分别下降12.3%和1.7%。森林草原防灭火实现"三个不发生"目标。食品安全工作连续6年在国务院食安委评议考核中获A级等次。在全国率先出台《黑龙江省调解条例》,加强社会治安综合治理,社会大局保持和谐稳定。

九是政府自身建设不断加强。加强政治建设,深入学习贯彻习近平总书记视察我省期间重要讲话重要指示精神,扎实开展学习贯彻习近平新时代中国特色社会主义思想主题教育,严格对标对表习近平总书记重要讲话重要指示精神和党中央决策部署谋划思路、制定政策、推动工作、狠抓落实,以实际行动坚定拥护"两个确立"、坚决做到"两个维护"。加强法治政府建设,在法治轨道上推动政府各项工作,自觉接受人大、政协、社会及舆论监督,建议提案办理满意率100%。加强能力作风建设,深入开展"工作落实年"活动,树立"严真细实快"工作作风,大兴调查研究,提升能力本领,依靠顽强斗争打开事业发展新天地,一批多年没有解决的问题得到解决。加强廉政建设,坚决落实全面从严治党主体责任,严格落实中央八项规定精神,坚决纠治形式主义、官僚主义,一体推进不敢腐、不能腐、不想腐,政治生态持续向好。

此外,国防动员、退役军人事务、民族宗教、供销合作、统计审计、新闻出版、广播电视、档案史志、边境管理、地震气象、外事侨务等各项工作及妇女儿童、老龄和残疾人事业均取得新进展。

各位代表!

看似寻常最奇崛,成如容易却艰辛。成绩的取得,根本在于习近平总书记作为党中央的核心、全党的核心掌舵领航,在于习近平新时代中国特色社会主义思想的科学指引,是省委科学决策、总揽全局、协调各方的结果,是省人大、省政协和社会各界有效监督、鼎力支持的结果,是全省人民攻坚克难、奋力拼搏的结果。在此,我代表省人民政府,向全省各族人民,向各民主党派、工商联、无党派人士、各人民团体和各界人士,向人大代表、政协委员,向离退休老同志,向驻省中央直属单位、驻省解放军指战员、武警部队官兵、公安干警和消防救援队伍指战员,向所有关心和支持黑龙江振兴发展的港澳台同胞、海外侨胞和国际友人,表示衷心感谢并致以崇高敬意!

看到成绩的同时,我们也清醒认识到存在的问题和短板:经济下行压力加大,新旧动能转换不快,高质量产业项目接续不足,风险隐患仍然较多,民生领域还有欠账,政府系统有的干部思想还不够解放,能力作风仍需加强。我们将以积极有效的措施破解难题,用实干实绩回馈全省人民的期待。

五、"病例"诊断

学徒班中期学习总结

光阴似箭、岁月如梭,7个月弹指一挥间,悄然而过,回顾在筑基学徒班的这7个月,有太多话想说,有太多瞬间想抓住。对于这7个月的学习,我将从以下两个方面来总结。

一、心态越来越稳

幸运地赶上末班车的我,在筑基学徒班经历了几次心态不断变化的过程,刚开始跟不上大家的节奏,理论水平基本为0,起初看到大家在群里热火朝天地聊着理论知识,总觉得离自己太远、难以企及。

这个时候的我是茫然又不知所措的,幸运的是老师总是能照顾到不同学习阶段和水平的我们,定期给大家做"心理按摩",天雨师姐也会在我狂补第一季学习课程的同时陪伴着我同步学习。

第一季的学习以《生涯咨询与辅导》开始,说出来不怕大家笑话,这本书购入已有两年,一直闲置于书架上。在我的认知里,理论学习是枯燥且乏味的,少有人愿沉下心来去研读。在筑基学徒班,我们打的地基就是理论之基。这一点从入门的第一天就一直印在我的脑海中。一个从不接触理论知识的人,突然有一天啃起理论书籍来,有些"跟不上趟"。

在老师不断设计、建构不同学习方式的过程中,我的心态也在慢慢发生变化。在这期间我也主动为自己创造机会去和客户交流,有意识地慢慢积累一些素材,不能只想,更要去做,将理论与实践结合起来。

每次听老师和同学的分享,总有种如沐春风的感觉,和厉害的老师和优秀的同学在一起,是一件多么幸福的事情。

二、更加坚定方向

之所以把培训作为自己的方向,主要有两点原因。首先,我骨子里是一个喜欢挑一些对自己来说有挑战的事情去做的人,这样能逼自己不断地"死磕",激发潜能;其次,自助的同时,我也希望能助人。

这个月我受邀进行了一场大学生职场适应培训,给了我一些正向的反馈,例如课程设置比较契合受众需求、形式多样、互动性强,同事的反馈是"PPT做得不错,接下来还会有一场适应性培训,这份PPT可以作为模板长期使用"。

放在以前,我可能敢想,但不一定敢做,毕竟在没有基础的情况下,单纯讲理论,底气不足，也怕闹笑话。如果不是在学徒班的积累和老师的鼓励、同学的榜样力量，机会来的时候，我可能接都接不住。同时，通过这次实践，我也发现了自己存在很多不足，需要在实践中通过刻意练习去调整。

接下来想努力的几个方向是：

第一，有计划地、系统性地回听前两季的学习内容，常听常新；

第二，认真研读第三季的推荐书籍，边读边听，边听边记录；

第三，尝试就"外包人员职场稳定性及满意度"话题写一篇论文；

第四，找各种机会实践。

至此，感谢我们的理论引路人，感谢各位亲爱的同学，大家都太牛了！让我这个"小白"特别想瞬间成长为"大白"。

任务练习

根据下面的提示，结合自己的实际，写一篇学习总结。

1．标题：《××学年第×学期学习总结》。
2．导语：一学期以来在学习方面做了哪些事？
3．主体：
（1）哪些方面做得好，经验是什么？
（2）哪些方面做得不好，教训是什么？
（3）今后的打算，改进的方向、措施与决心。

素养提升

网友热议：用好善于总结这把"金钥匙"

（文章来源：人民网 2023-12-08）

善于总结，是一种重要的工作方法。岁末年初，既是盘点成绩、"充电加油"的中转站，更是筹划部署、蓄势待发的新起点。围绕"去年的工作怎么看"总结得失，锚定"新年的工作怎么干"筹划部署，无论对单位建设发展，还是对个人成长进步，都极为重要、大有益处。

凡事业有成者，无不重视复盘、善于总结。秦国蜀郡太守李冰潜心钻研水文，设计建造了"独奇千古"的都江堰水利工程，总结出"深淘滩，低作堰"的治水六字诀、"遇湾截角，逢正抽心"的八字真言，泽被后世。人生因反省而完美，工作因总结而提高。事实证明，如果我们漠视反思、疏于总结，安于当思想懒汉，惯于照猫画虎，不能经常对既往的工作进行总结，满足于感性经验，就会陷入主观主义的窠臼，或者机械重复地盲做蛮干，或者悲观绝望地无所作为，甚至功败垂成。重不重视总结，善不善于总结，在某种程度上直接影响着人生走向和事业成败。

工作是一个埋头苦干、推进落实的过程，也是一个慎思明辨、探求规律的历程。撸起袖子加油干并非不问西东、一味蛮干，而是要明确方向地干、卓有成效地干，既要"实打实"，也要"常反思"。静下来复盘，是"运筹帷幄之中"的研判；沉下来思考，是"决胜千里之外"的庙算。只有弄清了是什么、为什么、怎么办，方向正确，有的放矢，才不会南辕北辙、事倍功半。有时工作出现失误、遭遇挫折，往往是因为事先对事物发展的规律性认识不清，进程把握不准所致。各级领导干部更要善于在科学理论指导下分析形势、思考问题、明晰道理、谋划思路、把握大局。然而，在现实工作中，有些同志看上去整天忙忙碌碌，吃了不少苦，也受了不少累，但工作成效不大，本领提高不快。细究原因，恐怕与其疏于总结和不善总结有着很大关系。

总结不仅是一种智慧，更是一门学问。重视总结、勤于总结，还远远不够。要总结经验，也要剖析教训；要立足当下，也要瞻望未来。不可坐而论道、玩"花架子"，更不能把总结当作评功摆好的机会，徒有总结之表，而无总结之实。倘若如此，便难以"总"出真经，"结"出真果。要坚持群众路线，加强调查研究，虚心问计于群众，求策于基层，集思广益，汇聚众智，惟此方能明方向、知得失、晓进退，识变应变，赢得主动，推动各项工作实现新突破取得新发展。

传统文化相关拓展

年终总结谁家强？请收下古人秘籍

（文章来源：光明网 2021-01-02）

唯一内心感到不安的是，百姓对我太好了，吃喝都不收钱。——范仲淹

奏折一事，弟须用一番工夫。秋凉务闲之时试作二三篇，眼界不必太高，自谦不必太甚。——曾国藩

除夕过了六七日，忽然有人来讨除夕诗！除夕"一去不复返"，如今回想未免已太迟！ ——胡适

新年新气象。每年到了过年前，都是写工作总结交工作计划的高峰期。忙乎了一年，有些该梳理的要梳理一下，有些该总结的也要总结一下了。这个时候，也往往是职场人士头疼的时候，一年到头做了那么多事，该如何写得让领导满意让自己得意呢？不妨把眼光投射到古代的文人大咖，学习他们写奏折的心得，先定个框架，提炼主题，围绕主线，加点诗词，展望未来，应该就能给自己烹饪一道不错的年终表彰大菜。

曾氏秘籍"典显浅"

对于工作总结，在古代文人中，最为重视的应该是清朝的曾国藩。古时候的奏折，跟现在的年终总结有点像，也是先总结一下之前的工作，然后再谈一下以后的计划。有人曾经把曾国藩定义为晚清第一奏折高手，修订版的《曾国藩全集》，一共有31册，其中有12册专门用来收录他的奏疏，总数多达3600多篇。虽然说，曾国藩的幕僚可能帮他做了不少文秘工作，但是，即便是别人起草了底稿，他也要先布置好框架再精心修改然后重新抄写一遍才能交上去。

曾国藩经常教导弟弟曾国荃要写好奏折，因为，做得好也要写得好，而且要经常练习。据《曾国藩家书》，同治二年（1863年），曾国藩写信给曾国荃说："奏折一事，弟须用一番工夫。秋凉务闲之时试作二三篇，眼界不必太高，自谦不必太甚。"

曾国藩又交代曾国荃说："以后凡有咨送折稿到弟处者，弟皆视如学生之文，圈点批抹。每折看二次，一次看其办事之主意、大局之结构，一次看其造句下字之稳否。一日看一二折，不过月余，即可周知时贤之底蕴。然后参看古人奏稿，自有进益。"这种多读多学多

写的提法，在现代工作总结的写作训练中，也是一种好办法。

为了教弟弟曾国荃写好奏折，用心良苦的曾国藩还编著了一本私家秘籍——《鸣原堂论文》。曾国藩在军务、政务缠身的情况下不辞辛劳，选录自汉唐匡衡、贾谊、刘向、诸葛亮、陆贽，至宋明清苏轼、朱熹、王守仁、方苞、孙嘉淦等大手笔的奏章十七篇，逐段点评，详加批注，并在篇末写了总论。

曾国藩在《鸣原堂论文》中，提炼了写好奏折（工作总结）的几大秘诀。一是立意要清晰，直指要领。曾国藩认为"奏疏惟西汉之文，冠绝古今"。于是他专门选了汉成帝时期的《刘向极谏外家封事》，当时外家王氏权重，几乎威胁到了刘氏政权。刘向上书劝汉成帝认清形势，早做防范。曾国藩在论《刘向极谏外家封事》里指出，刘向"料王氏必篡，宅心平实，指事确凿"。他告诫曾国荃，"吾辈欲师其文章，先师其心术，根本固则枝叶自茂矣"。

二是"典显浅"。比如，论《贾谊陈政事疏》提出，"以明白显豁、人人易晓为要"。论《苏轼上皇帝书》说，"以明显为要，时文家有典显浅三字诀，奏疏能备此三字，则尽善矣。"顾名思义，"典"就是要熟读前史之事迹、本朝之掌故。"至显浅二字，则多本于天授。虽有博学多闻之士，而下笔不能显豁者多矣。"虽然浅字与雅字相背，但是，唐朝白居易的诗连老太太都能读得懂，"细求之，皆雅饬而不失之率。能如白诗之浅，则远近易传播。"

三是文章要讲究整体气象。在论及《王守仁申明赏罚以厉人心疏》时，曾国藩说："文章之道，以气象光明俊伟为最难而可贵。"在他看来，"阳明之文亦有光明俊伟之象"，有立意，有技巧，有气象。曾国藩对曾国荃倾囊相授，曾国荃读后也是接连感慨，"盖人臣立言之体，与公平生得力之所在，略备于此"。即便是当下写工作总结和工作计划，也不无裨益。

焚香拜祭诗文

"每至除夕，必取一岁所作置几上，焚香再拜，酹酒祝曰：'此吾终年苦心也'。痛饮长谣而罢。"《唐才子传》里记录的这段话，写的就是唐朝大诗人贾岛。喜欢骑毛驴的贾岛，有一次在路上苦苦思索，"鸟宿池边树，僧推月下门"中的"推"要不要改成"敲"。正好遇到韩愈，韩愈告诉他还是"敲"字更显静中有动。对于文字的追求到了极致的贾岛，曾经评价自己说，"两句三年得，一吟双泪流"，再结合"推敲"的故事，自然就不难理解贾岛为何如此看重自己的作品了。于是，每年的除夕夜，贾岛就会开始做年终总结——把自己过去一年的作品恭恭敬敬地摆在几案上，焚香叩拜，以酒浇地，说，这是我过去一年苦心创作的成果，然后，以诗下酒，长歌痛饮一番。

与此相映成趣的是江南四大才子之一的文徵明。"人家除夕正忙时，我自挑灯拣旧诗。莫笑书生太迂阔，一年功夫是文词。"诗、文、书、画四绝的文徵明在《除夕》一诗中，如此描述自己的除夕之夜，也顺便做了年终总结：过去一年，把功夫都花在文词写作上了，连除夕夜都在挑灯夜读翻看旧诗。

醉翁也喜欢喝茶

宋朝范仲淹在《岳阳楼记》里说，"先天下之忧而忧，后天下之乐而乐。"这种忧乐观也体现在了他的年终总结中。常怀悲悯之心的范文正公，早在少年求学时，就留下了"食粥心安"的故事。

家境贫寒的范仲淹在书院求学时，每天只熬一锅粥。同学好心送给他美味佳肴，他却把它放坏了都没吃。范仲淹的说法是，他吃粥吃习惯了，内心也很安定，如果突然享受美食，以后还怎么吃得下那些粥呢？范仲淹晚年在辞官之后，不仅创办了花洲书院并亲自讲学，还创建了范氏义庄，全身心地投入公益事业。有了更多的时间，于是他就去了更多的地方体察民情。像这种深受百姓爱戴的官员，走到哪里都受欢迎，很多人还把他请到家里，好茶好饭地招待他。老百姓的盛情款待，也让范仲淹怀着感恩之心写下了自己的年终总结：今年去了不少地方，有了很多收获。唯一内心感到不安的是，百姓对我太好了，吃喝都不收钱。百姓种地谋生不容易，虽然我感到不妥，但是盛情难却，真让我为难。

与范仲淹不太一样的是唐宋八大家之一的欧阳修。"醉翁之意不在酒，在乎山水之间也。"《醉翁亭记》中的欧阳修，不仅爱喝酒也喜欢喝茶。

"吾年向老世味薄，所好未衰惟饮茶。"号称六一居士的欧阳修，其实还可以在棋、琴、酒、书等之外，加上"茶"这个"一"，变成"七一居士"。或许，就像官场上的人走茶凉一样，晚年退休之后的欧阳修，在写年终总结的时候，先是感慨了一番今年的时间过得太快了，果然是年纪越大时间过得越快。做了一番铺垫后，话锋一转，开始感慨喝茶的时间也越来越少了。原来，是因为今年来送茶的客人太少了，只送了十几次茶叶。就像"修已知道你，你还不知修"一样幽默的是，欧阳修还希望来年能够多收点茶叶。寄情山水的欧阳修当然不是公开索贿，他所希望的是，能够有更多的闲暇时间来和亲友、晚辈喝茶聊天，毕竟，陪伴就是一种幸福。

同题诗文之《除夕》

在做年终总结的时候，古代的诗人喜欢写《岁暮》，民国的诗人则喜欢写《除夕》。1917年《新青年》杂志发起了一次同题诗歌，以《除夕》为题，找了四位北大教授胡适、陈独秀、沈尹默、刘半农，呈献诗作，同庆春节。

当时刚发表《文学改良刍议》力主白话文的胡适，在"诗"里极尽调侃之能，通篇大白话。先是埋怨"除夕过了六七日，忽然有人来讨除夕诗！"然后感慨，"除夕'一去不复返'，如今回想未免已太迟！"接下来则回顾跟孟和吃年饭，"记不清楚几只碗"，只记得是"海参银鱼下饺子"，"听说这是北方的习惯！"饭后边喝茶边吃水果谈天，"天津梨子真新鲜！"吃完梨子喝完茶，"回家写了一封除夕信，预备明天寄与'他'！"

胡适的《除夕》以流水账记录了一场年夜饭，学者沈尹默则以《除夕》回顾总结了自己的前半生。在民国书法界，沈尹默以行楷闻名，与擅长草书的于右任，时称"南沈北于"。沈尹默先直白点题，"年年有除夕，年年不相同；不但时不同，乐也不同。"然后开始回忆童年，"记得七岁八岁时，过年之乐，乐不可当，乐味美满，恰似饴糖。十五岁后，比较以前，多过一年，乐减一分；难道不乐？不如从前烂漫天真。"到了"十九娶妻，二十生儿：那时逢岁除，情形更非十五十六时，乐既非从前所有，苦也为从前所无。""我今过除夕，已第三十五，欢喜也惯，烦恼也惯，无可无不可。取些子糖果，分给小儿女，'我将以前所有的欢喜，今日都付你'。"无可无不可间，流露出了一种惯常的恬淡平和。

3.16 职场日常——工作简报

工作简报

教学目标

【素养目标】
- 养成进行工作交流的习惯
- 树立大局观念

【知识目标】
- 了解工作简报的含义、特点和作用
- 掌握工作简报的格式和写法

【能力目标】
- 能根据要求制作工作简报

模拟情景

经过老师和同学们的共同努力,你所在的班级在期末顺利完成了主题班会活动、团队活动,班主任需要对期末的班级工作进行检查和总结,要求班长将期末工作以简报的形式呈现出来,在班会上通报给同学们。

任务驱动

你作为班级的班长,应如何写班级工作简报呢?

教学内容

一、简报的定义

简报,顾名思义就是简要的情况报道,它兼有工作报告和通报、批转、转发的特点,有及时汇报情况、指导工作、交流经验、传播信息的作用,在日常机关工作中,它的使用价值是较高的。

二、简报的分类

1. 工作简报

这是为推动日常工作而编写的简报,也是简报中最常见的一种形式,它的任务是及时反映工作的进展,交流工作中取得的经验或指出工作中存在的问题,为上级领导和下级工作人员及时了解、掌握工作情况服务。编写工作简报,要注意迅速、及时,并围绕工作中心,突出重点、抓好典型。

2. 专题简报

这是针对某项工作、任务、活动而编写的专项简报，它与工作简报的区别是前者面向全局，有较强的广泛性；后者则目标单一，有较强的针对性。专题简报的编写是伴随着某项工作、任务、活动的开展而进行的，工作、任务、活动宣告结束，简报的编写也就停止了，因此，它比工作简报更注重时效性。

3. 会议简报

这是在会议期间为反映会议情况而编写的简报，它可以是一次性的，也可以是连续性的。其内容包括：主要的报告、讲话、会议决议、讨论发言、会议动态及其重要情况。会议简报是专为会议服务的，会议结束了，简报也就停办了，因此也可以说它是阶段性的简报。

三、简报的编写格式

（一）报头

简报报头一般由简报名称、期数、编发单位、日期等组成，其格式是固定的。简报名称用大字印在报头中间，如"情况反映""工作动态""会议简报""理论动态"等。简报名称下方是简报期数，表明"第×期"。编发日期在报头右下方，编发单位名称在报头左下方。根据需要，还可以在报头左上方印上机密等级，在右上方印上编号。在报头之下、正文之上，要有一道横线，以示区别。

（二）报核

1. 标题

简报的标题类似于新闻的标题，要揭示主题，简短、醒目；可用单标题，也可用双标题。

2. 导语（也称为开头）

简报的开头与新闻的导语相似，要用简短的文字对简报内容做概括，写明时间、人物、事件、结果等，给人一个明确的印象。

导语的写法一般有两种，一种是总括式，即在开头用概括的叙述介绍简报的主要内容，这种写法多用于工作简报和会议简报；另一种是总结式，即在开头对要介绍的事物给出结论，指出其意义、作用或价值，然后再进行必要的解释或说明，这种写法多用于经验简报。

简报的导语，贵在单刀直入、简明扼要，在写作中要避免"戴大帽子""绕大弯子"的做法。

3. 主体

工作简报的主体可以是就某一工作的进展、动态写成的专题报道（专题简报），也可以是包括多种简讯、情况报道的"综合简报"。因此，工作简报的写法也有各种变化，仅报道某一专门工作的报核，要采用"专题综述"的写法；包括多种信息、情况的，应采用小标题分述法（报核开头可有内容提要或编者按）。

主体部分要用足够的、典型的、有说服力的材料，把导语的内容具体化。

4. 结尾

结尾指明发展趋势，或提出希望和打算。如果前文已把事情说清楚，则不必另加结尾。

5. 署名

简报的署名可以是供稿部门的名称，也可以是供稿者的姓名，有时还要加上责任编辑的姓名。署名一般写在正文的右下方，用圆括号把姓名括起来。

（三）报尾

简报的报尾位于简报最后一页的下三分之一处，用一条间隔线与报核隔开，在间隔线下方的左侧写明发送范围，在右侧写明印刷份数，如图 3-16-1 所示。

报：学校党政领导
发：学校各科室、教研组
送：长沙市教育局　　　　　　　　　　　　　　　　　　（共印 20 份）

图 3-16-1　报尾示例

四、写作要求

1. 选题准确。选题是否准确是决定一份简报价值大小、作用好坏、质量高低的关键。选题应具有覆盖全局的广泛性、切中要害的针对性、发人深省的典型性。

2. 主题深刻。主题是一篇文章的灵魂，是组织各方面文字材料、使之成为有机整体的核心。意义深刻的鲜明主题，应能"见人所未见，发人所未发"，写出"人人心中皆有，个个笔下俱无"的思想。在提炼主题的过程中，应当贯穿"人无我有、人有我新、人新我深"的思想，力求使主题体现创新的思维和独到的见解，体现认识的升华和规律的揭示。

3. 用事实说话。俗话说，事实胜于雄辩。要使一篇简报写得"血肉丰满"，需要大量事实材料来填充。写情况简报，必须以事实为依据，靠事实来说话；一定要掌握和运用大量事实材料，而且要选择最本质、最典型、最有说服力的事实材料。

4. 材料可靠。简报所反映的情况要真实、准确、可靠，对基本情况的介绍要客观、全面、辩证，不能以偏概全，更不能"只报喜不报忧"，未经审核的材料不要写入简报。引用材料时要准确无误，严禁弄虚作假，随意拔高夸大，确保选用的材料经得起事实检验。

5. 表述精练。简报要求简洁明快，不能拖泥带水，语言要精练。文字表述上要惜墨如金、删繁就简，讲究语短话明、言简意赅；要善于用概括性语言，尽量把纷繁复杂的情况加以归纳，用更少的话说更多的事；要善于用文件性语言，准确介绍所涉及的内容。

五、范例

国务院深化医药卫生体制改革领导小组简报（第 170 期）
湘潭市推动公立医院改革与高质量发展示范项目做法

（来源：中国政府网　2023-03-17）

按：现刊发湖南省湘潭市推动公立医院改革与高质量发展示范项目做法，供各地参考。

一、强化项目管理，落实主体责任

（一）强化项目领导。在市委书记和市长任市医改领导小组"双组长"的基础上，成立由市委书记任顾问，市长任组长，常务副市长、分管副市长任副组长的示范项目指挥部，统筹推进示范项目工作，定期调度进展情况，协调解决项目实施过程中的重点难点问题。市委常委会议、市政府常务会议分别专题研究项目工作。

（二）强化推进机制。示范项目指挥部下设项目实施、综合保障、监督检查三个工作专班。各专班每季度收集项目进度、资金管理、绩效跟踪、困难问题等情况，全周期推进项目实施。组建由国家、省、市共189名专家组成的深化医改专家库，全程参与示范项目指导，为示范项目提供技术支撑。对示范项目实施单位负责人开展专题培训，确保示范项目质量。

（三）强化项目设计。市政府办公室出台《湘潭市公立医院改革与高质量发展示范项目实施方案》，明确示范项目年度目标，制定年度实施计划，配套印发项目绩效管理、资金管理、风险评估及防范处置方案，健全项目顶层设计。组织3个县市和17家参与项目实施的公立医院结合实际制定本地区、本单位的实施方案，构建湘潭市公立医院改革与高质量发展政策体系。

（四）强化资金分配。明确项目资金投放重点为提高市县级公立医院诊疗能力、加强智慧医院建设、控制医疗费用不合理增长。2022年省级财政配套7154万元，主要用于推动市县公立医院急诊急救等"五大中心"建设和医疗服务能力提升。市县两级财政配套1.27亿元，主要用于支持全市医疗卫生信息化建设和公立医院能力提升。

二、实行联动改革，形成协同效应

（一）落实药品耗材集中带量采购。落实7个批次国家集采药品和国家集采冠脉支架采购任务，累计节约医疗费用5亿多元。2022年，落实国家人工关节集中带量采购政策，按公立医院报量估算年度节约医疗费用约1600万元，已有百余名患者受益。

（二）推进医疗服务价格动态调整。稳步推进医疗服务价格改革，2016—2021年先后5次调整4598项医疗服务价格。2022年，调整医疗服务项目353项，重点提升"诊疗、护理、中医"等体现医务人员技术劳务价值的医疗服务价格，降低大型医用设备检查检验治疗等价格。2022年，全市公立医院医疗服务收入（不含药品、耗材、检查、化验收入）占医疗收入的比例为32.7%，较上年同期增加0.8个百分点。

（三）加快医保支付方式改革。推进疾病诊断相关分组（DRG）付费试点，2022年实际付费医疗机构增至21家。截至2022年底，DRG实际付费试点医院共减少住院医疗费用4.9亿元，减少个人自付1.75亿元。2022年试点医院次均住院费用较上年同期下降700余元，平均住院日缩短2.15天。稳步推进职工基本医疗保险门诊共济政策落地，提高职工医保基金使用效率。

（四）推进人事薪酬改革。推进公立医院员额制管理，根据床位规模核增市直9家公立医院人员总数4192名，增幅达72%。探索实行编制实名制和备案制管理相结合，允许公立医院自主招聘选人用人。对市直公立医院实行党政主要负责人年薪制，由市财政部门单列预算给予保障，经考核后发放。突出公益性导向，完善市直公立医院绩效工资制度，按照工作量和工作难度系数对院内科室及人员进行绩效考核和分配。

三、提升服务能力，满足群众就医需求

（一）推进区域医疗中心建设。按照"地方主建和输出医院主管"模式，推进湘潭市中心医院和中南大学湘雅二医院合作共建国家区域医疗中心，项目规划床位1000张。支持市中心医院、市中医医院、市第一人民医院等重点学科建设，创建专科类省级区域医疗中心，突出专科特色实现差异化高水平发展。

（二）推进分级诊疗。整合组建湘潭市总医院，作为牵头医院，与市区二级综合医院和基层医疗机构进行整合，构建形成1个紧密型城市医联体。通过网格化管理，带动提升基层医疗卫生机构治病防病能力，促进分级诊疗和医防融合。发挥县级医院龙头作用，深入推进湘潭县、湘乡市、韶山市3个县域的5个紧密型医共体国家试点工作。其中，韶山市按照"总额预付、结余留用、超支合理分担"原则，对医共体实行医保总额打包付费，2022年基层医疗卫生机构诊疗量占总诊疗量的比例为56.2%，较上年同期提高5.1个百分点。

（三）提升基层医疗服务能力。在基层医疗卫生机构实行"一类财政保障""二类绩效管理"措施，明确财政保障水平每年增加10%，确保2~3年内实现全额保障到位。以优质服务基层行、社区医院、县域医疗副中心建设为抓手，推进基层医疗卫生机构服务管理提升。推广家庭医生个性化签约服务，探索"互联网+医护到家"，丰富基层服务内容。

四、依托信息化赋能，改善管理与服务

（一）推进数据联通共享。建设联通省级、市级集中、区域共享、分级应用的全民健康信息平台、远程医疗平台、双向转诊平台和药品配送平台等区域共享信息平台，为数据交换和业务协同打下基础。发挥各类数据应用评价的抓手作用，持续完善信息系统建设。

（二）创新服务模式。推进预约诊疗与线上分诊，推行"预住院"、日间手术、团队诊疗、加速康复等新型服务模式。病情稳定、用药明确的特殊门诊患者在线提供门诊病历和1个月内处方相关信息，可实现药品24小时内配送上门，医保卡线上实时结算。持续优化一站式结算服务，在二级以上公立医疗机构实行医保"刷脸"结算基础上，2022年推进实现全市基层公立医疗机构医保业务"刷脸"结算全覆盖。

（三）推进智慧医院建设。围绕构建院内信息集成平台、互联网总医院建设、区域检验检查结果互认、城市医疗服务联合体建设、县域医疗服务医共体建设、公立医院标准化建设、基于DRG的医院综合管理平台、城市公立医院绩效考核与评价、公立医院高质量经济运行数字化平台、医疗质量管理和控制、院内总务一体化平台建设、电子处方流转平台等，加快智慧医院建设，提升智慧健康服务水平。

任务练习

结合最近一次班级例会的内容，制作班级工作简报。

素养提升

哈尔滨工程大学以"四个重塑"构建"一站式"学生社区育人实践新格局
高校思想政治工作简报〔2024〕年第9期（总第262期）

（来源：中华人民共和国教育部网站）

【推进"一站式"学生社区综合管理模式全覆盖建设、高质量发展】编者按：2024年是高校"一站式"学生社区综合管理模式启动建设五周年。按照"一引二推三督"的工作思路，历经10所高校率先试点、31所高校集成探索、全国2720所高校共同参与的"三步迈进"，实现了全国适建高校全覆盖，切实将学生社区治理"末梢"转变为政治引领、思想引导、发展指导、生活服务等工作"前哨"。为总结工作、强化宣传、增进交流、深化建设，特开设专栏，围绕党建引领、队伍入驻、学生参与、文化建设、数字赋能、条件保障等主题,展示各地各高校的特色做法、典型经验、标志成果,推动"一站式"学生社区综合管理模式建设再出发、开新局,奋力书写全覆盖建设、高质量发展新篇章。

哈尔滨工程大学深入学习贯彻习近平总书记关于教育、科技、人才的重要论述,特别是视察哈工程时的重要讲话精神,按照"校园即社区、社区即课堂"理念,以"四个重塑"为抓手,持续深化"一站式"学生社区综合管理模式建设,不断开辟"三自教育为切入、三全育人为承载、五育并举培养时代新人"的社区育人新格局。

一、重塑基层组织架构,筑牢党建引领发展新根基。坚持"学生在哪里,党的工作就扎根到哪里,党旗就高高飘扬在哪里",构建"纵到底、横到边、全覆盖"的学生社区党建模式,推进党建引领人才培养工作高质量发展。一是成立本科生院党委。整合学校原本科生院、学生工作处、校团委等多个涉及本科人才培养的职能部门和本科生公寓社区,成立新的本科生院和14个书院。本科生院党委统筹协调本科生院和书院,保证党的领导贯穿在本科人才培养的全过程、各方面,从而更有力推动全新的本科生院更好履行"出方案、定标准、强监督、做服务"的主要职责和书院党建工作。本科生院领导书院、指导学院开展本科教育教学工作,实现教育教学一体化。二是设立书院功能型党总支。加强本科生院党委对书院党建工作的领导,实现本科生党建工作从"学院-专业-班级"向"书院-书院班级-宿舍"转移,书院党总支指导书院学生党支部,有力保障党的力量真正下沉到书院一线,有效拓展学生党建工作的深度和广度。进一步强化党员的培养、教育和管理,促进学生党建与学生管理、服务、思想政治教育的深度融合。三是将党支部建在学生会(学生会服务站)。推动书院学生党支部和书院学生会服务站一体设置、一体建设,统筹学院优秀教师和研究生党员骨干组建班主任工作团队,深入书院班团和寝室开展思想引领和学业服务等工作,形成组织生活在社区、党团教育在书院、党员先锋在宿舍的党建育人新体系,推动广大青年学子树牢科技报国志,勇担开路先锋,争做事业闯将。

二、重塑人才培养模式,打造集智协同育人新高地。将推进"一站式"学生社区建设纳入学校"十四五"规划系统,构建"书院+学院"双轮驱动的拔尖创新人才自主培养新模式。一是推进书院学院协同育人。明确学院建设"第一课堂",书院改革创新"第二课堂"。优化人才培养方案,强化一二课堂联动,依托学院班主任团队面向书院班级创新开设《前沿引导》课,以课堂教学、参观研学、师生有约、成长陪伴等形式丰富课堂体验;依托书院开设《劳动教育》课,以"实践+"的形式将劳动教育课程化;本科生思政课的课程实践环节全部由书院完成,实践成绩作为课程成绩的重要组成部分计入学生最终成绩,实现学院"第一课堂"讲授与书院"第二课堂"创新与实践的有机融合。二是推行学工队伍进驻书院。严格落实辅导员驻楼工作机制,本科生辅导员全部从学院转入书院,设立辅导员工作室,打破学院、年级、专业、师生等界限,在书院日间办公、夜间轮值,与学生同吃、同住、同成长。三是推动育人力量深入一线。学校领导联系书院,职能部门和教学科研单位与书院联建共建,心理健康教师在书院设立二级心理工作站,校医院医护人员下沉学生社区担任"工程小医"健康管家,公寓管理员与辅导员融合办公……各类育人队伍融入学生社区建设工作,通过充分给予学生"陪伴式"成长指导,解决学生在思想、学习、生活中的各类问题,实现学工队伍真入驻、育人力量真下沉。

三、重塑学生"四自"体系,激发学生能力提升新动能。以强化学生自我管理、自我服务、自我教育、自我监督为重点,完善学生组织体系,促进学生全面发展。一是健全"三横四纵"组织体系。以学生会建设为轴心,横向建立"学生会—部门—特色社团"三级组织结构,学生会下设6个部门,与思想政治类、就业实践类、自律互助类、创新创业类、文化体育类、志愿公益类社团紧密联系,牵引社团开展各类活动。纵向建立"学生会—书院学生会服务站—书院班级—书院学生宿舍"四级组织结构,以学生宿舍为最小育人单元,以5个学生宿舍为一个书院班级,以若干书院班级组建学生会服务站,逐级夯实组织结构,织密社区网格。二是构建成长成才活动体系。利用学生自主性、兴趣性、实践性等特点,在文明修身、学业帮扶、体魄强健、艺术陶冶、劳动实践等方面,开展丰富多彩、健康向上、格调高雅,集思想性、知识性、艺术性、多样性相统一的"五季五节助五育"社团活动,引领青年学生在德智体美劳全面发展的过程中焕发出新的生机与活力。三是打通"最后一公里"保障体系。织密学生社区安全防线,依托纵向四级结构,构建"书院—书院区域—书院班级—学生宿舍"四级安全网格,学生组织在党组织的领导下,最大程度发挥党员先锋网格节点作用,有力保障各类问题及早发现、及时上报,确保各类问题有跟踪、有反馈,切实建立符合学生成长规律的基层治理新模式。

四、重塑育人场域布局,构筑特色文化育人新平台。充分整合学校育人空间、环境和资源,坚持将哈军工精神融入育人全过程,持续拓展生活、文化、服务、实践协同育人平台。一是建设"四位一体"生活环境。通过改造学生浴池和食堂、新建学生多功能活动室等改善学生住宿生活环境;依托哈军工文化园培育体现历史传承、彰显时代脉搏、凸显学校特色的学生文化精品活动;以"启航"社区为中心,构建综合服务保障、开放交流研讨、学生发展指导、创新创业实践、文化素质教育的综合服务场域;聚焦创新创业、红色传承、基层建功等七大实践育人体系,拓展课内外、校内外优质实践资源,系统打造"以生为本"生活社区、"五育五成"文化社区、"安居乐学"服务社区、"创新创业"实践社区。二是建成"蓝色港湾"共享空间。打造具有船海核文化特色,集文化浸润、素质养成、生活服务于一体的多功能共享空间,通过"读原著、学原文、悟原理微党课""传统文化展示""模拟面试""社交礼仪讲解""不见面二手物品交易""手工艺品DIY制作"等活动,实现"习近平总书记寄语青年""中华优秀传统文化"等同空间文化、"陶冶艺术情操""培养优雅气质"等同空间功能、"提升自主能力""增强创意能力和劳动意识"等同空间建设的有机结合。三是建好"更有文化味儿"的智慧服务平台。建设集学生组织建设、业务办理、活动开展、咨询指导、学生数字画像、综合素质评价、"接诉即办"等功能于一体的线上智慧服务系统,高效服务学生需求,不断丰富学校治理体系和治理能力现代化内涵。

3.17 职场礼仪——欢迎词

欢迎词

教学目标

【素养目标】
- 提高运用文字表达情感的能力
- 养成良好的基本礼仪

【知识目标】
- 了解欢迎词的特点

- 掌握欢迎词的写作方法
- 了解欢迎词的语言特点

【能力目标】
- 能根据场合写欢迎词

模拟情景

新学期来临，学院迎来了新一届的学生，为此学院召开了隆重的迎新大会。假如需要你在大会上致辞，你会选择哪种致辞方式（开幕词、欢迎词、贺词……）？

任务驱动

请根据模拟情景，选择适宜的致辞种类进行文体创作，并在班级内展示。

教学内容

一、欢迎词的概念

欢迎词指行政机关、企事业单位、社会团体或个人在公共场合欢迎友好团体或个人来访时致辞的讲话稿，是由东道主出面对宾客的到来表示欢迎的讲话文稿。

二、欢迎词的特点

1. 欢愉性

中国有句古话，"有朋自远方来，不亦乐乎"，所以致欢迎词时应当有愉快的心情，言词用语务必富有激情，表现出致词人的真诚，这样才能给客人一种"宾至如归"的感觉。

2. 口语性

欢迎词是当面向宾客口头表达的，所以口语化是欢迎词的必然要求，在遣词用语上要运用生活化的语言，既简洁又富有生活的情趣，拉近主人同来宾的关系。

三、欢迎词的分类

（一）从表达方式上分

1. 现场讲演欢迎词

一般在被欢迎人到达时，由欢迎人在欢迎现场口头发表。

2. 报刊发表欢迎词

这是发表在报刊或公开发行刊物上的欢迎词。

（二）从社交的性质上分

1. 私人交往欢迎词

私人交往欢迎词一般是在个人举行的较大型的宴会、聚会、茶会、舞会、讨论会等非官方的场合中使用的欢迎词。私人交往欢迎词往往具有很大的即时性、现场性。

2．公事往来欢迎词

这样的欢迎词一般在较庄重的公共事务中使用，要有事先准备好的得体的书面稿，更正式。

四、欢迎词的写作要求

1．看对象说话

在社会交往中，所迎接的宾客可能是多方面的，来访目的不同，欢迎词也不同。欢迎词要有一定的针对性，要看对象说话，表达不同的情谊。

2．看场合说话

欢迎的场合、仪式也是多种多样的，欢迎词要看场合说话。

3．热情而不失分寸

欢迎词应表现出真诚、热情、谦逊、有礼的态度；语言亲切，饱含真情；注意分寸，不卑不亢。

五、欢迎词的基本格式和写法

1．标题

（1）单独以文种命名，如"欢迎词"。

（2）由活动内容和文种名构成，如"在迎新大会上的欢迎词"。

（3）由致辞者、致辞场合（或被欢迎的宾客）、文种名构成，如"学生代表在迎新大会上的欢迎词"。

2．称谓

称谓要顶格写，后面加冒号。人名要用全称，在姓名前常冠以"尊敬的""亲爱的""敬爱的"等词，姓名后常加"先生""阁下""同志"等词。

3．正文

（1）开头。用一句话表示欢迎。首先向出席者表示欢迎、感谢和问候，对宾客的光临表示热烈的欢迎。

（2）主体。说明欢迎的情由，概括以往取得的成就以及变化和发展，或叙述彼此的交往、情谊，说明交往的意义。对于初次来访者，可多介绍自身情况。

（3）结语。用敬语表示祝愿或再次表示感谢。

4．落款

用于讲话的欢迎词无须署名。若需刊载，则应在题目下方或文末写上致辞者的职务、姓名和日期。

六、欢迎词的写作注意事项

欢迎词是出于礼仪的需要而使用的，因此要十分注意礼貌。具体而言，要注意以下几点。

（1）称谓用尊称，注意宾客身份；致辞恰到好处，感情真挚、诚恳。

（2）措辞慎重，尊重对方的风俗和习惯，以免引起误会。
（3）语言精练、热情、友好、温和、礼貌。
（4）要言简意赅，篇幅不宜过长。

七、范例

在"校友回家"系列活动启动仪式上的欢迎词

亲爱的各位校友，同学们：

大家好！

一转眼，六月的骄阳已经过去，金秋九月，你们各奔东西，踏上了新的人生征程。在新春到来之际，很高兴看到意气风发的你们回到母校，欢聚一堂，在此，我代表××高中和所有爱你们、关怀你们的老师们，欢迎你们回家！

这里的一草一木记得你们太多的欢笑和泪水，记得你们最好的青春。三年时间很短，短短一千多个日夜，从相识相知相伴到各奔东西，留在这里的我们，和远走高飞的你们一样，总是感叹时间流逝太快。三年时间又很长，长到我们会用一生来铭记。我记得一模、二模、三模考试总结会上，你们重振旗鼓，暗暗给自己打气；我记得运动会上，你们通力合作，收获一大堆奖牌；我记得我们一起筹划和准备120周年校庆活动，你们在签名墙上郑重地写下自己的名字，并用优异的成绩为母校献上最珍贵的贺礼；我记得成人礼上绚烂的礼炮、气球，还有肩负责任和担当的你们脸上的蓬勃朝气。

我们欣慰地看见，你们带着爱和希望去追寻自己的梦想，我们也希望，你们永远不要忘记少年时认定的做人的道理，不要忘记校歌所唱的"我们胸襟宽阔，矢志报国为民"，不要忘记校训所言的"诚毅和爱，与时俱进"。

我们更高兴地看见，今天你们归来，为在校的学弟学妹的未来照亮一束光。正因为有你们这样一代代赤诚热心的学生，我们学校才能风华正茂，弦歌不辍。

你们现在走进一间间熟悉的教室，看见正刻苦努力的学弟学妹们，是不是好像看到了曾经那个奋不顾身的自己？曾经的你们最渴望了解的信息，最害怕到来的考试，日夜想象和期待着的那个未来的模样，摸爬滚打而走出的路，把这些都给我们的学弟学妹们讲一讲，让他们听一听，就像当年我们的学姐学长给我们讲的一样。向他们展示你们在大学校园里看到的丰富多彩的世界，告诉他们前进的路上不要迷茫，不要胆怯，教会他们一些你引以为傲的成长的技能、学习的技巧，像师长那样语重心长，或者像知心朋友一样促膝长谈。

我们很高兴看到你们归来，看到你们自觉担负起为母校发展做出贡献的责任；看到你们热情相助，为你们的学弟学妹们指明前行的方向；看到你们成才成人，愿意在中学教育和高等教育之间架起桥梁，托起祖国发展的生力军和生生不息的希望。

新年将至，新春将至，我代表所有老师们祝你们新年快乐，学业进步，未来更精彩！

作为××高中校友会的会长，我希望各位校友继续努力，练好本领，将来为母校、为家乡的发展贡献力量！

谢谢！

××高中校长、××高中校友会会长
××

八、"病例"诊断

欢迎词

尊敬的各位领导、各位同仁、女士们、先生们：

金秋十月，秋风送爽，我们迎来了一个令人欢欣鼓舞的日子，这就是我们××科技有限公司成立20周年的纪念日。大家跋山涉水来到这里参加我们的庆典，辛苦了。

正如大家所知，我们公司在社会上有着良好的声誉和一定的影响力。但是我们依旧不断进取，毫不懈怠，所以才能20年屹立不倒。今天，见到朋友们不顾旅途遥远，专程前来贺喜并洽谈双方有关贸易合作事宜，我颇感欣慰。

朋友们，为增进双方的友好关系而进行的行动，定有助于本公司更上一层楼。

最后，对各位朋友们的光临表示热烈的欢迎。

祝大家万事如意、心想事成。为我们的合作，为我们的生意兴隆，干杯。

××年××月××日
××科技有限公司董事长 李××

任务练习

新学年开始了，你所在的学校又迎来了许多新同学。在开学典礼上，作为老生代表，你要代表全体在校生讲话，欢迎新同学的到来。请你写一份欢迎词。

传统文化相关拓展

古诗中的欢迎词：诗圣杜甫的成都草堂落成之后，客人崔明府来访，故作七言律诗《客至》。

客至

舍南舍北皆春水，但见群鸥日日来。
花径不曾缘客扫，蓬门今始为君开。
盘飧市远无兼味，樽酒家贫只旧醅。
肯与邻翁相对饮，隔篱呼取尽余杯。

注释

（1）明府：县令。
（2）舍：家。
（3）但见：只见。此句意为平时交游很少，只有鸥鸟不嫌弃能与之相亲。
（4）花径：长满花草的小路。
（5）蓬门：用蓬草编成的门户，以示房子的简陋。
（6）市远：离市集远。
（7）樽：酒器。
（8）旧醅（pēi）：隔年的陈酒。古人好饮新酒，杜甫因家贫无新酒感到歉意。
（9）肯：能否允许，指向客人征询。

（10）余杯：未喝干净的酒。

赏析

这首诗写于杜甫在浣花溪畔的草堂定居之后。经过长年颠沛流离，诗人此刻总算得到了一个憩息之处，心情也比较恬静愉快，这首写客人来访的诗就显露了这种欢愉的心情。

第一、二句写草堂周围的环境：房舍南北都是绿油油的春水，成群雪白的鸥鸟天天从远处飞来掠着水波嬉戏，景色描写体现了诗人欢快的心情。

第三、四句仍由远及近地描写环境：这里有幽幽的花径，有蓬草编成的门户……而花径不曾为客打扫，蓬门今日为君开，流露了诗人平时与人疏于交往，今为新朋造访十分高兴的心迹。

第五、六句写对友人的招待，语虽谦虚却十分诚挚：因为离市集遥远买不到多种好菜，还因为家境清贫没有好酒只能用自己家酿的老醅添杯满盏……这里没有丝毫寒酸客套之气，景况的如实显露更表现出对友人真挚的感情。

更妙的是结尾两句，使欢洽的气氛推向了高潮。贵客在与诗人对饮中兴致愈来愈高，他隔着篱笆看见了笑眯眯的邻居老翁便与其颔首致意，于是诗人便隔篱唤他前来与贵客共饮。短短两句话，便将饮酒的场面、饮酒的气氛、诗人兴高采烈的心态绘声绘色地表达出来，给人身临其境的感受。从这里我们不仅看到了主客之间那种融洽无间的感情、无拘无束的情态、欢快随意的场面，也体会到了诗人与邻居的亲切和谐的关系。

这首诗全篇语言平实、感情真挚，富有生活情趣，把门前景、家常话、身边情编织成一幅富有趣味的生活场景，用浓郁的生活气息和人情味吸引了读者。

3.18 职场礼仪——欢送词

欢送词

教学目标

【素养目标】
- 提高运用文字表达情感的能力
- 养成良好的礼仪习惯

【知识目标】
- 了解欢送词的特点
- 掌握欢送词的写作方法
- 了解欢送词的语言特点

【能力目标】
- 能根据场合写欢送词

模拟情景

你的好朋友即将离开家乡，奔赴祖国最南端戍守海防一线。临行之前，作为他的好朋友，你该对他说点什么呢？

任务驱动

请根据模拟情景，向你的好朋友致欢送词。

教学内容

一、欢送词的概念

欢送词是行政机关、企事业单位、社会团体或个人在公共场合欢送友好团体或亲友出行时致辞的讲话稿。

二、欢送词的特点

1．惜别性

有句古诗说得好，"相见时难别亦难"。欢送词要表达亲朋远行时的感受，所以依依惜别之情要溢于言表。

2．口语性

欢送词的口语性也很强，遣词造句应该使用生活化的语言，使送别既富有情趣又自然得体。

三、欢送词的格式和写法

1．标题

标题的写法一般有以下三种。

（1）单独以文种命名，如"欢送词"。

（2）由活动内容和文种名构成，如"在××欢送会上的欢送词"。

（3）以致词者、场合（或被欢送的宾客）和文种名共同构成，如"××在××欢送会上的欢送词"。

2．称呼

称呼要顶格写，要写出宾客的姓名，如"各位专家学者、朋友们、女士们、先生们"；有时要用敬词，如"尊敬的先生们、女士们""亲爱的代表们"等。

3．正文

（1）开头。通常应说明举行何种欢送仪式，发言人以什么身份、代表哪些人向宾客表示欢送，表达欢送的情意，如"我谨代表……热烈欢送……"有时也可对被欢送者表示祝福。

（2）主体。主体或对宾客表示祝贺与感谢，评价宾客访问与会谈的意义和影响；或回顾友好交往、合作以往，评价被欢送者的工作、成绩和个人品格，表达惜别之情；或说明被欢送者所面临的新工作等。

（3）结尾。对被欢送者表达热烈的欢送之意，并发出再次来访的邀请，向被欢送者表示祝愿，如"谨致美好的祝愿""祝……取得更好的成绩""祝……马到成功"等。

4. 落款

用于讲话的欢送词无须署名；若需要刊载，则应在题目下方或文末写上致辞者的单位、职务、姓名和日期。

四、欢送词的写作注意事项

1．欢送词的语言要精确、友好、热情、温和，切忌语言粗俗。
2．感情要真挚、自然。
3．在一些重要的社交场合中，欢送词既要表示友好，又要坚持自己的立场和原则，维护自身利益。
4．篇幅不宜太长，否则容易引起听众的反感。

五、范例

欢送词

尊敬的约翰博士、同事们、朋友们：

两个星期以前，我们愉快地在这里欢聚一堂，热烈欢迎约翰博士的到来。今天，在约翰博士访问了本集团各分公司和游览了我市的风景名胜之后，我们再次欢聚，感到特别亲切、高兴！

约翰博士将于明天回国。约翰博士的访问时间虽然短暂，但成果丰富，极其成功。在访问期间，他参观了车间，与一线工人进行了亲切交谈。

在向约翰博士告别之际，我们真诚地希望约翰博士给我们多多提出指导意见，以便我们更好地提升工作水平。同时，我们想借此机会请他转达我们对××公司全体员工的亲切问候！

祝约翰博士一路顺风！身体健康！

××
××年××月××日

自动化系团支部致大学生志愿服务者王海桐的欢送词

亲爱的王海桐同学：

两天后，你就要随"大学生志愿服务团"远赴贵州，开始为期一年的乡村教师生活了。我们今天聚在这里，为你喝彩，为你壮行，也向你学习！你是我系第一位参加"大学生志愿服务团"的同学。你在提出申请时说，自己从小在城市长大，对山区的生活缺乏了解，非常愿意到山区支教，这样既能为山区教育贡献一份力量，也能使自己得到锻炼。当你的申请得到批准时，你曾经兴奋地对身边的同学说，要好好珍惜这一年的宝贵时光。海桐，你平时言语不多，却用行动为我们树立了榜样。

大学生参加志愿活动是值得鼓励的事情，我们年轻人就应该到实践中去，经风雨、见世面、长才干、做奉献。海桐，你到了贵州，要尽快把那边的情况告诉我们，有什么需要我们做的，我们大家一定鼎力相助。你是我系的代表，也是我们大家的骄傲。我们会向你学习，积极参加各种志愿活动，为社会、为他人贡献自己的一份力量。

祝海桐支教生活顺利！大有作为！

××
××年××月××日

六、"病例"诊断

欢送词

尊敬的女士们、先生们：

今天是一个让我们非常伤感的日子，因为你们就要离开我们了，我们的心情是依依不舍的。在即将分别的时刻，回想过去几天我们相处的时光，真是让人不堪回首。相处的时间是短暂的，但我们之间的友好情谊是长久的。我们会想念你们的，希望你们也能记着我们大家。

来日方长，后会有期。希望大家一路顺风，多多保重！再见了朋友们。

××年××月××日

任务练习

又是一年毕业季，毕业生即将离校。在欢送晚会上，作为学生会主席，请你代表全系学生向毕业生致欢送词。

素养提升

着戎装，踏征程！江西资溪欢送新兵光荣启程

（文章来源：人民网 2024-09-14）

9月14日，资溪县2024年下半年国防教育暨新兵入伍欢送仪式在县中等专业学校举行。全县各相关单位、乡镇（场）负责人以及师生代表等近2000人，共同为28名即将踏上军旅征程的新兵们送行。

"看到学长们穿上军装，去接受磨炼，我深受触动，希望有一天我也能像他们一样步入军营，保卫祖国、回报家乡。"学生钟子豪坚定地说道。

"我自己年轻时也有过当兵的梦想，虽然最终没有实现，但今天看到自己的儿子能够代表我们家乡去保家卫国，作为父母，我们感到无比的骄傲，这是他人生当中最重要的选择。希望他在部队能够好好表现、刻苦训练，为家乡争光，也为自己赢得荣誉。"新兵家长郑嘉伟的话语中充满了自豪。

家住资溪县嵩市镇的黄宇鸿这次是第二次入伍，2022年第一次踏入军营的经历让他十分难忘。在服役期满后，今年县里征兵，黄圣鸿再次踊跃报名，弟弟黄圣鸿也受哥哥的鼓舞带动，兄弟俩一起走上了从军路。

"这次带着我的弟弟一起去部队，我们全家人都支持。我们兄弟俩一定不会辜负家乡人民的期望，在部队里不断提高自己，努力发挥我们青年人的光芒。"哥哥黄宇鸿说。

"参军入伍是我从小的一个梦想，今天，我终于实现了。我知道军营生活会很艰苦，但我不害怕，我在部队里会好好学习本领，争取早日成为一名优秀的人民子弟兵，不辜负家乡父老的期望。"弟弟黄圣鸿眼中闪烁着光芒，激动地说道。

据了解，2024年秋季征兵工作开展以来，资溪县广泛宣传、积极动员，进一步激发广大适龄青年报名参军、投身国防的热情。9月19日清晨，28名新兵将带着家乡人民的期望和祝福，正式踏上前往军营的列车，用青春和热血书写属于他们自己的军旅篇章。

传统文化相关拓展

在古代，交通工具和通信技术都不发达，人们往往一别数年便再难相见，因此古人将离别看得很重。在离别之际，人们不仅备酒饯行、折柳相送，还要作诗话别，这也使以离别为题材的送别诗中有颇多感人之作。

送杜少府之任蜀州
唐·王勃

城阙辅三秦，风烟望五津。
与君离别意，同是宦游人。
海内存知己，天涯若比邻。
无为在歧路，儿女共沾巾。

赏析

此诗是送别诗的名作，意在慰勉友人勿在离别之时悲哀。首联描画出送别地与友人出发地的形势和风貌，隐含送别的情意，严整对仗；颔联为宽慰之辞，点明离别的必然性，以散调相承，以实转虚，文情跌宕；颈联奇峰突起，高度概括了"友情深厚，江山难阻"的情景，使友情升华到一种更高的美学境界；尾联点出"送"的主题，而且继续劝勉、叮咛朋友，也是自己情怀的吐露。

此诗开合顿挫，气脉流通，意境旷达，堪称送别诗中的不世经典，全诗仅仅四十个字，却纵横捭阖，变化无穷，仿佛一张小小的画幅上包容着无数的丘壑，有看不尽的风光，至今广泛流传。

3.19 职场礼仪——演讲稿

演讲稿

教学目标

【素养目标】
- 提高运用文字表达观点和情感的能力
- 树立民族自豪感和自信心
- 塑造良好品格

【知识目标】
- 了解演讲稿的特点及结构

- 掌握演讲稿的写作方法

【能力目标】
- 能根据主题熟练写作演讲稿

模拟情景

黑龙江商业职业学院在国庆期间组织开展以"祖国，我为你骄傲"为主题的演讲比赛，请你为本次演讲比赛写一篇演讲稿。

任务驱动

根据模拟情景，写一篇演讲稿。

教学内容

一、演讲稿的概念

演讲稿是演讲者为表达自己的见解和主张，针对特定的时间、环境和听众，借助语言和体态，以论理、抒情为主要表现形式而写成的演讲文稿。

广义的演讲稿包括公众场合下的讲话、报告、发言、总结以及开幕词、闭幕词、祝酒词等。

狭义的演讲稿是专题演说，是指在集会、典礼等公开场合发表讲话的文稿。

二、演讲稿的特点

1．针对性

演讲是一种社会活动，是用于公众场合的宣传形式。它以思想、感情、事例和理论来晓喻听众，打动听众，"征服"群众，因此必须要有针对性。所谓针对性，首先是指演讲者提出的问题是听众所关心的问题，评论和论辩要有逻辑，要能被听众接受，这样才能起到应有的社会效果；其次是要懂得听众有不同的对象和不同的层次，写作时要根据不同场合和不同对象，为听众设计不同的演讲内容。

2．可讲性

演讲的本质在于"讲"，而不在于"演"，它以"讲"为主、以"演"为辅。由于演讲要诉诸口头，拟稿时必须以"易说能讲"为前提。一篇好的演讲稿，对演讲者来说要"可讲"，对听众来说要"好听"。

3．鼓动性

演讲是一门艺术。好的演讲有激发听众情绪、赢得好感的鼓动性。因此，思想内容要丰富、深刻，见解要精辟，有独到之处，发人深思；语言表达要形象、生动，富有感染力。如果演讲稿写得平淡无味，即使"演"得再卖力，也不会达到预期的效果。

4．整体性

演讲稿并不能独立地完成演讲任务，它只是演讲的文字依据，是整个演讲活动的一个组成部分。演讲主体、听众、特定的时空条件共同构成了演讲活动的整体。写演讲稿时,不能将它从整体中剥离出来。

5．临场性

演讲是演讲者与听众面对面的一种交流和沟通。听众会对演讲内容及时做出反应,或表示赞同,或表示反对,或饶有兴趣,或无动于衷。因此,写演讲稿时,要充分考虑它的临场性,要充分考虑演讲时可能出现的种种问题,以及应对各种情况的对策。

三、演讲稿的写作方法

1．题目

演讲稿的题目要贴切、简练、醒目,有揭示型、含蓄型、新闻型、抒情型、警惕型、设问型等,示例如下。

《天灾无情人有情》——揭示型。

《用爱点亮一盏心灯》——含蓄型。

《未来与现在——写在毕业之前》——新闻型。

《演讲艺术,我爱你》——抒情型。

《注意,路上处处有红灯》——警惕型。

《怎样做最好的自己?》——设问型。

2．称谓

在演讲中,称谓一般包括尊称、泛称和特称。

尊称出于对听众的尊敬和礼貌,演讲者为了表示尊敬,也为了拉近距离,通常会称呼"尊敬的+名字+职位"。

泛称是不分职业、不分身份的统称,这种称呼方式常用于有多层次听众参与的演讲,如"女士们、先生们""各位听众""朋友们"。

特称则是一些具体行业的演讲中使用的称呼方式,如"在座的各位老师""尊敬的评委们""可爱的小朋友们""善良的白衣天使们"。

3．演讲稿的正文

(1) 开头要抓住听众,引人入胜。演讲稿的开头也叫开场白。好的演讲稿,开头应该用最简洁的语言把听众的注意力吸引过来,这样才能达到出奇制胜的效果。

演讲稿的开头有以下多种方法。

开门见山式。即直接说明演讲的核心,不讲多余的话。

介绍情况,说明缘由。这种开头可以迅速缩短与听众的距离,使听众急于了解下文。

从日常生活或切身体会入题。可以借助某一事件、某一比喻、个人的经历或一段笑话唤起听众的注意,同时使它成为与题目有关的媒介,或与演讲的主要内容衔接起来的因素。

用提问引起听众的思考。根据听众的特点和演讲的内容,提出一些引起听众思考的问题,以引起听众注意。

除了以上方法,还有唱歌式、悬念式、警策式、幽默式、双关式、抒情式等。

(2) 主体部分的写作。主体部分的结构安排可以采用以下几种方式。

一是纵式结构。纵式结构又分为直叙式和递进式。直叙式就是按时间顺序展开层次;递进式则按事理展开,或按人的认识由浅至深的过程来安排层次,由表及里,步步深入,具有说服力。

二是横式结构。横式结构又可细分为总分并列式和简单列举式。总分并列式的各层次之间呈并列关系，围绕一个主题，并列展开几个事例或几个分论点，其具体形式有先总后分、先分后总、总分总。简单列举式则列举若干事例，共同说明一个道理。

三是纵横交叉式结构，即上述两种结构的混合方式，一般以时间顺序为主线，穿插横向组合的材料。

4. 结尾部分

结尾是演讲的高潮所在，一方面体现着演讲稿的完整性，另一方面关系着整个演讲的效果。所以，演讲稿的结尾要响亮有力，用简明扼要的语言概括主要内容，把全部感情汇集在最后的表达中，或慷慨激昂，或热烈亢奋。

四、范例

致敬奋斗的青春！"青春大讲堂——2024成都城市跨年演讲"开讲

（来源：新华网 2023-12-29）

最美的青春是什么模样？个体与时代如何同频共行？城市与青年如何更好地双向奔赴？12月28日晚7点，多位城市追梦人齐聚成都大学，围绕"奋斗、创新、传承、责任、担当"等多个青春关键词，带来"青春大讲堂——2024成都城市跨年演讲"，讲述了他们在"梦想之城"成都的逐梦2023年。

首位演讲嘉宾刘强是成都大学党委书记，他以成都大学为例，分享了在城市强有力支撑下，大学快速发展的故事。在刘强眼中，幸福城市既适合青年奋斗，更适合生活。说起最能代表青春成都的颜色，他认为是红色和黄色。"红色代表成都的热情和奋斗，黄色代表成都的明亮和希望。红色加黄色，就有了橙色。城市的青春特质，也就这样融入了城市青年的青春底色。"

"人生没有捷径。走好每一步，就是最快的路。"成都大学特聘研究员施开波在演讲中分享道，在成都求学的6年时间里，他接触到大量的高校、科技企业、科技园区等，成都浓厚的科研氛围不但深深吸引了这位新"蓉漂"，更是推着曾经的农村少年在科研道路上越走越远。进入成都大学工作后，施开波在科研道路上一路劈波斩浪。

成都大学校友、联合国"和平荣誉勋章"获得者张钦分享了她参军入伍和参与非洲维和的经历。张钦说，和平是不分国界的，爱也是不分国界的。面对需要帮助的人，选择挺身而出，这是当代青年该有的担当。

在演讲现场，成都大运会升旗手教练员曹玉蕊的演讲围绕着三张照片展开，三张照片对应了她的三段经历——三军仪仗队队员、成都大运会升旗手女教练、华东师范大学马克思主义学院硕士研究生。对于2024年，曹玉蕊的新年愿望是希望自己不要忘记最初的梦想，"只要想好了，就坚定地去做"。

回忆起这些年在成都的工作和生活，成都大学泰国交流中心主任关国兴觉得，自己就像和成都谈了一场长达18年的恋爱，而且"越来越爱"。2024年关国兴也给自己定下了新年目标：继续推进成都大学与泰国高校之间更多的合作，让更多泰国人了解成都、爱上成都、爱上中国。

作为一名在一线工作了28年的医疗工作者，成都大学附属医院健康管理中心主任曾红莲的分享从一列火车开始。以成都为起点，这列"健康列车"的行车范围遍布中国西南地区9600多公里线路，共完成健康体检近15万人次。曾红莲用行动践行了"把健康送到需要的人身边是做医生最幸福的事"。

"未来科幻大师奖"创始人孙悦在演讲中说道，"在成都，我们的科幻梦想都成了"。孙悦说，一是要感谢中国科幻产业的快速发展，二是要感谢成都这座城市强大的科幻孵化能力。他表示，在即将到来的2024年，希望有志于从事科幻产业的"幻迷"朋友能在成都这座"科幻之都"相聚，让科幻梦想照进现实。

中国电科首席科学家柴霖从中国航天"成都造"究竟有多牛讲起，在电科十所的年轻团队身上，他看到了越来越多中国青年的才华和担当。作为在场嘉宾中较为年长的一位，柴霖也为现场年轻人送上了新年寄语："努力学习，不负时代。一起从成都出发，在万米苍穹追梦。"

34岁的成都文物考古研究院文物修复师刘晓彬从事文物修复这一行已经11年。对于新年，他有一个很朴实的愿望，希望明年的自己能把文物修复的技艺磨炼得更好，"在热爱的道路上走得更远，修复更多文物，还原更多历史，把更多的中国故事讲给世界听"。

成都崇州万茂欣欣农机专业合作社农业职业经理人舒星宇从一家前景和待遇都很好的公司辞职，将现代化农业科技带回了家乡的土地，和老家的一位伙伴一起，成为村子里最早的"新农人"。对于2024年，舒星宇希望，未来能有更多年轻人加入自己的"新农人"团队，一起为"天府粮仓"建设贡献力量。

"00后"成都工匠、全国技术能手李大江来自中国十九冶集团有限公司成都钢构分公司，是一名冷作钣金工，获评2023年最年轻的"成都工匠"。面对现场的同龄人，李大江分享了自己很喜欢的话："人生充满岔路，坚持去走就是最好的选择。""我相信，平凡普通的我们，也一定能被看见。"

红星新闻首席记者王垚在现场分享了发生在城市四季更迭里的一系列温暖故事。"从新闻的角度来说，这些事可能都是小事，但是，在这些小事，以及这些小人物的背后，我们看到了城市最温暖的力量。就像天上的星星，每一颗也许都不是光芒万丈的，但是聚合起来，也能把夜空点亮。"

"在'小故事'中见到'大思政'，期待青春大讲堂走进更多课堂。""听到柴霖老师说自己和中国航天互相成就青春这句话，我内心澎湃，这句话太有力量了。"演讲结束后，现场观众纷纷表示演讲很有力量，很受启迪，2024年，继续追光不止，不负青春，不负梦想，和城市，共美好。

任务练习

以下列题目为标题，任选其一，写一篇演讲稿。

1．《昂起头来真美》。
2．《请勿玩物丧志》。
3．《再回首，如何遇见最美的自己》。
4．《我的未来不是梦》。